처음 만드는
사계절 **강아지 옷**

일러두기

1 이 책에 수록된 모든 강아지 옷의 실물 패턴(옷본)은 책 속의 부록으로 제공됩니다.
2 옷을 만들 때 알아야 할 자세한 가봉 방법은 '옷 만들 때 찾아보기(338p)'에 사진과 함께 상세하게 설명이 되어 있습니다.
3 이 책의 강아지 옷 만드는 과정 설명은 독자들의 편의를 위해 공방 현장에서 주로 사용하는 용어 중심으로 되어 있습니다.

처음 만드는 사계절 강아지 옷

1판 1쇄 2016년 6월 10일
     7쇄 2022년 6월 20일

지 은 이 이윤희

발 행 인 주정관
발 행 처 북스토리라이프
주   소 서울특별시 마포구 양화로7길 6-16 서교제일빌딩 201호
대표전화 02-332-5281
팩시밀리 02-332-5283
출판등록 2016년 3월 8일 (제387-2016-000012호)
홈페이지 www.ebookstory.co.kr
이 메 일 bookstory@naver.com

ISBN 979-11-957611-3-5 14590
      979-11-957611-2-8 (세트)

※ 잘못된 책은 바꾸어드립니다.

아둥엄마가 엄선한 왕초보도 쉽게 만드는 사계절 강아지 옷

처음 만드는
사계절 강아지 옷

아둥엄마 **이윤희** 지음

북스토리
Life

prologue

제가 키우는 아둥이는 처진 눈이 매력적인 '코카스파니엘'이라는 견종입니다. 이 견종의 신체 특성상 없어서는 안 될 '스누드(망사나 거즈 원단은 통풍을 목적으로, 니트나 면 종류는 방한을 목적으로 귀를 뒤집은 상태로 씌워주는 액세서리)'를 처음 손수 만들어준 것을 시작으로, 하나둘 필요에 의해 옷, 소품 등을 만들어주다 보니 어느새 공방과 쇼핑몰을 운영하게 되었습니다.

내 강아지에 대한 무한한 애정과 열정으로 멀리서 공방까지 찾아와 열심히 강아지 옷을 만드시는 분들을 만나면, 사랑하는 이를 위해 옷을 짓는다는 것이 얼마나 큰 행복인지를 깨닫게 되고, 그분들을 통해 더 많은 것을 배우게 됩니다. 시간이 지나 숙련이 되면 누구나 강아지 옷을 잘 만들 수 있지만, 처음이라 서툴고 힘든 초보자들을 위해 사계절 내내 우리 집 강아지에게 꼭 맞는 옷을 만들어줄 수 있는 『처음 만드는 사계절 강아지 옷』을 준비하게 되었습니다.
실제 저희 공방에 오셔서 처음 강아지 옷을 만들어보신 분들이 가장 어려워하는 부분들을 파악하여 상세한 과정 사진과 친절한 설명으로 이해하기 쉽게 정리했기 때문에, 이 책을 통해 하나씩 따라 하면 쉽고 간단하게 우리 강아지에게 잘 맞는 옷을 만들어 입힐 수 있습니다.

이 책에는 다른 책에서 볼 수 없는 다양한 스타일의 강아지 옷을 담았고, 그 모든 옷의 옷본도 함께 실었습니다. 또한 내 강아지에 맞게 패턴을 수정하는 법, 견종에 맞는 원단과 디자인을 선택하는 요령, 트렌드에 맞는 다양한 제품(원단 및 부속품)들을 사용하는 요령, 엄마와 아기 그리고 강아지와 가족이 함께 입는 패밀리룩과 함께 구하기 어려운 대형견 실물 패턴을 스타일별로 소개하는 등 강아지 옷을 만들고 싶은 분들에게 도움이 되는 정보들로 가득합니다. 여기에 계절별로 필요한 옷들을 분류하고, 옷마다 만드는 난이도가 표시되어 있어, 단계적으로 쉬운 옷부터 완성해나간다면 성취감과 함께 즐거움이 배가 됩니다.

이제 강아지 옷장을 준비해주세요! 우리 아가들이 제일 편안해하고, 정성껏 솜씨를 뽐낸 멋진 옷들로 차곡차곡 옷장이 채워지는 '세상에서 제일 행복한 시간'이 될 것입니다. 지금, 이 책을 만난 여러분! 그럼 이제부터 함께 행복한 강아지 옷 만들기 시간으로 들어가 봅시다.

공방에서 아둥엄마

contents

prologue 4

이 책의 특징 10

강아지 옷 만들기 Q & A 12

강아지 옷 만들기 전에 알아두어야 할 것

Lesson 1 도구의 이해와 선택
    도구 34
    실의 종류 / 바늘의 종류 36

Lesson 2 원단의 이해와 선택
    원단의 방향 37
    원단의 소요량 계산하기 39
    원단의 종류 39
    알아두면 좋은 대표적 패턴 원단의 종류 41

Lesson 3 장식 소품의 종류와 사용법
    각종 장식 소품 42
    레이스 / 리본 44
    여밈 단추 45
    스터드 / 장식이나 도트를 위한 도구 46

Lesson 4 강아지 옷 만들기
    STEP 1 각 부위별 명칭 및 치수 재는 방법 47
    STEP 2 실물 패턴(옷본) 사용 방법 49
    STEP 3 패턴 재단하기 52
    STEP 4 기본 가봉 방법 알아두기 54

Lesson 5 우리 강아지에게 만들어줄 옷 선택 시 주의사항 58

Lesson 6 옷 만든 후, 체크 사항 61

 일러두기
수준에 맞게 작품을 선택하고
완성할 수 있도록 옷마다 난이도를
표시했습니다.

초급 ★ 1～2개
중급 ★ 3개
고급 ★ 4～5개

· 70 ·
Clothes 1 ★
아가일 원피스 티

· 76 ·
Clothes 2 ★★
큐티 베어 캡소매 티

· 82 ·
Clothes 3 ★
데이지 멜빵 원피스

· 88 ·
Clothes 4 ★
하트 셔링 원피스

· 94 ·
Clothes 5 ★★★
초콜라떼 멜빵바지 & 원피스

· 104 ·
Accessory ★
레인보우 물방울 목걸이

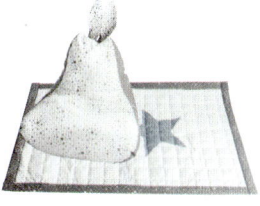
· 106/110 ·
Etc ★★★
빈백 소파 & 누빔 매트

· 120 ·
Clothes 1 ★★
레드팡 레이니 코트

· 126 ·
Clothes 2 ★★
아쿠아 마린 커플룩

· 134 ·
Clothes 3 ★★★
고리형 나시 올인원

· 140 ·
Clothes 4 ★★★
버버리 체크 스쿨룩

· 152 ·
Accessory ★★★
버버리 체크 빵모자

· 156/161 ·
Etc ★★
인디언 텐트 & 방석

AUTUMN

· 172 ·
Clothes 1 ★
리본 망토 커플룩

· 180 ·
Clothes 2 ★★
미키 위저드 커플룩

· 190 ·
Clothes 3 ★★★
빨강머리 앤 컨츄리 원피스

· 198 ·
Clothes 4 ★★★★
베어브릭 양면 후드 점퍼

· 206 ·
Accessory 1 ★★★
위저드룩 미키 모자

· 212 ·
Accessory 2 ★★★
크라프트 이동 가방

WINTER

· 226 ·
Clothes 1 ★
스웨이드 퍼 망토 코트

· 232 ·
Clothes 2 ★★
리본 소녀 누빔 원피스

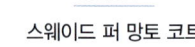

· 238 ·
Clothes 3 ★
솜사탕 커플룩

· 248 ·
Clothes 4 ★★★
베베로즈 누빔 양면 조끼

· 254 ·
Clothes 5 ★★★★★
에꼴드 더블 코트

· 260 ·
Accessory ★★
니트 모자 목줄

· 264 ·
Etc ★★★
푹신푹신 마약 방석

SPECIAL

• 278 •
Baby & Dog ★★★
스칸디 퍼피 패밀리룩

• 288 / 294 •
Accessory ★★★
강아지 · 아가 스냅백 & 리본 핀

• 298 •
Mom & Dog ★★★
견장 야상 패밀리룩

• 310 •
Big Dog 1 ★★
대형견 니트 망토 코트

• 316 •
Big Dog 2 ★★★
대형견 후드티

• 324 •
Big Dog 3 ★★★
대형견 트레이닝복

아둥바둥 공방 소개 332
원단 및 부자재 구매 팁 334
미싱 구매 팁 336

옷 만들 때 찾아보기

손바느질 방법 340 시접 정리 방법 341 바이어스 만드는 방법 342
바이어스 싸는 방법 343 시보리 처리 방법 344 말아박기 345
쌍침 사용하기 345 주름 잡는 방법 346 고무줄 넣는 방법 347
지퍼 다는 방법 348 싸개단추 349 단추 다는 방법 350 심지 사용하기 352

이 책의 특징

난이도
난이도에 따라 구분되어 있어 쉬운 옷부터 단계적으로 시작할 수 있다.

패턴 배치표
패턴을 원단에 짜임새 있게 배치하도록 도움을 준다(부속 원단은 따로 준비하도록 표시되어 있음).

디자인 과정 안내
기본 패턴에서 만들 옷의 디자인을 한눈에 알아보기 쉽게 응용 풀이 맵을 보여준다.

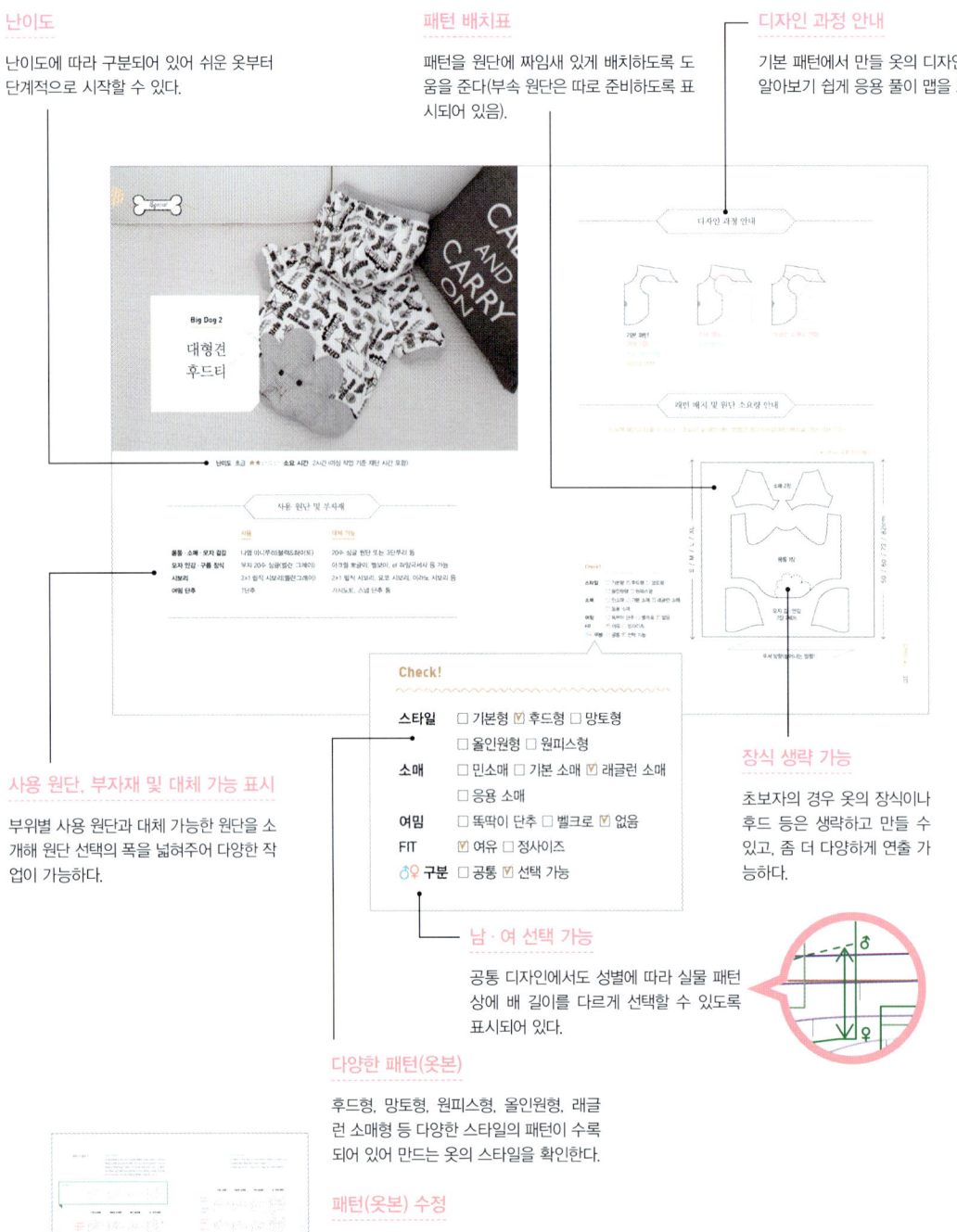

사용 원단, 부자재 및 대체 가능 표시
부위별 사용 원단과 대체 가능한 원단을 소개해 원단 선택의 폭을 넓혀주어 다양한 작업이 가능하다.

장식 생략 가능
초보자의 경우 옷의 장식이나 후드 등은 생략하고 만들 수 있고, 좀 더 다양하게 연출 가능하다.

남·여 선택 가능
공통 디자인에서도 성별에 따라 실물 패턴 상에 배 길이를 다르게 선택할 수 있도록 표시되어 있다.

다양한 패턴(옷본)
후드형, 망토형, 원피스형, 올인원형, 래글런 소매형 등 다양한 스타일의 패턴이 수록되어 있어 만드는 옷의 스타일을 확인한다.

패턴(옷본) 수정
다양한 패턴의 옷을 견종에 맞게 수정할 수 있도록 각각 스타일별로 부위별 사이즈 수정법을 자세히 소개한다. ▶ 50~51p 참고

만드는 과정
'원단 재단하기'부터 시작해 '완성'까지 강아지 옷 만드는 전체적인 흐름을 파악할 수 있다.

원단 재단하기
부위별 사용한 원단과 얼마의 시접을 주고 재단하는지의 정보를 담고 있다

옷의 특징
만들 옷의 원단 특징이나 디자인 특징, 또는 옷의 포인트를 중심으로 디자인 전반의 중요 내용을 소개한다.

옷 만들 때 찾아보기
따라 하기 어려운 부분은 따로 '옷 만들 때 찾아보기(338p)'를 활애해 사진과 함께 자세한 설명을 담았다.

완성 옷 점검
옷의 앞면, 옆면, 윗면까지 상세한 완성 컷으로 만든 옷의 완성 모양을 점검할 수 있다.

plus & tip
알아두면 좋은 유용한 정보는 'plus'로, 옷을 만들 때 당장 필요한 정보는 'tip'으로 구분해 표시했다.

실물 패턴(옷본)의 구성

*총 3장(앞뒤 양면)
실물 패턴 1 – 봄
실물 패턴 2 – 여름
실물 패턴 3 – 가을
실물 패턴 4 – 겨울
실물 패턴 5 – 스페셜 ①
실물 패턴 6 – 스페셜 ②

패턴 위치 안내
복잡한 패턴에서 내가 만들 옷의 위치를 쉽게 찾을 수 있게 색깔별로 위치를 안내한다.

패턴의 구분
각 사이즈별로 색깔의 채도 차이를 주어 찾기 쉽게 구분해두었다.

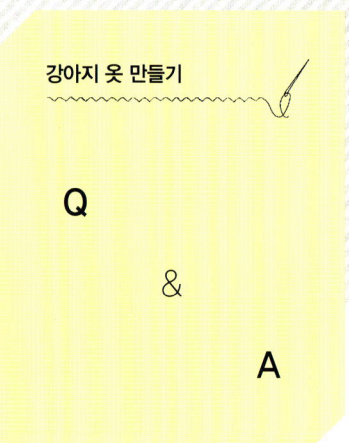

강아지 옷 만들기

Q & A

01
파는 옷도 많은데, 왜 굳이 만들어줘야 하나요?

시중에 나와 있는 옷이나 소품을 구매하면 간편할 것 같지만, 표준 체형의 강아지에 맞춘 대량생산된 옷이기 때문에 내 강아지의 몸에 맞지 않은 경우가 많습니다. 우리 집 강아지의 체형이 조금만 크거나 작아도 불편을 느끼게 되고, 개엄마들이라면 옷이 잘 벗겨지거나 짧아서 애매했던 경험이 누구나 한두 번쯤은 있을 것입니다. 특히나 좋지 않은 원단을 사용한 저가의 옷들은 아이들의 피부병을 유발하기도 합니다. 그렇다고 해서 딱 맞는 수제 옷을 매번 만들어 입히기엔 금액이 비싸 부담스러운 면이 있지요. 우리 집 아가가 표준 체형에서 조금만 크거나 작아도 옷을 구하기란 쉽지 않은 게 현실입니다. 다행스럽게도 지금은 DIY가 보편화되어 문화센터나 각종 기관 등 다양한 곳에서 운영하는 교육 프로그램, 세미나 등을 통해 강아지 옷 만들기를 배울 수 있기 때문에, DIY 패키지를 손쉽게 구해 도전해볼 수 있습니다. 강아지 옷은 원단 소요량도 적기 때문에 집에서 잘 안 입는 옷을 활용해서도 충분히 예쁜 옷을 만들 수 있답니다. 시간과 애정을 들여 내 강아지를 위한 맞춤옷을 만들어준다면 우리 집 아가는 행복하고 편안한 일상을 누릴 수 있고, 엄마들도 성취감과 만족감을 느끼며 새로운 취미생활을 만들어갈 수 있으니, 한번쯤 강아지 옷 만들기에 도전해보세요.

02
강아지 옷을 꼭 입혀줘야 하나요?

강아지가 야생에서 태어나 야생에서 자랐다면 강아지 옷도, 이 책도 필요 없을지 모릅니다. 하지만 사람 곁에서 나고 자란 강아지에게는 옷이나 소품이 단순한 패션용품이 아닌 병을 예방하거나 건강을 위해 꼭 필요한 경우가 많답니다. 우리 개엄마들은 모두 잘 알고 있지만, 겨울에 외출할 땐 반드시 방한용 옷과 귀의 동상을 방지하는 스누드가 필요하며, 여름엔 햇볕을 가려 화상을 방지할 차양 옷이 필요합니다. 또 외출 시에는 다른 사람에게 민폐를 끼치지 않기 위해 매너밸트가 필요하지요.
이렇게 강아지에게 의류와 소품은 단지 패션이 아니라 춥고 더운 것을 막아주는 보호 기능이 있기에 없어서는 안 될 필수품이라 할 수 있지요. 조금만 더 신경 써서 아이들의 목소리에 귀 기울여준다면, 좀 더 건강하고 행복하게 함께 살아갈 수 있습니다.

03
옷 만드는 재료비 비싸지 않나요?

만약 강아지 옷을 딱 한 벌만 만든다면, 시중에서 구입하는 옷보다 돈과 시간이 더 들지도 모르겠습니다. 그러나 안 입는 옷을 활용해 직접 장식품과 옷을 만든다면 저렴하게 아가들 옷을 만들 수 있습니다. 또 처음 구입하는 재료는 계속 쓸 수 있는 재료도 포함이 되기 때문에 조금만 더 시간을 투자한다면 내 강아지의 체형에 꼭 맞는 옷을 계절마다 만들어 입힐 수 있습니다. 시중에서 구매하는 어떤 옷보다 잘 어울리는 옷을 여러 벌 만들면 무엇보다 경제적이고, 예쁘게 철마다 갈아입힐 수 있어 더욱 좋지요. 특히 요즘엔 시즌별로 개성에 맞는 옷을 만들어준다거나, 강아지와 엄마가 함께 커플룩을 만들어 입거나 또는 강아지의 형제들끼리 패밀리룩을 만들어 입는 추세입니다. DIY가 대세인 만큼 다양한 쇼핑몰에서 의류 원단 및 액세서리 등을 손쉽게 구할 수 있으며, DIY 패키지나 패키지 원단 등을 활용하면 저렴하고 알뜰하게 세상에 하나뿐인 강아지 옷을 만들어 입힐 수 있습니다.

04 만드는 것은 어렵지 않나요?

완성된 강아지 옷을 보면 인형같이 예쁘고 디테일한 장식까지 완성도 있는 모습에 지레 어렵다 느끼고 만들 엄두를 못 내는 초보자들이 많습니다. 저희 공방에 찾아오시는 분들도 처음에는 서툰 바느질 솜씨로는 이렇게 예쁜 옷은 못 만든다며 손사래 치며 거절하곤 했었지요. 그런데 그것도 잠시, 고른 원단에 그대로 패턴(옷본)을 대고 자르고 간단한 손바느질로 뚝딱 옷 한 벌이 만들어지는 걸 경험하고 나면, 언제 그랬냐는 듯 더 화려하고 복잡한 옷을 만들어보겠다고 서로 알려달라고 한답니다. 특히 보통 강아지 옷은 대형견같이 아주 큰 경우가 아니면 원단 소요량도 적고, 간단한 손바느질만으로도 제작이 가능하기 때문에 하나씩 쉬운 것부터 만들어가다 보면 쉽게 내 강아지에게 꼭 맞는 옷이 완성됩니다. 이 책 한 권으로도 시즌별로 꼭 필요한 필수 아이템을 갖추면서도 패셔니스타가 될 수 있습니다. 걱정을 붙들어 매시고, 한 페이지마다 과정 사진과 아주 친절한 설명을 달아놓았으니, 하나씩 따라 하면서 강아지 옷장을 차곡차곡 채우는 즐거운 경험을 해보세요.

05 강아지에게 좋은 원단은 어떤 것이 있나요?

저는 무조건 값비싼 원단이 꼭 좋은 원단이라고는 생각하지 않습니다. 오랫동안 강아지 옷을 만들면서 값비싼 원단부터 저렴한 원단까지 여러 재료로 옷을 만들다 보니 나름대로 원단을 고르는 데도 기준이 생겼습니다. 사람에게 좋지 않은 형광물질이나 유해물질이 섞인 원단은 당연히 강아지에게도 좋지 않겠지요. 3만 원짜리 인증서가 붙었다는 이유로 비싼 원단보다는 가능한 통풍이 잘되고, 마찰이 적고 정전기 발생이 적은 원단으로 강아지 옷을 만드는 것이 좋다는 것입니다. 또 만든 옷을 입히게 되면 자주 벗겨 통풍을 시켜주는 것이 더 중요합니다.

예를 들어 사람도 아무리 좋은 원단으로 만든 모자라 해도 오랜 시간 착용하고 있으면 땀이 차고 냄새가 나듯, 강아지들에게도 옷을 24시간 입히는 것은 결코 좋지 않기 때문이지요. 그렇기에 산책이나 외출 등의 외부 활동 시에는 날씨에 맞게 옷을 꼭 입혀주시고, 옷을 벗긴 후에는 브러싱(빗질)을 통해 엉킨 털을 풀어 통풍을 도와주는 등 옷을 만들어 입힌 후의 관리도 중요하답니다.

06
견종에 따라 강아지 옷 디자인도 달라야 하나요?

물론 그렇습니다. 사람도 뚱뚱한 사람에겐 스트라이프가 안 어울리고, 마른 사람에게 일자 원피스가 안 어울리듯 강아지들도 체형에 따라 불편하거나 예쁘지 않은 디자인이 있습니다. 가령 아프간하운드와 같이 몸체에 비해 허리가 매우 길고 가는 견종은 허리에 시보리나 고무줄로 마감한 디자인의 옷이 핏이 예쁘게 떨어지고, 상의를 하의보다 길게 만들어줘야 맵시가 나고 예쁩니다. 반면 다리가 짧고 굵은 닥스훈트와 같은 견종은 소매 진동이 큰 래글런 스타일의 티를 입히면 잘 벗겨지고 불편합니다. 그렇기에 우리 아가의 견종과 체형의 특징을 잘 이해하고, 그 체형에 잘 어울리는 디자인의 옷으로 직접 만들어 입힌다면 실패 없이 예쁘고 편한 옷을 만들 수 있습니다.

걱정 말고 시작해봐요!

당신에게 강아지 옷은 어떤 의미인가요?

우리 아가를 예쁘고 근사하게 만들어주는
행복이 되기도 하고…

나에게는 고단하고 지친 일상을 위로하는
오로지 나만의 '휴식'이 되기도 합니다.

따스한 햇살이 들어와
　　살랑 바람이 불던 여유로운 날,

드르륵~ 재봉틀 소리와 함께 마법이 일어납니다.

선물 같은 시간,
손가락을 꼼작여 나만의 공간에서
하나의 작품을 만들어나갈 때의 행복.

사랑하는 아가에게
뭔가를 해줄 수 있어 느끼는 기쁨과 감사함.

내가 지은 옷을 입고,
나를 보며 밝게 웃는 우리 아이들을 보는 것만큼
행복한 일이 또 있을까요……?

사계절 내내 행복한 강아지 옷 만들기,
이제 시작해볼까요?

엄마, 내 옷
만들어줄 거예요?
두근두근 짱 좋아!

강아지 옷
만들기 전에
알아두어야 할 것

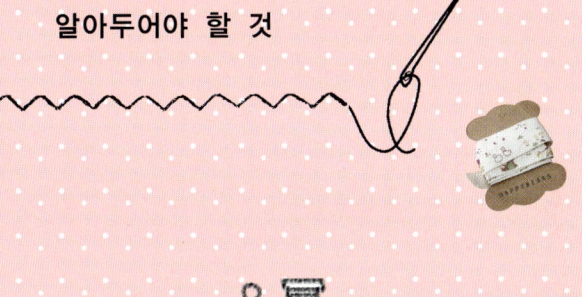

Tools

Lesson 1
도구의 이해와 선택

강아지 옷을 만들기 위해 모든 도구를 꼭 완벽하게 준비해둘 필요는 없다. 정말 꼭 필요한 도구만 먼저 준비하고, 작업량이나 완성도를 위해 부차적으로 필요한 도구들은 천천히 조금씩 추가로 준비하는 것도 요령이다. 쓸데없는 낭비를 막기 위해 필요도에 따라 도구를 3단계로 구분했다.

1단계
★★★
꼭 필요한 기본 도구

1 가위(재단용) 가능한 원단만 재단하는 용도의 가위. 날이 쉽게 무뎌지지 않고 오래 사용할 수 있다.

2 시침핀(수예용) 핀 머리가 작거나 납작하고 잘 구부러지는 얇은 시침핀이 좋다.

3 수성펜 또는 초크 패턴(옷본)을 원단에 옮겨 그릴 때 필요하다. 원단에 따라 수성펜 또는 초크로 상황에 맞게 사용한다.

4 줄자 아이들의 몸을 실측하거나 패턴을 수정할 때 사용한다.

5 바늘 가정용 손바느질 세트.

6 실 가정용 실 세트.

7 다리미 옷을 만드는 중간에 시접을 정리하거나, 옷을 완성한 후 다림질로 옷의 완성도를 높여줄 수 있다.

2단계
★★☆
있으면 도움이 되는 도구

8 부직포 패턴지 종이 패턴(옷본)을 부직포에 대고 그려 사용하면 잘 찢어지지 않아 오래 사용할 수 있다. 또한 보관이 용이하며, 미리 몸에 걸쳐 사이즈를 확인해볼 수 있다. 종이 패턴만 사용해도 무방하다.

9 쪽가위 가위집을 내거나 실밥을 정리할 때 유용하다. 꼭 가위 끝까지 잘 들고 손이 아프지 않은 것으로 준비한다.

10 송곳 장식이나 도트를 달아줄 때 사용한다.

11 리퍼 실을 뜯어내거나 미싱을 사용할 때 보조 도구로 사용하면 좋다. 쪽가위나 송곳으로 대체 가능하다.

12 겸자 가위&고무줄 끼우개 뒤집거나 고무줄을 끼울 때 사용한다. 없을 경우, 옷핀이나 볼펜 끝을 이용해도 좋다.

13 바이어스 메이커 바이어스를 만들 때 손쉽게 사용할 수 있다. 손다림질로도 가능하다.

3단계
★☆☆
갖춰두면 좋은 도구

14 S모드 또는 암홀자 정확한 패턴 그리딩을 위해 사용하면 좋다.

15 심지(다데테이프 등) 다이마루 원단 종류 사용 시 가봉을 더욱 손쉽게 한다.

16 시침봉 시침핀을 꽂아두면 편리한 재료.

17 시접자 정확한 시접(옷 솔기 가운데 접혀 들어간 부분)을 그려놓고 재단하면 옷을 패턴에 의거해 정확하게 만들 수 있다. 초보자에게 추천한다.

18 그리딩 자 패턴을 그리거나 수정할 때 사용하는 자로, 쉽게 잘 구부러져 곡선을 체크할 때 유용하다.

실의 종류

강아지 옷의 일반 재봉 시(손바느질 포함)에는 주로 일반 합사나 코아사를 쓰고, 장식 스티치나 자수를 넣을 땐 스티치사를 이용한다.

1 일반 합사
한 올의 실을 꼬아서 만든 실. 일반적으로 40수 2합을 많이 사용한다.

2 코아사
합사를 다시 꼬아서 강도가 센 45수의 실을 2번 꼬아 만든 코드사.

3 스티치사(청바지 및 자수용)
청바지 테두리 등에 많이 사용하는 30수 3합의 도톰한 실로, 자수나 펠트용으로도 쓰인다.

바늘의 종류

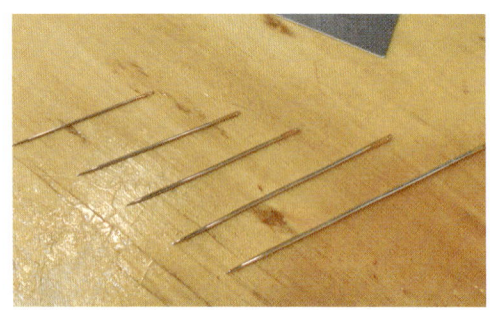

손바느질용 바늘 세트

손바느질용 바늘은 바늘의 두께와 바늘 구멍의 크기, 모양에 따라 종류가 다양하다. 자수용, 가죽용, 비즈용, 퀼트용, 곡선 바늘 등 필요에 따라 골라 사용하면 된다. 강아지 옷을 만들 때는 손바느질용 바늘 세트를 구입해서 자신의 손에 익숙하고 바느질이 잘되는 바늘로 선택해서 사용하면 된다.

미싱용 바늘

09호 90수 이상 아주 얇은 원단.
11호 60수 얇은 쉬폰 소재.
14호 30수 일반 원단용.
16호 20수 이하 두꺼운 원단용.

가죽용, 다이마루용, 쌍침 등 다양한 바늘을 선택할 수 있다. 강아지 옷을 만들 때는 일반적으로 14호 정도를 사용하면 무난하다.

Lesson 2
원단의 이해와 선택

강아지 옷의 주재료인 원단을 이해하고 원단의 방향에 따른 특성을 알고 옷을 만들어야 옷이 틀어지거나 변형되는 것을 막을 수 있다. 또한 각 계절에 맞는 적절한 원단을 선택하기 위해서도 원단을 제대로 아는 것은 중요하다.

원단의 방향

원단은 방향을 꼭 지켜서 사용해야 한다. 그렇지 않으면 옷이 틀어지거나 세탁 후 모양이 변형될 수 있다.

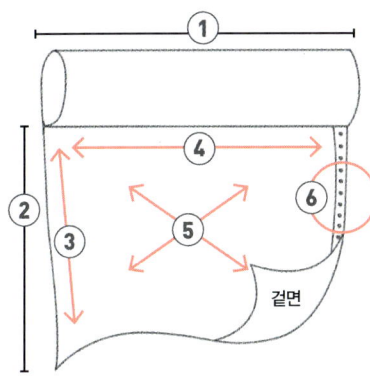

1 **원단 폭** 44인치~60인치 등 다양.
2 **원단 길이** 보통 1마(90cm) 단위로 판매.
3 **식서 방향** 원단이 풀리는 방향(원단의 길이 방향으로 보통 1마 단위를 계산하는 방향). 늘어짐이 적어 중력이 향하는 방향으로 사용한다.
4 **푸서 방향** 식서 방향에 비해 잘 늘어나는 방향(원단의 폭 방향). 신축성이 좋아 운동하는 방향으로 사용한다.
5 **정 바이어스** 가장 잘 늘어나는 방향(사선 방향)으로 목, 소매와 같은 곡선에 사용한다.
6 **원단의 겉과 안** 원단의 식서에 타공 면이 튀어나온 쪽이 겉면이다. 만약 원단의 식서가 잘리고 없을 때는 무늬가 선명하고 면이 부드러운 쪽을 겉면으로 본다.

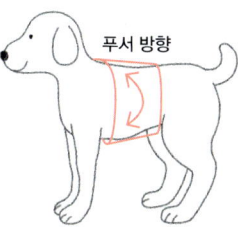

푸서 방향
강아지의 몸통 방향(가슴둘레 방향)을 푸서 방향으로 배치한다.

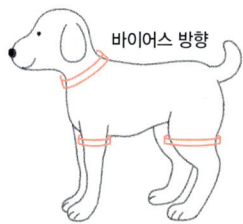

바이어스 방향
목, 소매 등의 곡선(진동)은 바이어스 방향을 사용함으로써 움직임이 자유롭게 해준다.

원단의 소요량 계산하기

원단의 소요량은 원단의 폭을 고려해 아래 그림처럼 배치해본 후, 필요한 원단을 계산한다.
먼저 강아지 옷 패턴(옷본)을 몸통 방향을 고려하여 큰 조각부터 배치한 후 작은 조각을 배치해본다. 조각 사이의 간격은 시접분(0.5cm~3cm)을 고려하여 넉넉하게 배치하여 전체적인 소요량을 가늠한다.

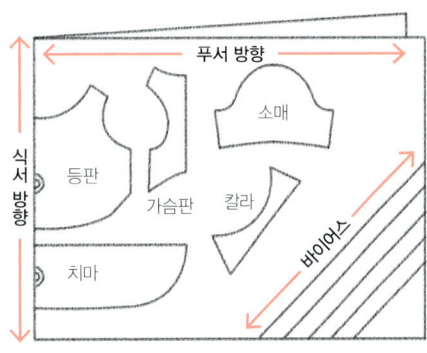

원단의 종류

1 니트류 다이마루는 니트류 원단 중 가장 많이 사용되는 대표적인 원단 종류이다. 뜨개질을 한 것처럼 한 올 한 올 거는 형태로 직조된 원단이다. 이 원단으로 옷을 만들어주면 자극이 없고 신축성이 좋아 편안한 착용감을 느낄 수 있기 때문에 특히 가을, 겨울철 실내복으로 사용하기 알맞다.

실내복으로 적합한 100% 면 원단이라도 하루 종일 계속 입혀두는 건 좋지 않으니, 꼭 하루에 한 번은 벗겨 브러싱을 해주면서 통풍을 시켜주는 것도 잊지 말자.

니트류:무지 다이마루
1 30수 싱글(화이트)
2 분또(옐로우)
3 30수 PK 원단(화이트)
4 미니쮸리(멜란그레이)
5 3단쮸리(레드)

니트류:다양한 다이마루
1 20수 싱글 나염 원단
2 나염 미니쮸리
3 퀼팅 나염 다이마루
4 면 타올지
5 기모 미니쮸리

2 직기류 직기류 원단은 평직류, 트윌류, 청지, 모직 선염 등 직조 방식이나 소재에 따라 종류가 많고 다양하다. 니트류에 비해 뻣뻣한 편이라 주로 아우터에 많이 사용된다. 부드러운 워싱이나 해지 원단으로 예쁜 셔츠를 만들어준다든가 선염 원단으로 특별한 원피스 종류를 만들어 입히기에 좋다. 옷을 처음 만드는 초보자들에겐 조금 뻣뻣해도 잘 늘어나지 않는 직기류 원단이 옷을 만들기엔 훨씬 다루기 쉽다.

3 레이스·망사류 기능적으로 통풍을 위한 메쉬 소재(망사) 원단은 여름용 옷이나 여름용 스누드 등을 만들어주기에 좋고, 레이스나 거즈 원단은 독특하고 예쁜 디자인의 배색 원단으로 처리해 포인트로 장식할 수 있다. 단, 아이들의 손톱에 걸려 찢어질 수 있으니 적당한 포인트 용으로만 사용하는 것이 좋다.

4 화학섬유 요즘에는 가죽이나 퍼(fur) 종류가 워낙 많이 나와 있어서 쉽게 구해서 다양한 연출을 할 수 있다. 단, 100% 화학섬유이다 보니 오랜 시간 착용하는 것은 좋지 않다. 적당한 소재를 선택해서 자극 없이 편안한 옷을 만들어주도록 하자.

직기류:기본 직기
1 20수 린넨(마)
2 20수 광목(면)
3 30수 면트윌
4 40수 면 혼방
 (TC=면+나일론)

직기류:나염 직기
1 30수 나염 린넨
2 20수 나염 광목
3 20수 나염 옥스퍼드
4 40수 나염 면 혼방

직기류:체크 직기
1 30수 면 선염 체크
2 30수 나일론 선염 체크
3 10수 모직 하운드 체크 원단
4 20수 울 하운드 체크 원단

직기류:청지 직기
1 워싱 청해지
2 나염 청해지
3 청해지
4 면청지
5 스판 청지

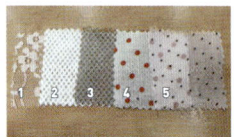

레이스·망사류
1 라셀 레이스
2 망사
3 망사 튜튜
4 나염 거즈
5 쉬폰 망사

화학섬유:가죽류
1 인조 가죽(아이보리)
2 퀼팅 가죽(베이지)
3 모직
4 스웨이드
5 본딩 스웨이드
 (스웨이드+뽀글이 덤블)

화학섬유:퍼(fur)류
1 5mm 양면 파일
2 나염 극세사
3 폴라폴리스
4 나염 폴라폴리스
5 나염 벨보아

화학섬유:특별한 소재
1 네오플랜
2 아크릴 니트
3 누빔 다후다(안감용)
4 나염 다후다
5 하드 공단(세틴)지

알아두면 좋은 대표적 패턴 원단의 종류

대표적 원단의 종류를 알아보자. 무늬가 들어 있는 원단에는 각각 이름이 있다. 각 패턴의 이름을 알면 내가 원하는 디자인의 옷을 만들 때 원단 쇼핑이 한결 쉬워지므로 꼭 기억해두자.

깅엄 체크   도트 무늬   레오파드   버버리 체크

쉐비로즈   스트라이프   아가일   카모(밀리터리)

타탄 체크(일반 체크)   페이즐리   하운드(투스) 체크   헤링본

Lesson 3
장식 소품의 종류와 사용법

기본 디자인의 옷에 장식 소품으로 적절한 레이스나 와펜, 금속 장식 등을 붙여주면 디자인 포인트가 되어 옷이 확실히 완성도가 높고 예뻐진다. 다양한 소품의 명칭만 정확히 알아두면 인터넷 쇼핑몰 등에서 구입해 사용할 수 있다.

각종 장식 소품

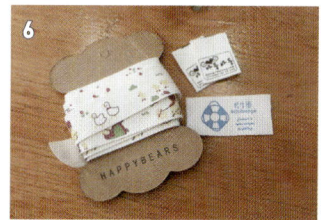

1 각종 와펜 자수 와펜, 스팽글 와펜 등 원단에 직접 붙여서 사용.

2 각종 장식품 봉제 인형, 밍크볼, 고주파 장식 등 판대에 부착해서 사용.

3 각종 스트링(줄) 파이핑, 나일론 끈, 면 꼬임 끈, 체인, 샤무드 끈, 면 테이프 등.

4 각종 단추 싸개 단추, 나염 단추, 우드 단추, 야자 단추, 애나멜 단추 등.

5 각종 부자재 개고리, 벨, 스토퍼, 비조 장식, 금속벨트, D링, 떡볶이 단추 등.

6 각종 라벨 면 라벨, 끼움 라벨, 가죽 라벨 등.

레이스

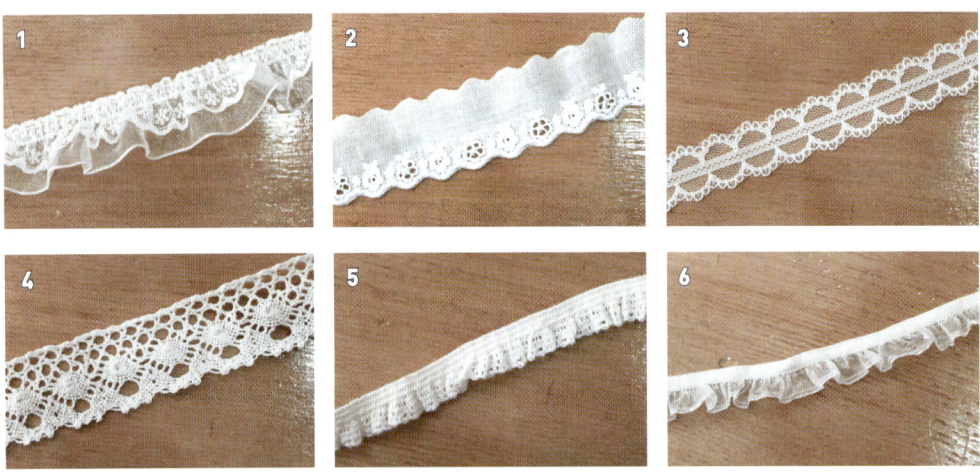

1 이중 주름 레이스 오간디 소재와 라셀 레이스를 이중으로 잡은 레이스로 풍성한 디자인을 연출할 수 있다.

2 면 자수 레이스 아사면 위에 컴퓨터로 자수를 넣은 레이스로 레이스의 폭과 색상이 다양하다.

3 라셀 레이스 셀(cell) 원단 위에 컴퓨터 자수가 올라간 형태로 다양한 모양의 끝마감이 가능하다.

4 토손 레이스 광목 원사로 만들어 기본 레이스의 투박한 멋과 디자인이 특징이다.

5 토손 주름 레이스 고무사로 만들어 자연스러운 주름이 특징이다.

6 오간디 주름 레이스 오간디 소재와 고무줄을 붙인 자연스러운 주름으로 치마 끝단 등에 사용하면 예쁘게 연출할 수 있다.

리본

리본은 강아지 옷이나 핀을 만드는 데 가장 많이 사용하는 재료이다. 리본의 종류는 무수히 많지만, 기본적인 몇 가지 종류에 대해 알면 고르기도 쉽고, 폭넓게 적용해 사용할 수 있다.

1 나염 공단 리본
2 반 광택면 무지 리본
3 아크릴 선염 리본
4 오간디 피콧 리본
5 무지 공단 리본
6 나염 골지 리본
7 무지 골지 리본
8 린넨 선염 리본
9 면 라벨 리본
10 골지 피콧 리본

여밈 단추

도트(똑딱이 단추)는 다양한 종류와 사이즈가 있다. 여러 종류에 대해 알아보고, 강아지 옷을 만들 때 적절한 곳에 사용하면 좀 더 예쁜 옷을 만드는 데 도움이 되므로, 각각의 장단점을 살펴보도록 하자.

	장점	단점	도구 ▶ 46p 참고
스냅 단추	저렴하고 도구가 필요 없다.	장식적인 요소가 다소 부족하고 약하다.	도구 필요 없음.
가시도트	깔끔하게 마감할 수 있으며, 다양한 장식 종류가 있다(진주 가시도트, 큐빅 가시도트 등).	원단의 손상이 불가피하고, 두꺼운 원단에는 사용 불가능하다.	손 몰드+고무 망치 스냅 기구 압축기+기계식 몰드
T단추	완성도가 높고 색상이 다양하며, 상대적으로 불량률이 적어 원단의 손상이 적다. 양면 의상에 적합하다.	두꺼운 원단에 적합하지 않고, 단가가 비싸다.	손 몰드+고무 망치 스냅 기구 압축기+기계식 몰드
스프링도트	완성도가 높고 다양한 디자인과 사이즈가 있으며, 두꺼운 원단이나 가죽에도 적합하다.	단가가 비싸고 수선이 어렵다. 사용 중 스프링 부분이 고장 날 수 있다.	손 몰드+고무 망치 압축기+기계식 몰드
링도트	두꺼운 아우터에 많이 사용되며, 고장이 잘 나지 않는다.	단가가 비싸고 수선이 어렵고, 부착 시 불량률이 높다.	손 몰드+고무 망치 압축기+기계식 몰드

스터드

붙인 모습(앞)

붙인 모습(뒤)

스터드(금속 장식)는 옷이나 신발, 모자 등에 부착하는 장식품 중 하나이다. 구멍을 뚫지 않고 바느질로 붙이는 비즈, 열(다림질)로 붙여주는 핫픽스, 나사 형식으로 조여주는 솔트, 가시발 부분을 굽혀서 고정하는 가시발 징, 몰드를 사용해 붙여주는 리벳 등으로 다양하게 장식할 수 있다.

1 솔트
2 가시발 징
3 비즈
4 리벳

장식이나 도트를 위한 도구

1 손 몰드+고무 망치 장식 부속품을 칠 수 있는 도구로 비교적 저렴하나, 숙련되지 못하면 실패율이 높다.

2 스냅 기구 압축기보다 저렴하고, 깔끔하게 완성된다는 장점이 있다. 대신, T단추용, 가시도트용을 각각 따로 구입해야 하는 번거로움이 있다.

3 압축기+기계식 몰드 각각 용도와 사이즈에 맞는 기계식 몰드가 필요하다. 고가이지만 한번 구비해두면 T단추, 가시도트, 싸개단추, 아일렛 등 모두 부착 가능하다.

Lesson 4

강아지 옷 만들기

강아지 옷을 만들기 위해 반드시 알고 넘어가야 할 것들을 순서에 따라 하나씩 짚어보도록 하자. 강아지의 각 부위별 명칭을 알아보고, 각 사이즈를 재는 것으로부터 시작해 옷본(패턴)을 사용하는 방법이나 시접을 계산해 재단하는 방법, 또 기본 손바느질 종류와 가봉하는 법 등을 단계별로 하나씩 살펴보자.

STEP 1 — 각 부위별 명칭 및 치수 재는 방법

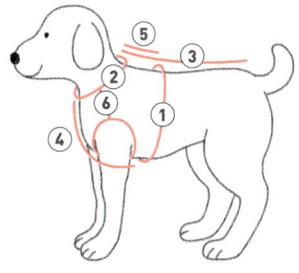 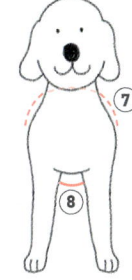 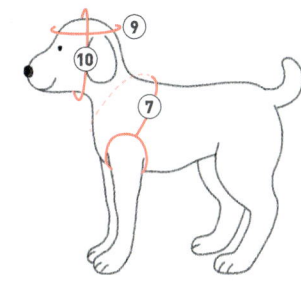

1 가슴둘레 가슴의 가장 두꺼운 부분을 말한다. 손가락 두 개를 붙여 쉽게 넣었다 뺄 수 있을 정도로 여유 있게 잰다(가슴둘레가 30cm 이하 사이즈는 손가락 한 개, 40cm 이상은 손가락 서너 개 기준으로 측정한다).

2 목둘레 강아지 체인 목줄을 찰 때 위치로 넉넉하게 측정한다.

3 등 길이 목둘레를 잰 목덜미 위치에서부터 척추뼈를 따라가다가 꼬리가 시작하기 1cm 전까지를 측정한다.

4 앞가슴 길이 목둘레를 측정한 앞 목을 시작으로 앞다리 사이를 지나, 겨드랑이 밑 1cm 지점까지 라운드로 측정한다.

5 진동 라인 기준선 겨드랑이 밑 하위 1cm 지점에서 올라간 등선에서부터 목둘레 측정선까지의 길이로, 강아지를 위에서 아래로 내려다볼 때의 길이이다.

6 어깨 너비 목둘레 측정 라인에서 어깨뼈가 위치한 라인까지다.

7 등 너비 양쪽 앞다리 어깨뼈 사이를 등을 따라 곡선으로 측정한 너비다.

8 앞가슴 폭 앞다리 사이의 가슴둘레를 말한다.

9 머리 둘레(가로-모자 만들기) 귀 위 머리 둘레를 가로 방향으로 둥글게 잰 치수이다.

10 머리 둘레(세로-스누드 만들기) 정수리부터 턱밑까지 세로 방향으로 둥글게 잰다.

 사이즈 측정할 때 주의할 점!
사이즈를 측정할 때는 무엇보다 강아지의 자세가 중요하다.
모든 다리를 곧게 뻗고 서 있는 상태에서 정면을 바라보도록 자세를 취하게 한 후 측정한다.
단, 가슴둘레와 목둘레를 잴 때는 손가락이 들어갈 수 있을 정도로 여유 있게 잰다.

내 강아지 사이즈 알아보기

사이즈를 선택할 때는 아래 사이즈 구성표의 가슴둘레를 기준으로 선택한 후, 옷을 만들 때 목둘레와 등 길이의 패턴을 조금씩 수정해주면 우리 강아지의 체형에 딱 맞는 옷을 만들어줄 수 있다(단, 체중은 발육 상태에 따라 절대적 수치는 아니니, 참고해서 사이즈를 정한다).

엄마, 나 불렀어?
응~ 사이즈 재보자

의류 사이즈 구성표

	가슴둘레	목둘레	등 길이	체중
S	30cm	21cm	20cm	~2kg
M	36cm	25cm	26cm	~4kg
L	43cm	29cm	32cm	~7kg
XL	49cm	32cm	38cm	~10kg
2XL	56cm	35cm	44cm	~13kg
3XL	65cm	39cm	50cm	~20kg
4XL	74cm	45cm	58cm	~31kg
5XL	84cm	51cm	65cm	~45kg

모자 사이즈 구성표

S	M	L
~20cm	~30cm	~40cm

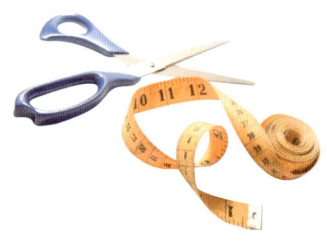

STEP 2　　　　　　　　　실물 패턴(옷본) 사용 방법

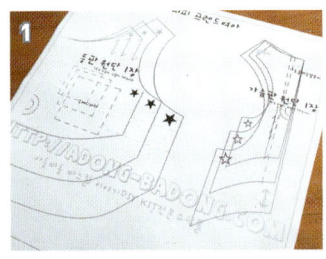

여러 사이즈가 겹쳐 그려진 도안 중 내가 만들고자 하는 우리 집 강아지의 사이즈를 찾아 확인한다.

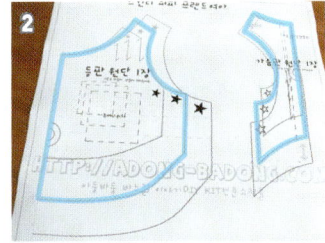

알아보기 쉽게 형광펜 등으로 덧그려 준다.

부직포 패턴지에 대고 시접자를 이용해 연필로 정확한 라인을 그려 본뜬다.

부직포 패턴지의 라인을 따라 오려 패턴을 준비한다.

패턴을 원단에 대고 그린다. 초급자의 경우, 시접과 가봉 라인을 둘 다 그려 주면 좋다.

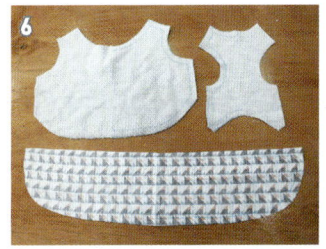

가봉을 위한 피스(원단 조각) 완성! 이제 가봉을 시작해보자!

패턴의 사이즈 및 필요 원단 소요량 등을 기재해놓으면 다음에 또 사용할 수 있다.
부직포 패턴지의 경우 잘 찢어지지 않고 접어서 보관하기 쉬우므로 파일 등에 별도로 보관하면 좋다.

패턴의 기호와 표시
※ 패턴 기호는 독자들의 편의를 위해 현장에서 주로 사용하는 기호로 표시함.

완성선 굵은 직선
골선 겹친 반원
식서 방향 반화살표 겹침
보조선 짧은 쇄선(늘임 및 줄임 가능 표시)
위치 안내선 짧은 실선(위치 표시)

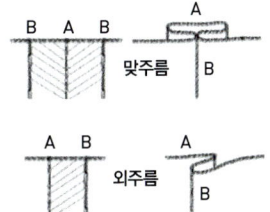

패턴 수정하기

사이즈 조절하기

내 강아지에게 딱 맞는 옷을 만들려면 체형의 특징을 살펴보고 파악한 후 패턴을 수정해 옷을 만들어야 한다. 우리 집 강아지의 몸에 맞는 사이즈로 패턴을 수정하면 만들어 입히는 옷의 장점을 한결 살릴 수 있고, 더 편안하면서 완성도 높은 예쁜 옷을 만들어줄 수 있다. 복잡하고 어려울 것 같지만 하나씩 따라 하다 보면 전혀 어렵지 않게 패턴을 수정할 수 있다.

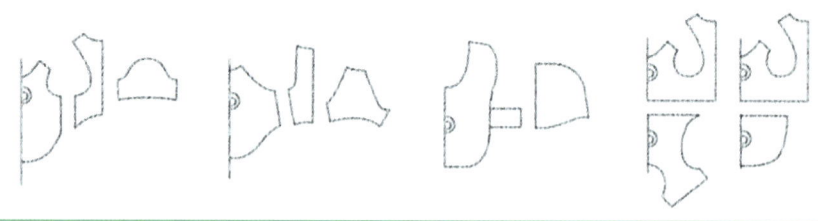

기본 패턴

	기본형/기본 소매형	래글런 소매형	후드형/망토형	올인원형/원피스형
가슴둘레와 목둘레 함께 조절하기				
목둘레만 조절하기		절개 / 벌림		
가슴둘레만 조절하기 — 소매 길이 조절하기			소매 없음	

사이즈 조절 가능선

모든 패턴은 각 사이즈에서 ±5~10% 이내로만 조절하고, 이 이상의 수정이 발생하면 패턴 자체를 새로 그려주는 게 좋다.

ex) 목둘레 30cm의 경우 : ±3cm, 즉 27~33cm 정도까지만 조절한다.

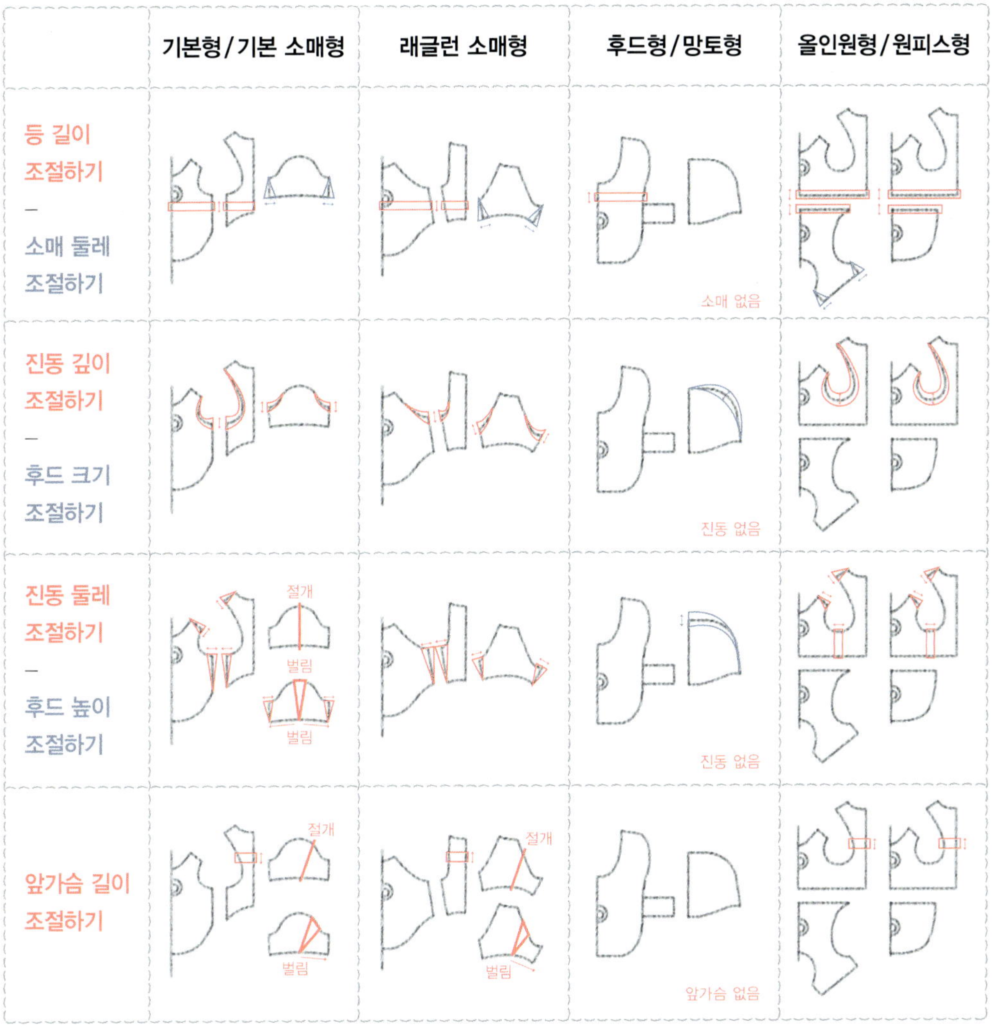

	기본형/기본 소매형	래글런 소매형	후드형/망토형	올인원형/원피스형
등 길이 조절하기 — 소매 둘레 조절하기				소매 없음
진동 깊이 조절하기 — 후드 크기 조절하기				진동 없음
진동 둘레 조절하기 — 후드 높이 조절하기	절개 / 벌림 / 벌림			진동 없음
앞가슴 길이 조절하기	절개 / 벌림	절개 / 벌림		앞가슴 없음

STEP 3 패턴 재단하기

가봉 방식에 따른 시접분 계산하기

바이어스 싸기 시접 0cm

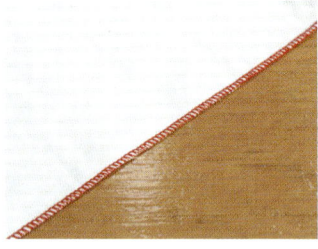
인터록 처리하기 시접 0cm

시보리 처리하기 시접 1cm

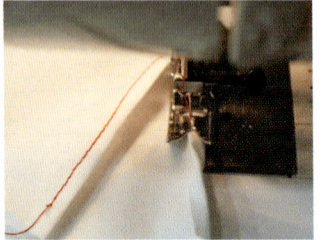
말아박기 시접 1~3cm

오버록 처리한 후 접어박기
시접 1~2cm

기본 시접 연결 시접 1cm

위의 방식을 참고하여, 본 패턴에 시접분을 계산해서 원단에 그려준 후 재단한다. 초보자의 경우에는 원본의 패턴 라인과 시접 라인을 함께 그려준다. 일반적인 가봉 방식의 경우, 시접은 1cm 정도면 적당하다.

원단 및 디자인에 따른 여유분 늘리기

원단의 신축성이 없거나 두꺼운 경우, 가슴둘레에서 1~3cm 정도를 여유분으로 늘려준다. 목에 칼라나 후드가 붙어 있는 경우, 1~2cm 정도 목둘레를 여유분으로 늘려준다. ▶ 가슴, 목둘레 사이즈 조절하기 50p 참고

여밈분 늘리기

여밈 스타일의 옷은 가슴이나 등 또는 단추(도트) 사이즈에 따라 여밈분이 달라진다. 단추 사이즈가 다르거나 샘플과 다르게 응용하여 변경하고 싶다면 아래 내용을 참고해보자.

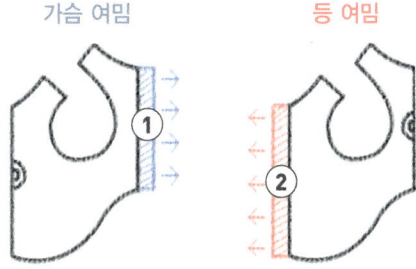

여밈 부위 늘리기
① 총 겹침 부위의 1/2만큼 늘려준다.
② 등 여밈의 경우, 가슴 여밈보다 1cm 정도 더 늘려준다.

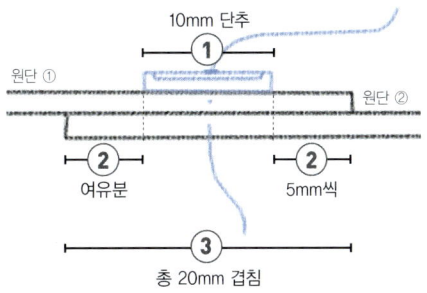

여밈 부위 계산
① 단추 지름. ② 단추 양옆의 여유분. ③ 원단 겹친 부위 총 20mm.

※ 책의 실물 패턴에는 원단과 디자인에 대한 여유분 및 여밈분이 포함되어 있으니 가봉 방법을 참고하여 시접을 계산한 후 재단한다.

내 몸에 딱! 완전 편해요!

STEP 4　　　　기본 가봉 방법 알아두기

기본 손바느질　▶ 손바느질 방법 340p 참고

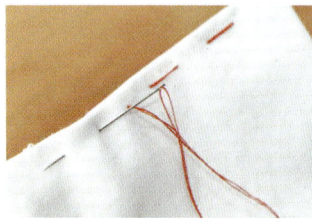

시침질 듬성듬성 대강하는 바느질. 주로 임시 고정 방법으로 사용한다.

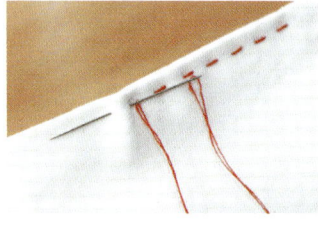

홈질 2~3mm 간격으로 하는 바늘땀이 일정한 바느질.

박음질 실을 곱걸어서 튼튼하게 꿰매는 바느질로, 한 땀씩 잇대어하는 바느질.

감침질 옷단이나 시접의 가장자리를 실올이 풀리지 않게 감으면서 꿰매는 바느질.

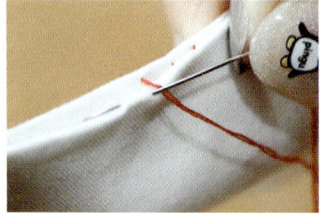

공그르기 시접을 접어 맞대고 바늘을 양쪽에서 번갈아 넣어 실 땀이 시접 겉으로 나오지 않게 꿰매는 바느질.

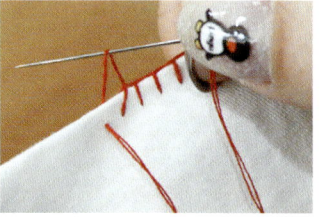

버튼홀스티치 끝단의 가장자리를 휘갑쳐 뜨는 바느질로, 실의 풀림을 막기 위해 감으면서 실을 꼬아서 거는 바느질.

시접 정리 방법 ▶ 시접 정리 방법 341p 참고

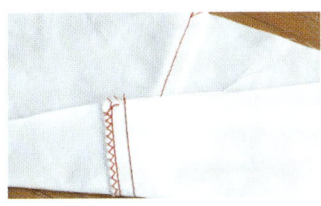
홈솔 옷 속으로 접혀 들어간 시접을 한쪽으로 꺾은 솔기.

가름솔 옷감의 꿰맨 줄을 중심으로 하여 시접을 양쪽으로 갈라 붙인 솔기.

쌈솔 한쪽 시접을 다른 한쪽보다 더 넓게 두고 박고, 뒤집어 넓은 시접으로 좁은 시접을 싸서 납작하게 눌러 박은 솔기.

끝단 처리 방법

바이어스 싸기 바이어스 테이프를 만들어 감싼 후, 안으로 접어 홈질로 박아 옷 가장자리를 마무리한다.

시보리 처리하기 가장자리 끝을 안으로 접어 넣은 상태에서 그 위를 홈질로 마무리한다.

말아박기 천을 두루마리 접듯 접은 상태에서 접은 끝단을 박음질로 마무리한다.

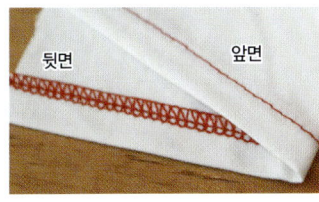
오버록 또는 지그재그 후 접어박기 미싱으로 안으로 접을 천을 풀리지 않게 오버록 처리하거나 지그재그로 접어 박는다.

인터록 처리하기 천 끝단을 접지 않은 상태에서 그대로 실올이 풀리지 않게 인터록 처리한다.

커버스티치 오버록 처리한 것보다 더 튼튼하게 끝단을 접어 뒤쪽이 두 줄의 박음질한 것처럼 마무리된다.

주름 잡는 방법 ▶ 주름 잡는 방법 346p 참고

 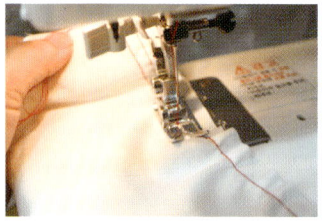 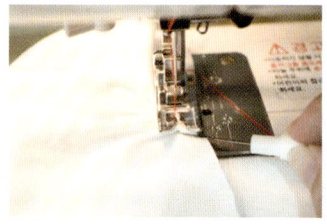

홈질로 당겨 주름 잡기 손바느질로 홈질한 후 실을 당겨 주름을 잡는다. 잔주름, 넓은 주름 원하는 대로 조절이 가능하다.

미싱의 윗실 장력 조절하여 주름 잡기 미싱을 이용하여 장력이 맞지 않을 때 원단이 우는 성질을 이용하는 방법이다. 다량의 주름을 잡을 때 용이하나 주름 폭 조절이 불가능한 단점이 있다.

리퍼로 밀어 넣으며 주름 잡기 미싱을 이용하여 박음질과 동시에 리퍼를 밀어 넣으며 주름을 잡는다. 숙련된 미싱 실력을 요하나 빠른 시간 안에 작업이 가능하다.

고무줄 넣는 방법 ▶ 고무줄 넣는 방법 347p 참고

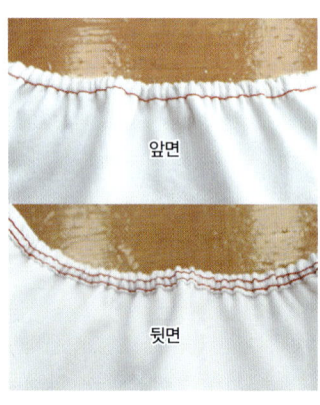 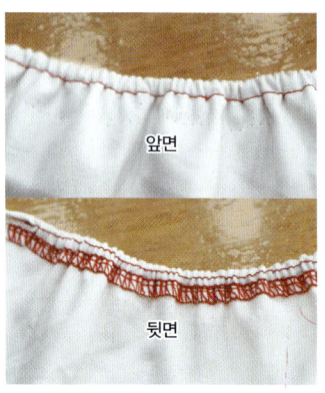 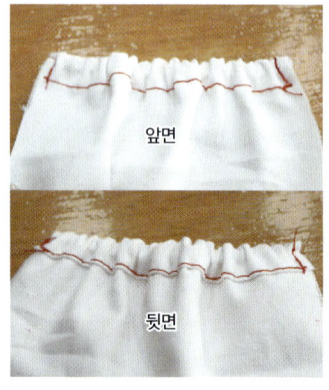

늘려서 박기+말아박기 고무줄을 늘린 상태에서 아래 끝단을 접어 홈질 또는 박음질로 마무리한다.

늘려서 박기+접어박기 고무줄을 고정시켜서 덜 움직이도록 오버록 처리해서 함께 박음질해준다. 뒷면은 더 튼튼하게 고정된다.

통 만들어 넣기 끝단을 넓게 접어 박음질로 처리한 후, 작은 창구멍으로 고무줄을 넣어준다.

창구멍 막는 방법

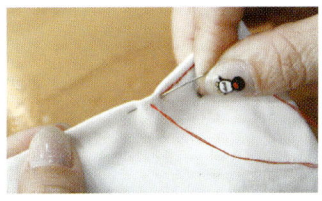  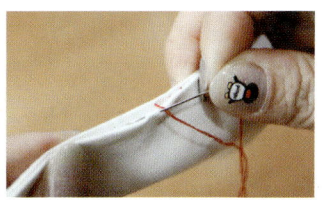

상침(박음질 또는 홈질) 기본 박음질이나 홈질을 이용해 창구멍을 막아주는 것으로, 제일 많이 쓰이지만 밖에 바느질 선이 남는다.

감침질 또는 버튼홀스티치 끝단을 휘감쳐 감는 방식으로 창구멍을 막아주기 때문에 끝단의 사선으로 바느질 선이 남는다.

공그르기(바느질 자국 감추기) 창구멍만 막고 바느질 선이 보이지 않도록 바늘을 양쪽에서 번갈아 넣어 실 땀이 옷감 겉으로 나오지 않게 꿰맨다.

 버튼홀스티치는 두 겹 원단을 멋스럽게 마감하기 좋은 마감법이다.
포인트 스티치로, 또는 아플리케나 와펜을 만들 때 사용하면 아주 좋다.

가위집 넣는 방법

패턴 라인까지 2mm 정도 남기고 잘라서 가위집을 낸다. 급격한 곡선에는 촘촘하게, 완만한 곡선에는 드문드문 가위집을 내준다.

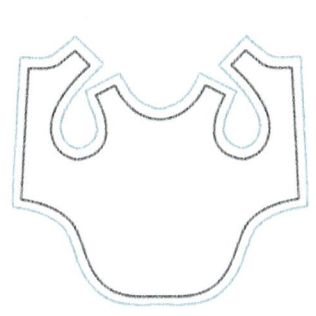
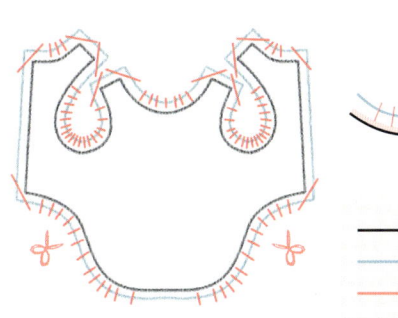
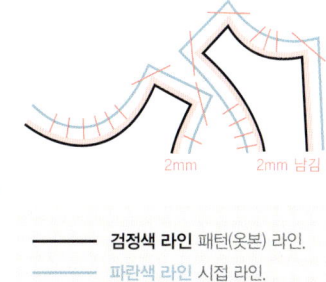

— **검정색 라인** 패턴(옷본) 라인.
— **파란색 라인** 시접 라인.
— **빨간색 라인** 가위집 라인.

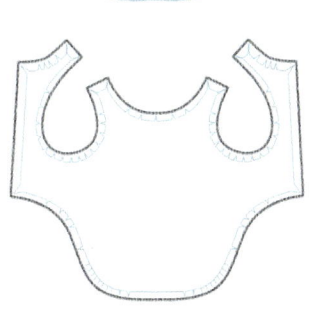

뒤집었을 때 안쪽 시접의 모습

볼록한 부분은 시접이 벌어지고 오목한 지점은 시접이 겹쳐지며 원단이 울렁거리는 것을 방지한다.

모서리 부분을 잘라내서 처리했기 때문에 겹치는 면적이 줄어, 표면이 고르게 된다.

 더 자세한 가봉 방법은 '옷 만들 때 찾아보기(338p)'를 활용하세요.

Lesson 5

우리 강아지에게 만들어줄 옷 선택 시 주의사항

사람도 체형에 따라 잘 어울리고 안 어울리는 옷이 있듯 강아지들도 체형에 따라 예뻐 보이는 옷은 따로 있다. 우리 강아지의 체형에 맞춰 딱 맞아떨어지는 디자인을 찾아 만들어준다면 보기에도 예쁘고 강아지들이 활동하기에 더 편안하고 행복할 것이다.
다음에서 소개하는 디자인에 따른 옷 선택 시 주의사항을 살펴보고, 우리 강아지에게 알맞은 디자인을 고려해서 만들어보도록 하자.

	이런 강아지에게 어울려요!	이런 강아지는 피해 주세요!
H라인의 상의가 길고 치마가 짧은 옷 (목, 소매, 허리 조임 없음) 	등 길이가 길고 허리가 가는 강아지들에게 어울린다. 특히 암컷 강아지의 경우, 배를 깊이 덮을 수 있어 겨울에 좋다. ex) 아프간 하운드, 푸들	등 길이가 길고 뚱뚱한 강아지는 더 뚱뚱해 보이고 답답할 수 있다. ex) 페키니즈, 퍼그
A라인의 상의가 짧고 치마가 풍성한 옷 (목, 소매, 허리 조임 없음) 	등 길이가 짧은 강아지에게 어울린다. 특히, 허리가 너무 가는 강아지들은 풍성한 치마가 체형을 보완해주므로 아주 좋은 아이템이 될 수 있다. ex) 요크셔 테리어, 치와와	등 길이가 길고, 허리가 긴 강아지들의 경우, 치마가 양쪽 옆구리로 흘러내려서 상하의가 따로 놀 수 있다. ex) 푸들, 몰티즈 등
H라인 민소매 T 바이어스 마감 (목, 소매, 허리 조임 없음) 	비교적 가슴에서부터 허리까지 일자로 이어지는 강아지들에게 불편하지 않고 넉넉하게 입힐 수 있다. ex) 웰시 코르기, 샤페이 – 다리털만 기르는 강아지 또는 털이 붕 뜨는 스타일의 강아지들은 바이어스 마감한 옷이 입히고 벗기기도 쉽고, 털이 엉키지 않게 도와주어 좋다. ex) 코카 스파니엘, 포메라니안	초소형견의 경우, 몸에 비해 머리가 크기 때문에 상대적으로 신축성이 적은 바이어스 마감은 입혔다 벗기기가 불편하므로 적합하지 않다. 신축성 좋은 시보리 마감이 좋다. ex) 초소형 몰티즈, 요크셔 테리어 – 허리가 가는 강아지들의 경우, 허리를 잡아주지 않는 옷은 허리단이 몸에서 많이 떠 있어서 핏이 좋지 않다. ex) 아프간 하운드, 쉽독

	이런 강아지에게 어울려요!	이런 강아지는 피해 주세요!
A라인의 민소매 T 시보리 마감 (목, 소매, 허리 조임 있음) 	시보리 마감이 된 옷은 모든 견종들에게 전체적으로 핏감이 좋으며 신축성도 좋아 활동성이 좋다.	시보리 마감은 보통 감싸주는 소재이기 때문에 목이 두껍고 짧은 견종에겐 불편하고 답답하기에 좋지 않다. ex) 불독, 불 테리어, 차우차우
일반 소매 T 시보리 마감 (목, 소매, 허리 조임 있음) 	시보리 마감에 소매가 있는 옷은 다리가 가는 견종들의 경우 따뜻하게 몸을 감싸주며 체형을 보완해주어 좋다. ex) 치와와, 몰티즈	털을 많이 기르고 있는 장모 견종의 경우 소매가 있는 옷은 털이 엉키기 쉽고, 움직임이 불편하다. ex) 요크셔 테리어
래글런 소매 T 시보리 마감 (목, 소매, 허리 조임 있음) 	소매가 큰 래글런 옷은 대표적인 스포츠 옷 디자인으로, 다리가 짧거나 목이 두껍고 긴 강아지를 제외하고는 대부분의 강아지에게 활동이 편안한 옷이다.	가슴이 벌어지고, 다리가 짧은 견종의 경우 소매 진동이 큰 래글런 스타일의 옷은 잘 벗겨질 수 있으니 피하는 게 좋다. ex) 닥스훈트, 웰시 코르기, 페키니즈
망토형 원피스 또는 티 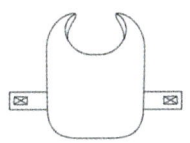	부한 털을 가진 강아지에겐 털을 누르지 않고 덮어만 주는 형식으로 털이 엉키지 않게 도와주며, 여름엔 배 부분이 오픈되어 있어서 시원하고 좋다. ex) 포메라니안, 비숑 프리제	허리가 너무 가는 견종은 엉덩이 부분이 붕 떠서 일자형 망토는 잘 어울리지 않는다. ex) 도베르만 핀셔, 달마시안

점박이, 시비 걸지 마라!

숏다리랑 같은 옷 못 입지, 못 입어!

나한테 맞는 옷이 없어서 엄마가 맞춤복 만들어준대~ 헤헤

Lesson 6
옷 만든 후, 체크 사항

활동이 왕성한 강아지들이 안 맞는 옷을 입었을 때 일반적으로 가장 많이 나타나는 문제점들을 살펴보고, 옷을 만들 때 중점적으로 체크해야 할 사항들을 정리했다. 다음의 사항들을 하나씩 점검하면서 옷을 만들기 전에 옷의 사이즈를 수정 보완한다면 좀 더 완성도 높은 강아지 옷을 만들 수 있다.

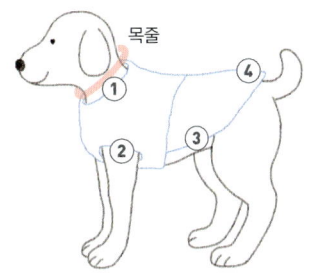

▶ 민소매 원피스

- ☐ **1** 일반 목줄을 채웠을 때 목줄보다 아래 위치에 목둘레가 있고, 손가락 1~2개 정도가 들어갈 정도의 여유가 있는지 확인한다.
- ☐ **2** 진동이 너무 파여 있거나, 혹은 너무 좁아서 활동에 불편하지 않는지 확인한다.
- ☐ **3** 치마가 겨드랑이 밑에서 끝나서 주름진 치마의 경우 옆구리 밑으로 흘러내리지 않는지 확인한다.
- ☐ **4** 치마 길이가 꼬리가 올라갔을 때 덮지 않는지 확인한다.

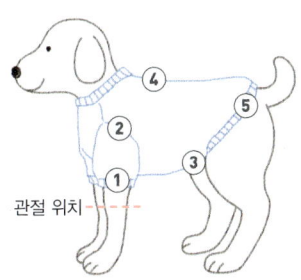

▶ 소매 일반 티셔츠

- ☐ **1** 소매 끝단이 발목 위 첫 번째 관절보다 높아야 하므로 확인한다.
- ☐ **2** 어깨 라인이 너무 낮거나 높은 경우, 주름이 많이 잡히거나 원단이 당겨 불편하므로 확인한다.
- ☐ **3** 앞 가슴판이 너무 파여 있거나 또는 생식기를 덮지 않는지 확인한다.
- ☐ **4** 사이즈가 작은 경우 가슴둘레 방향으로 주름이 지므로 확인한다.
- ☐ **5** 끝단이 허리를 잘 감싸주어 옷이 겉돌지 않는지 확인한다.

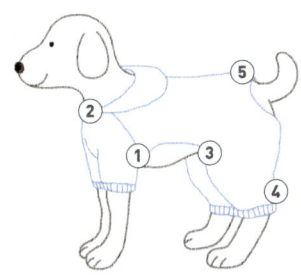

▶ 래글런 올인원(바지)+후드

- ☐ **1** 진동이 커서 소매가 빠지지 않는지 확인한다.
- ☐ **2** 후드가 목을 조르거나 한쪽 어깨로 쏠려서 흘러내리지 않는지 확인한다.
- ☐ **3** 사타구니 쪽 고무줄이 몸에서 떠 있지 않고, 자연스럽게 감싸지는지 확인한다.
- ☐ **4** 활동 시 뒷다리 쪽 소매통이 첫 번째 관절보다 올라가 있는지 확인한다.
- ☐ **5** 꼬리 위쪽 고무줄이 꼬리를 덮거나 또는 누르지 않는지 확인한다.

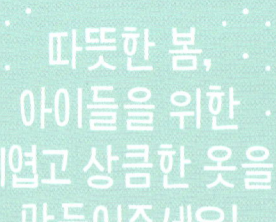

따뜻한 봄,
아이들을 위한
귀엽고 상큼한 옷을
만들어주세요!

How to make **76p**

How to make 94p

화창한 봄날, 겨우내 쌓인 먼지를 털어내고 봄맞이 집 단장을 했다면
우리 집 아가들에게도 산뜻한 인테리어에 어울리는
북유럽 스타일의 누빔 매트와 깜찍한 토끼 귀 빈백을 만들어주세요.
편안한 토끼 귀 빈백에 앉은 아가들의 행복한 일상이 시작됩니다~!

푹신
푹신

How to make 106p

Clothes 1

아가일 원피스 티

난이도 초급 ★☆☆☆☆ **소요 시간** 1시간 30분(미싱 작업 기준 재단 시간 포함)

사용 원단 및 부자재

	사용	대체 가능
상의 겉·안감	20수 싱글(노랑/핑크)	무지 20수 싱글 또는 30수 직기류(트윌, 지지미 등)
하의 겉감	20수 거즈 나염 오가닉 원단	포인트용 20수 싱글 나염 선염 30수 직기류(트윌, 지지미 등)
상의 장식 레이스	주름 토손 레이스(폭 1cm)	주름레이스 종류 모두 가능
장식용 단추	곰돌이 우드 단추	단추 및 비즈 모두 가능
여밈용 단추	T단추(11mm/백색)	스냅 단추 또는 가시도트 등

※ 초보자의 경우 다이마루 원단에 심지를 붙여 사용하거나 스판성이 없는 직기류를 사용하는 것이 좋다.

디자인 과정 안내

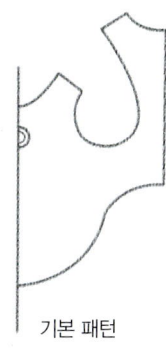

기본 패턴

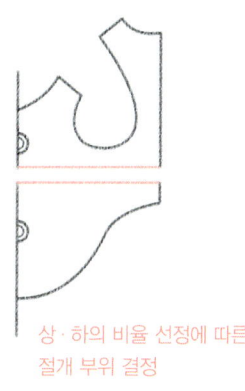

상·하의 비율 선정에 따른
절개 부위 결정

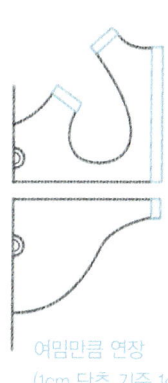

여밈만큼 연장
(1cm 단추 기준 1cm 연장)

패턴 배치 및 원단 소요량 안내

※ 실제 패턴과 다를 수 있으니, 소요량 및 패턴 배치 방법만 참고하세요(패턴 배치표-정사각형 기준).

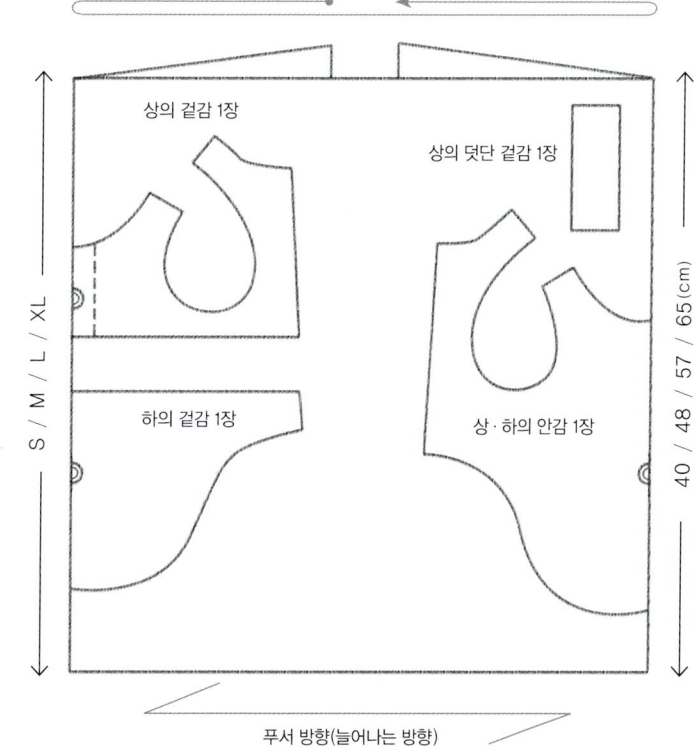

Check!

- **스타일** ☑ 기본형 ☐ 후드형 ☐ 망토형
  ☐ 올인원형 ☐ 원피스형
- **소매** ☑ 민소매형 ☐ 기본 소매형
  ☐ 래글런 소매형 ☐ 응용 소매형
- **여밈** ☑ 똑딱이 단추 ☐ 벨크로 ☐ 없음
- **FIT** ☐ 여유 ☑ 정사이즈
- **♂♀ 구분** ☐ 공통 ☑ 선택 가능

만드는 과정

원단 재단하기 → 상의 겉감 덧단 장식 붙이기 →
상·하의 연결하기 → 안감 연결하기 → 여밈 단추 달기

아가일 원피스 티는 아주 기본적인 강아지 옷 스타일이에요. 직선, 곡선만 박을 줄 알면 누구나 쉽게 뚝딱 완성할 수 있을 정도로, 초보자도 금세 만들 수 있답니다. 혹시 어렵게 느껴진다면 상의 장식 덧단은 빼고 만들어도 됩니다. 노란색 아가일 원피스 하나면 봄 느낌이 훨씬 살아나요. 화사한 기본 원피스 만들기에 도전해보세요.

원단 재단하기

패턴지를 원단에 대고 패턴 배치표를 참고하여 그려준 후, 1cm 정도의 시접을 주고 재단한다.

상의 겉감 덧단 장식 붙이기

1. 심지를 붙인 상의를 준비한다.

심지 붙이기

상의 덧단 원단과 상·하의, 안감 원단에는 아래 사진처럼 아사 심지나 실크 심지를 붙여준다. 심지를 사용하면 원단이 말리는 것을 방지해주기 때문에 초보자도 다이마루 원단으로 예쁜 옷을 만들 수 있다. ▶ 심지 사용하기 352p 참고

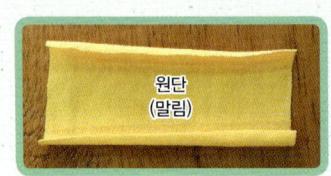

원단 (말림)

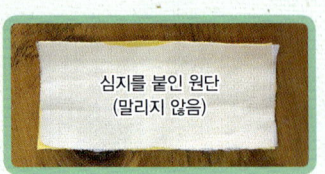

심지를 붙인 원단 (말리지 않음)

상의 덧단의 위치에 토손 주름 레이스를 위 사진처럼 배치한 후, 시침핀으로 고정한다.

사진의 점선을 따라 박음질 또는 시침질로 레이스를 고정해준다.

그 위에 상의 덧단을 올려놓고 시접분을 접어 넣은 후, 시침핀으로 고정한다. 사진의 점선을 따라 'ㅁ자'로 박음질해준다.

상·하의 연결하기

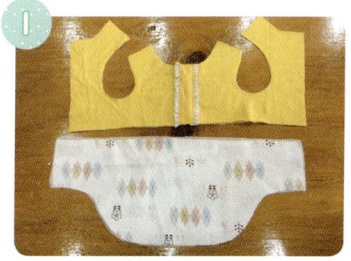

상의와 하의를 맞춰 준비한다.

상의 원단 위에 하의 원단을 겉감끼리 포갠 후, 사진의 점선을 따라 박음질해준다.

박음질 후, 하의를 아래로 내려준 모습.

시접을 아래로 정리한 후 ▶ 시접 정리 방법-홀솔 341p 참고, 사진의 점선을 따라 박음질 또는 홈질해준다.

안감 연결하기

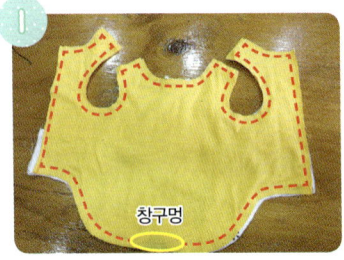
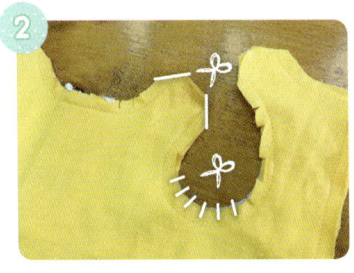

1. 연결한 겉감 위에 안감을 올린 후 겉감의 겉면과 안감이 마주 보게 포갠다. 창구멍은 빼고 사진의 점선을 따라 박음질해준다.

2. 위 사진처럼 곡선과 모서리 부분에 가위집을 내준 후 ▶가위집 넣는 방법 57p 참고, 뒤집어준다.

3. 창구멍의 시접을 안으로 잘 정리해 접어 넣은 후, 위 사진처럼 가장자리를 점선을 따라 박음질 또는 홈질하여 완성한다.

여밈 단추 달기

가슴 쪽 모습

1. 장식 단추와 여밈 단추를 달아 완성한다. ▶단추 다는 방법 350p 참고

2. T단추가 없을 경우, 스냅 단추를 이용해도 좋다.

완성

짜잔~! 아가일 원피스 상의 겉감을 핑크로도 만들어봤어요. 봄 느낌을 살려주는 노랑과 핑크 중 우리 집 아가의 털 색깔에 어울리는 색을 선택해서 만들어보세요.

Clothes 2

큐티 베어 캡소매 티

난이도 초급 ★★☆☆☆　소요 시간 2시간(미싱 작업 기준 재단 시간 포함)

사용 원단 및 부자재

	사용	대체 가능
몸통(가슴판·등판) **장식 곰 귀**	특양면 나염 다이마루(밍크/민트)	기모쭈리, 미니쭈리, 폴라폴리스 등 두께감 있는 의류 원단
장식 곰 얼굴	기모 미니쭈리(백아이보리)	아크릴뽀글이 또는 EF보아, 벨보아 등
목·소매·허리 밑단 시보리	2x1 립직 시보리(네이비)	몸통과 동일한 원단, 미라노 시보리, 요코 시보리 등

디자인 과정 안내

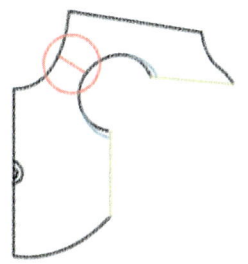

기본 패턴
어깨 이음
진동 라인 내림
겨드랑이 분할

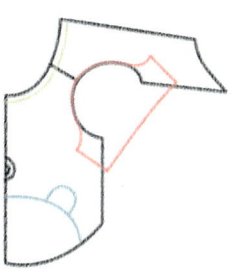

소매 생성
곰돌이 장식 형성
소매 시보리 분량 목둘레 수정

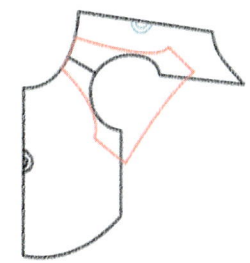

래글런으로 변형
가슴판 골선 형성

캡소매 변형
소매 주름분 연장

패턴 배치 및 원단 소요량 안내

※ 실제 패턴과 다를 수 있으니, 소요량 및 패턴 배치 방법만 참고하세요(패턴 배치표-정사각형 기준).

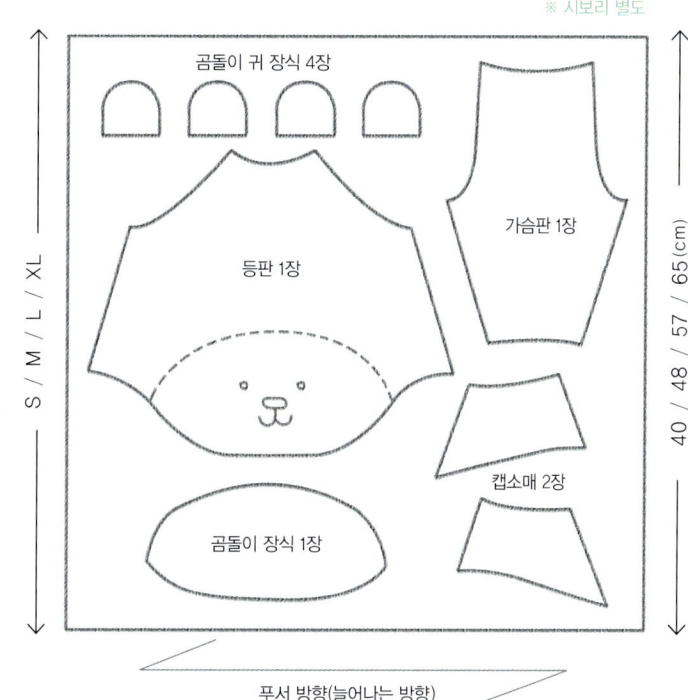

Check!

- 스타일 ☑ 기본형 ☐ 후드형 ☐ 망토형
  ☐ 올인원형 ☐ 원피스형
- 소매 ☐ 민소매형 ☐ 기본 소매형
  ☐ 래글런 소매형 ☑ 응용 소매형
- 여밈 ☐ 똑딱이 단추 ☐ 벨크로 ☑ 없음
- FIT ☐ 여유 ☑ 정사이즈
- 구분 ☑ 공통 ☐ 선택 가능

만드는 과정

원단 재단하기 → 곰돌이 장식 달기 → 캡소매 만들기 →
몸통 만들기 → 목·허리 밑단 시보리 달기

> 큐티 베어 캡소매 티는 래글런을 응용한 티셔츠예요.
> 초보자의 경우 소매 진동 마감(입체 패턴)을 어려워할 수 있기 때문에 캡소매 형식의 마감과 소매, 끝단은 그냥 접어 박거나 바이어스 처리를 하면 좀 더 쉽게 만들 수 있습니다.
> 귀여운 곰돌이 장식이 포인트라 더욱 매력적이지만, 초보자의 경우 어렵다면 생략하고 만들어도 좋아요.

원단 재단하기

*노란 선 : 시접 없음

캡소매
특양면 나염 원단 2장

등판
특양면 나염 원단 1장

가슴판
특양면 나염 원단 1장

곰돌이 귀 장식
특양면 나염 원단(뒷면) 4장

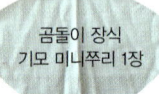
소매·목·허리 밑단 립직 시보리

곰돌이 장식
기모 미니쭈리 1장

패턴지를 원단에 대고 패턴 배치표를 참고하여 그려준 후, 소매, 목, 허리 밑단 시보리는 시접 없이 재단하고, 그 외는 모두 1cm 정도의 시접을 주고 재단한다.

곰돌이 장식 달기

곰돌이 원단을 2장씩 2세트를 사진과 같이 안감끼리 포개어준 후, 점선을 박음질하여 뒤집어준다.

사이즈가 작으므로 가위집보다는 박음질을 촘촘하게 하고, 시접을 짧게 자른 후 뒤집는다.

뒤집은 모습. 몸통 원단과 동일한 원단으로 뒷면이 겉으로 보이도록 사용한다.

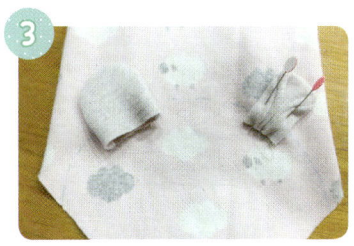
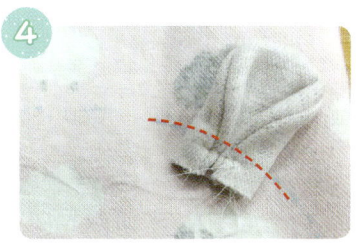
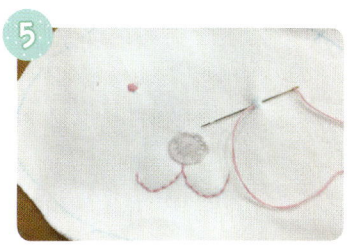

등판에 곰돌이 얼굴 라인을 미리 그려 위치를 확인한 후, 곰돌이 귀를 위 사진처럼 접어 시침핀으로 고정한다.

사진의 점선을 따라 박음질하여 단단하게 고정해준다.

곰돌이 얼굴을 도안대로 그려준 후, 곰돌이 코와 얼굴을 홈질 또는 박음질로 손바느질한다.

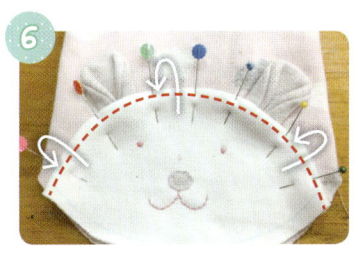

곰돌이 얼굴을 등판에 배치하고 얼굴 끝단을 옆 사진처럼 시접을 접어 넣은 후 시침핀으로 고정하고, 사진의 점선을 따라 홈질하여 붙여준다.

 **plus**

곰돌이 얼굴 자수에 펠트용 스티치사를 사용하면 좀 더 또렷하고 예쁜 자수를 완성할 수 있다.

캡소매 만들기

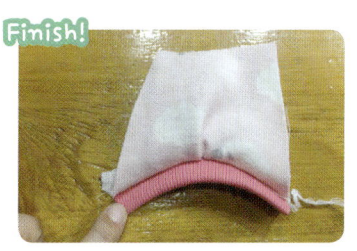

캡소매를 위 사진과 같이 중간을 손으로 주름을 잡아 시침핀으로 고정한다.

시보리를 위 사진처럼 반으로 접어 캡소매 끝단에 두 겹을 가지런히 붙인 후, 점선을 따라 박음질한다. 캡소매 시접은 쌈솔 또는 오버록 처리하여 소매를 완성한다. ▶ 시접 정리 방법 341p 참고

캡소매 완성.

 올이 풀리지 않는 원단의 경우 이 과정은 생략해도 된다.

몸통 만들기

캡소매를 등판 위에 위 사진과 같이 겉면끼리 마주 보도록 배치한 후, 사진의 점선을 따라 박음질한다.

반대쪽 소매도 동일한 방법으로 붙여 양쪽 소매를 달아준다.

가슴판을 위 사진처럼 겉면끼리 배치한 후, 소매의 빨간 점선을 따라 박음질하여 연결해준다.

반대쪽도 동일하게 캡소매와 가슴판을 사진의 점선을 따라 박음질하여 연결한다.

양쪽 다 연결되어 목둘레가 완성된 모습.

소매 밑 옆구리의 양쪽을 사진의 점선을 따라 박음질해준다.

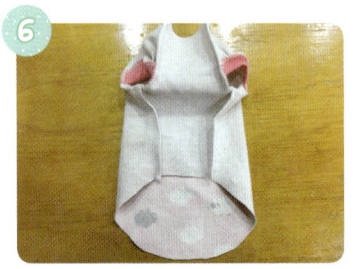

모든 안쪽의 시접 부분을 쌈솔 또는 오버록 처리하여 정리한다.

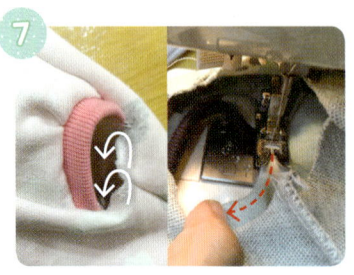

캡소매 밑 겨드랑이 부분은 접어서 사진의 점선을 따라 박음질해준다.

가슴 쪽에서 바라본 캡소매 밑 겨드랑이 부분 완성된 모습.

목·허리 밑단 시보리 달기

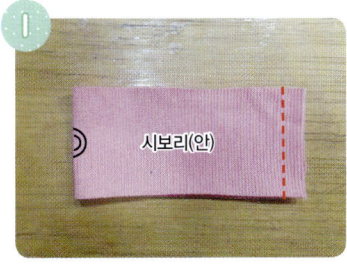

1. 시보리 원단을 반으로 접어 점선을 따라 박는다.

2. 가름솔을 갈라 다시 사진과 같이 반으로 접어 빙 둘러가며 원통형의 시보리를 만들어준다. ▶ 시보리 처리 방법 344p 참고

3. 겉면의 목둘레 위치에 사진처럼 시보리를 빙 둘러준 후, 사진의 점선을 따라 둘러가며 박음질한다.

Check!
시접을 옷 안쪽으로 넣어 정리한 모습.

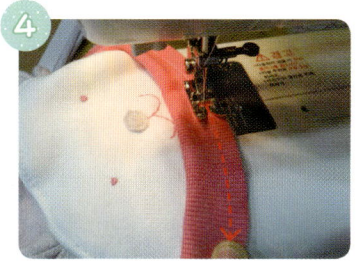

4. 동일한 방법으로 허리 밑단에도 시보리를 달아준다.

Finish!
완성!

완성

Clothes 3

데이지 멜빵 원피스

난이도 초급 ★☆☆☆☆ **소요 시간** 1시간 30분(미싱 작업 기준 재단 시간 포함)

사용 원단 및 부자재

	사용	대체 가능
상의 겉감·안감	30수 면 자수 레이스 원단(흰색)	비침 정도가 적당한 레이스 원단
하의 치마·멜빵	20수 스판 청해지 원단	스판성 없는 30수 청해지, 면청
멜빵 레이스	이중 주름 라셀레이스(흰색)	주름레이스 종류 모두 가능
허리 벨트 여밈	벨크로(폭 2.5cm)	스냅 단추 또는 가시도트
장식용 리본	골지 리본(4mm/레드)	장식 단추 또는 비즈 등

※ 초보자의 경우에는 다이마루보다 스판성 없는 직기류 원단(20~30수)을 선택하는 게 수월하다.

디자인 과정 안내

기본 패턴 　 어깨 이음 　 망토형 패턴 / 허리 벨트 추가 　 멜빵 추가(길이 및 폭) / 상의 비율 선정 및 치마폭 늘림

패턴 배치 및 원단 소요량 안내

※ 실제 패턴과 다를 수 있으니, 소요량 및 패턴 배치 방법만 참고하세요(패턴 배치표-정사각형 기준).

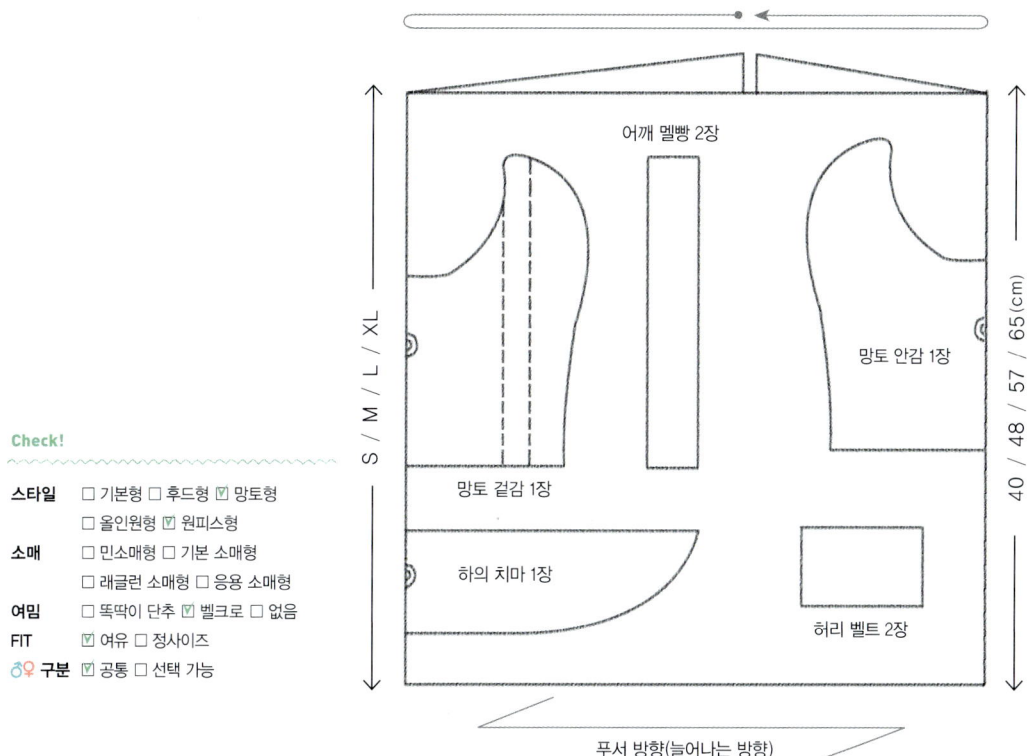

어깨 멜빵 2장
망토 안감 1장
망토 겉감 1장
하의 치마 1장
허리 벨트 2장

S / M / L / XL
40 / 48 / 57 / 65 (cm)

푸서 방향(늘어나는 방향)

Check!

- **스타일** ☐ 기본형 ☐ 후드형 ☑ 망토형
　　　　　☐ 올인원형 ☑ 원피스형
- **소매** ☐ 민소매형 ☐ 기본 소매형
　　　　☐ 래글런 소매형 ☐ 응용 소매형
- **여밈** ☐ 똑딱이 단추 ☑ 벨크로 ☐ 없음
- **FIT** ☑ 여유 ☐ 정사이즈
- **♂♀ 구분** ☑ 공통 ☐ 선택 가능

만드는 과정

원단 재단하기 → 하의 치마 만들기 → 허리 벨트 만들기 →
멜빵 만들기 → 상·하의 연결하기

데이지 멜빵 원피스는 청해지 원단으로 주름 잡힌 멜빵이 캐주얼 느낌을 살려주면서도 귀여운 느낌을 주는 옷 스타일이에요. 하얀 레이스 원단이 예쁘고 사랑스러운 느낌을 주는 망토형 멜빵 원피스로, 오버록 처리를 안 해도, 바느질을 잘 못해도 리본과 레이스만 있으면 간단하게 뚝딱 만들어낼 수 있어요.

원단 재단하기

멜빵 20수 스판 청해지 원단 2장

허리 벨트
20수 스판 청해지 원단 2장

망토 겉·안감
30수 면 자수 레이스 원단 각 1장

하의 치마 20수 스판 청해지 원단 1장

패턴지를 원단에 대고 패턴 배치표를 참고하여 그려준 후, 1cm 정도의 시접을 주고 재단한다.

하의 치마 만들기

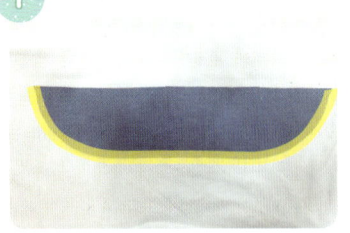

사진의 치마 끝단을 말아박기 또는 오버록 처리한 후, 접어 박아 정리해준다.

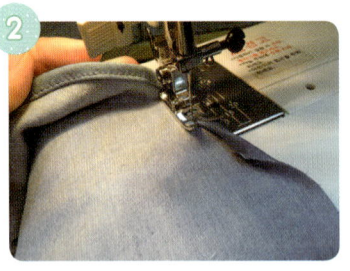

끝단 말아박는 모습. ▶ 말아박기 345p 참고

끝단이 정리된 모습.

허리 벨트 만들기

1. 허리 벨트는 위 사진과 같이 반으로 접어 다림질한다.

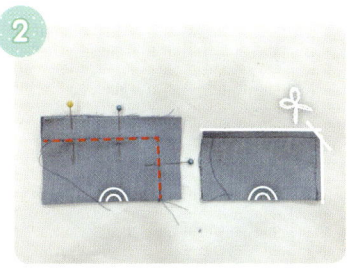

2. 왼쪽의 점선을 따라 박은 후, 오른쪽 사진처럼 시접을 2mm 정도 짧게 잘라 뒤집어준다.

3. 뒤집어서 위 사진의 점선을 따라 박음질 또는 홈질하여 상침해준다.

멜빵 만들기

1. 다리미로 시접 부분을 안쪽으로 접어 다린다.

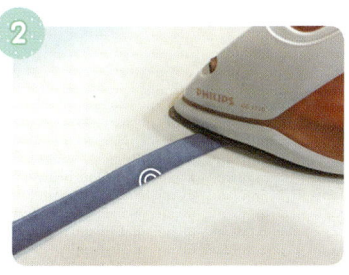

2. 다시 한 번 반으로 접어서 다림질해준다. ▶ 바이어스 만드는 방법 342p 참고

3. 다시 펼쳐서 위 사진처럼 레이스 주름진 부분을 안쪽 시접에 넣고 시침핀으로 고정한다.

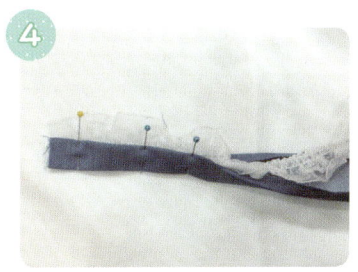

4. 다시 접어주면서 닫고 시침핀으로 고정한다.

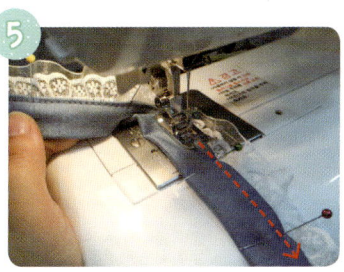

5. 멜빵의 가장자리를 점선을 따라 박음질로 상침하며 고정해준다.

상·하의 연결하기

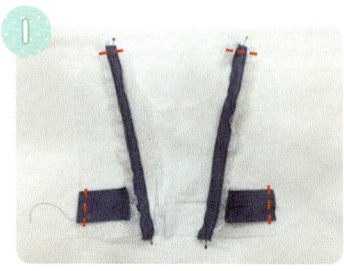

상의 겉감 위에 미리 만든 멜빵과 허리 벨트를 위 사진처럼 놓고, 점선을 따라 시침질로 고정해준다.

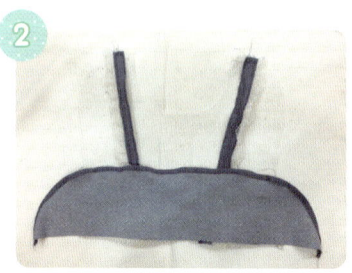

상의 겉감 위에 치마를 겉감끼리 포개어 놓는다.

치마와 상의의 중심을 맞춘 후, 위 사진처럼 손으로 주름을 잡아준다.

▶ 주름 잡는 방법 346p 참고

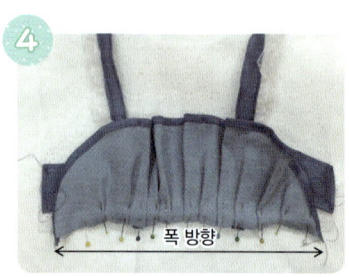

시침핀으로 주름을 잡으며 상하의 폭을 맞춘다.

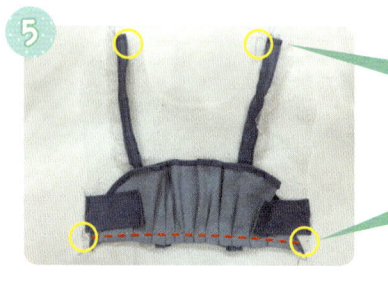
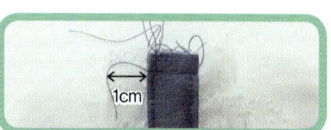

위 사진의 동그라미 부분의 시접분 1cm를 띈 상태로 박음질한다.

상의 안감을 위 사진처럼 위에 덮고 점선을 따라 박음질한다.

박음질 후 뒤집어준다.

뒷면이 뚫려 있는 모습.

위 사진처럼 시접을 접어 넣으며 시침핀으로 고정한다.

겉감 방향에서 바라보고 상침한다.

허리 벨트 위에 벨크로(찍찍이)를 사진과 같이 점선을 따라 가운데를 'X자'로 연결해 튼튼하게 박음질한다.

벨크로는 스냅 단추, 또는 티도트 등으로 대체해 마감해도 된다.

새침한 내게 딱 어울려!

가슴 쪽 모습

완성

Clothes 4
하트 셔링 원피스

난이도 초급 ★☆☆☆☆　　**소요 시간** 1시간 30분(미싱 작업 기준 재단 시간 포함)

사용 원단 및 부자재

	사용	대체 가능
상의	미니쭈리(백색)	원단 20수 싱글, 기모쭈리, 분또 등의 다이마루
하의 치마	나염 미니쭈리	가로 방향 패턴의 나염 다이마루
장식 레이스	이중 주름 레이스(백색)	오간디 레이스, 면 자수 레이스(주름)
장식용 퀼트용 솜	퀼트용 솜+접착 심지 퀼트용	2mm 펠트지, 퀼트용 2온스 접착솜

디자인 과정 안내

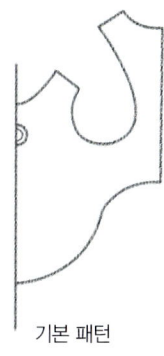

기본 패턴

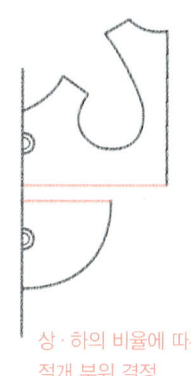

상·하의 비율에 따른
절개 부위 결정

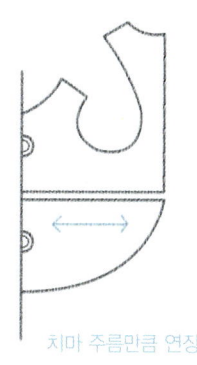

치마 주름만큼 연장

패턴 배치 및 원단 소요량 안내

※ 실제 패턴과 다를 수 있으니, 소요량 및 패턴 배치 방법만 참고하세요(패턴 배치표–정사각형 기준).

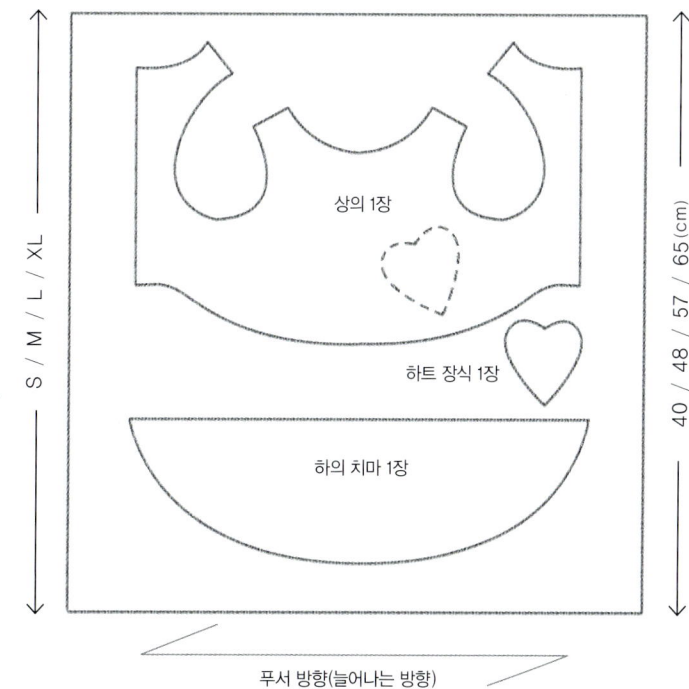

상의 1장

하트 장식 1장

하의 치마 1장

S / M / L / XL

40 / 48 / 57 / 65 (cm)

푸서 방향(늘어나는 방향)

Check!

- **스타일** ☐ 기본형 ☐ 후드형 ☐ 망토형
  ☐ 올인원형 ☑ 원피스형
- **소매** ☑ 민소매형 ☐ 기본 소매형
  ☐ 래글런 소매형 ☐ 응용 소매형
- **여밈** ☐ 똑딱이 단추 ☐ 벨크로 ☑ 없음
- **FIT** ☐ 여유 ☑ 정사이즈
- **구분** ☑ 공통 ☐ 선택 가능

만드는 과정

원단 재단하기 → 아플리케 장식 만들기 →
상의 만들기 → 하의 치마 만들기 → 상·하의 연결하기

하트 셔링 원피스는 아주 기본적인 원피스 스타일이에요. 패치 원단 또는 나염(프린트) 모양을 이용해 예쁜 치마와 포인트 아플리케를 만들어 붙일 수 있답니다. 기본 원피스 만들기에 도전해 보세요.

원단 재단하기

* 노란 선 : 시접 2cm
* 파란 선 : 시접 없음

상의 미니쭈리 원단 1장

하트 장식
나염 미니쭈리 원단 1장

하의 치마 나염 미니쭈리 원단 1장

패턴지를 원단에 대고 패턴 배치표를 참고하여 그려준 후, 겨드랑이와 목 부분만 2cm, 하트 장식은 0cm, 그 외는 모두 1cm 정도의 시접을 주고 재단한다.

아플리케 장식 만들기

1. 원단과 퀼트용 솜 사이에 접착 심지를 넣은 후, 약 20초간 다리미로 꾹 눌러 붙여준다.

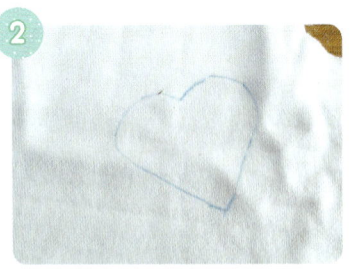

2. 상의 부분에 하트 패턴을 대고 초크로 그려준다.

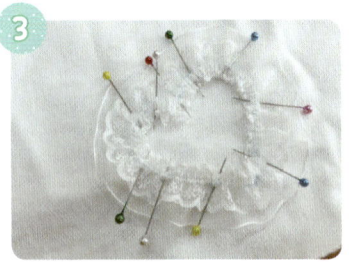

3. 그 위에 초크 선을 따라가며 셔링 레이스를 달아준 후, 시침핀으로 고정한다.

그 위에 하트를 점선을 따라 홈질해 달아준다. 이때, 셔링 레이스의 고무줄이 바깥으로 보이지 않게 주의하며 하트 안쪽으로 잘 마감해 준다.

plus

아플리케란?

바탕천 위에 다른 천이나 레이스, 가죽 따위를 여러 가지로 오려 붙이고 그 둘레를 실로 꿰매는 장식.

상의 만들기

위 사진처럼 어깨 이음 부분을 겉 감끼리 마주 보게 겹쳐두고 박아준다. 시접은 쌈솔 또는 오버록 처리한다. ▶ 끝단 처리 방법 55p 참고

어깨가 연결된 소매 진동(소매통) 모습.

양어깨 소매 진동 부위를 1cm 정도로 말아박는다. ▶ 말아박기 345p 참고 시접을 지정해주었으니 1cm 말아박기로 고정! (단, S, M의 작은 사이즈는 시접을 1cm로 한 후, 5mm 말아박기를 한다.)

깔끔하게 소매가 마무리된 모습.

하의 치마 만들기

1. 치마폭은 가슴둘레의 2배로 준비한다.

2. 위 사진처럼 원단 모양을 참고하여 경계 부분에 홈질로 주름을 잡아준다. 홈질로 주름 잡기 또는 고무줄을 박아 주름 잡기한다. ▶ 주름 잡는 방법 346p 참고 주름을 잡았을 때의 치마폭은 치마가 겨드랑이 밑에서 끝나도록 조절해준다. 시접(치마 끝단)은 말아박기 또는 오버록 처리 후 접어박기로 마감해준다.

3. 치마 윗단에 프릴(레이스) 장식을 달아 시침핀으로 고정한 후, 점선을 따라 박음질한다.

디자인의 특성을 더욱 살려줄 수 있는 방향성이 있는 나염(프린트) 모양의 원단들.

상·하의 연결하기

1. 상의와 하의를 펼쳐놓고 치마가 양쪽 겨드랑이 밑에 위치하도록 놓는다.

2. 상의 겉감 위에 하의 겉감을 겹쳐 두고, 위 사진의 점선 부위를 박음질해준다.

Check! 뒤집어보면 깔끔하게 연결된 상태.

세로로 반을 접어 양쪽 소매 진동을 잘 맞춘 후, 가슴 쪽을 박음질해 연결해준다.

허리 연결 부위 시접을 위로 젖혀 둔 후, 앞에서 보았을 때 위 사진의 점선을 따라 상침한다.

목둘레도 소매와 같은 방식으로 말아박기하여 정리해주면, 완성!

아플리케 짱 좋아!

가슴 쪽 모습

완성

Clothes 5

초콜라떼 멜빵 바지 & 원피스

난이도 중급 ★★★☆☆ 소요 시간 3시간 30분(미싱 작업 기준 재단 시간 포함)

사용 원단 및 부자재

	사용	대체 가능
상·하의	20수 선염 체크(브라운)	30수 직기 원단, 깅검, 지지미
상의 안감	40수 면 혼방 TC(백색)	40수 이상 얇은 직기 원단
허리 장식 끈	면 꼬임 끈(폭 1cm)	장식용 리본 및 면 끈
허리·어깨끈·다리용 고무줄	10골, 4골 고무줄(백색)	대체품 없음
장식용 단추	야자 하트 단추	장식용 우드 계열 단추
여밈용 단추	T단추(10mm)	스냅 단추, 가시도트 등

멜빵바지

디자인 과정 안내

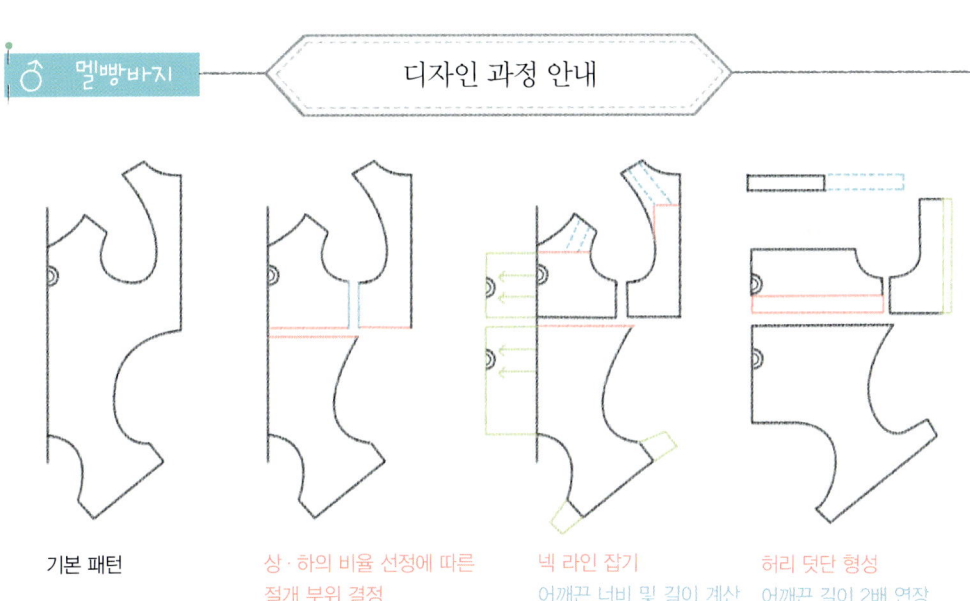

기본 패턴

상·하의 비율 선정에 따른
절개 부위 결정
겨드랑이 절개

넥 라인 잡기
어깨끈 너비 및 길이 계산
주름너비만큼 연장

허리 덧단 형성
어깨끈 길이 2배 연장
가슴 여밈만큼 연장

패턴 배치 및 원단 소요량 안내

※ 실제 패턴과 다를 수 있으니, 소요량 및 패턴 배치 방법만 참고하세요(패턴 배치표−정사각형 기준).

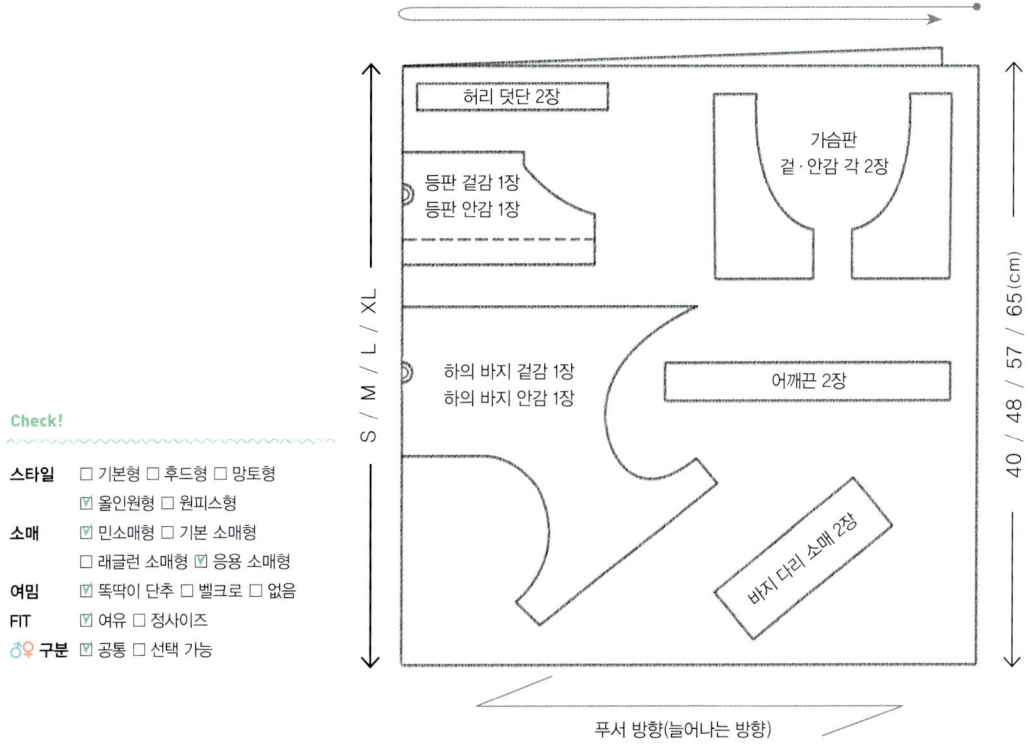

Check!

- 스타일 ☐ 기본형 ☐ 후드형 ☐ 망토형
  ☑ 올인원형 ☐ 원피스형
- 소매 ☑ 민소매형 ☐ 기본 소매형
  ☐ 래글런 소매형 ☑ 응용 소매형
- 여밈 ☑ 똑딱이 단추 ☐ 벨크로 ☐ 없음
- FIT ☑ 여유 ☐ 정사이즈
- 구분 ☑ 공통 ☐ 선택 가능

멜빵 원피스

디자인 과정 안내

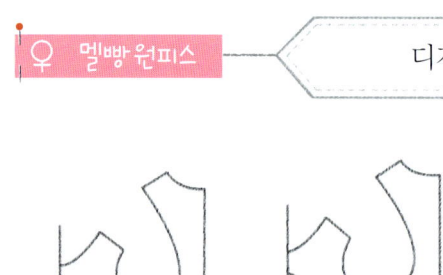

기본 패턴

상·하의 비율 선정에 따른
절개 부위 결정
겨드랑이 절개

넥 라인 잡기
어깨끈 너비 및 길이 계산
주름 너비만큼 연장

허리 덧단 형성
어깨끈 길이 2배 연장
가슴 여밈만큼 연장
(1cm 단추 기준 1cm 연장)

패턴 배치 및 원단 소요량 안내

※ 실제 패턴과 다를 수 있으니, 소요량 및 패턴 배치 방법만 참고하세요(패턴 배치표-정사각형 기준).

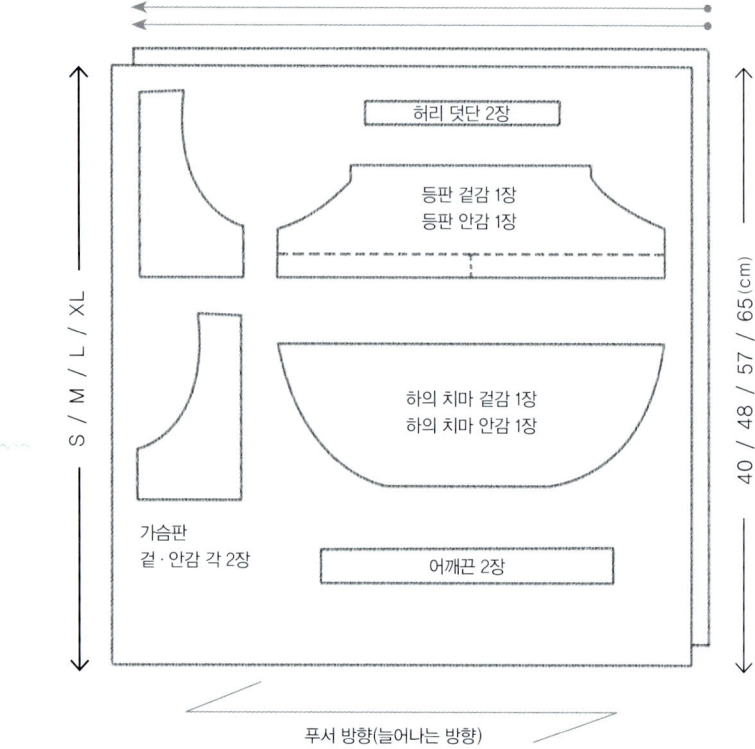

허리 덧단 2장
등판 겉감 1장
등판 안감 1장
하의 치마 겉감 1장
하의 치마 안감 1장
가슴판 겉·안감 각 2장
어깨끈 2장

S / M / L / XL
40 / 48 / 57 / 65 (cm)
푸서 방향(늘어나는 방향)

Check!

- **스타일** ☐ 기본형 ☐ 후드형 ☐ 망토형
  ☐ 올인원형 ☑ 원피스형
- **소매** ☑ 민소매형 ☐ 기본 소매형
  ☐ 래글런 소매형 ☑ 응용 소매형
- **여밈** ☑ 똑딱이 단추 ☐ 벨크로 ☐ 없음
- **FIT** ☑ 여유 ☐ 정사이즈
- **구분** ☑ 공통 ☐ 선택 가능

만드는 과정

원단 재단하기 → 어깨끈 만들기 → 상의 만들기 →
안감 만들기 → 하의 바지 만들기 → 상·하의 연결하기

멜빵바지

초콜라떼 멜빵바지는 하나만 입어도 스타일을 살릴 수 있어요. 이 옷의 포인트는 고무줄을 넣는 방식에 있어요. 적당한 위치에 고무줄을 넣어주면 사이즈의 오차도 줄여주고 전체적인 핏감을 살릴 수 있어 귀엽답니다. 중급이지만, 앞서 초급 옷을 한 벌이라도 만들었다면 쉽게 따라 할 수 있을 거예요.

원단 재단하기

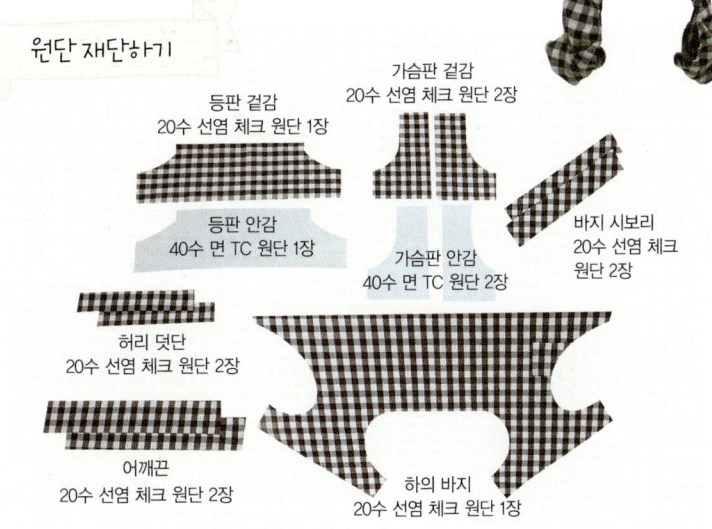

등판 겉감 20수 선염 체크 원단 1장
가슴판 겉감 20수 선염 체크 원단 2장
등판 안감 40수 면 TC 원단 1장
가슴판 안감 40수 면 TC 원단 2장
바지 시보리 20수 선염 체크 원단 2장
허리 덧단 20수 선염 체크 원단 2장
어깨끈 20수 선염 체크 원단 2장
하의 바지 20수 선염 체크 원단 1장

패턴지를 원단에 대고 패턴 배치표를 참고하여 그려준 후, 1cm 정도의 시접을 주고 재단한다.

어깨끈 만들기

1. 어깨끈 원단의 시접 부분을 접은 후, 다리미로 다려준다.

2. 가운데를 기준으로 한 번 더 접어준 후, 1/2길이만큼의 1cm 폭 고무줄을 준비한다.

3. 고무줄을 사이에 넣는다.

사진의 표시된 부분을 박아 먼저 고무줄을 고정한다. ▶고무줄 넣는 방법 347p 참고

고무줄을 당기면서 박음질하되, 고무줄은 빼고 원단만 박도록 주의한다.

멜빵 어깨끈 완성된 모습. 같은 방법으로 2개를 만들어준다.

상의 만들기

허리 덧단 원단 한쪽 끝만 5mm로 2개 다 말아박아준다.

말아박은 쪽을 가운데를 중심으로 모아 정리한 모습.

허리 덧단 겉면을 그대로 등판 원단 겉면과 마주 보게 놓고 점선을 따라 박음질한다.

허리 덧단을 아래로 내려준 후 상침한다.

허리 덧단 사이에 양쪽으로 허리끈을 넣어준다.

등판 원단 겉면 위에 가슴판 원단 2장을 겉면끼리 마주 보게 놓고 양쪽 다 점선대로 박음질해준다.

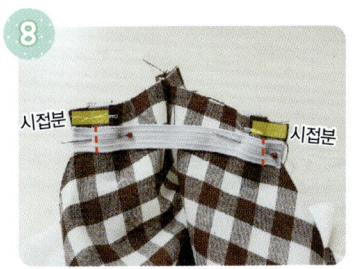

멜빵 어깨끈을 등판 원단 겉면 쪽에 놓고 점선대로 양쪽 다 박음질로 연결해준다.

가슴 쪽도 양쪽 다 박음질로 연결해준다.

등판 겉감 부분의 안쪽에 위의 사진처럼 10골 고무줄을 넣고 양쪽 끝을 박음질로 고정한다. 이때, 위의 시접분은 띄우고 박도록 주의한다.

안감 만들기

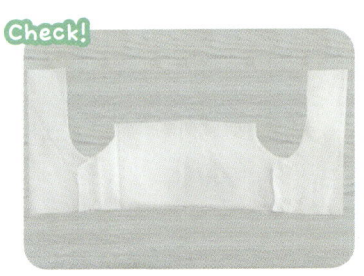

안감도 겉감과 동일하게 안감 등판 원단과 가슴판 원단을 겉면끼리 마주 대고 양쪽을 점선대로 박음질해준다.

박음질 후 펼친 모습.

여기까지 초콜라떼 멜빵바지와 초콜라떼 멜빵 원피스 모두 상의 만드는 방법은 동일하다. 하의를 달아주는 것에 따라 멜빵바지와 멜빵 원피스로 나뉜다.

하의 바지 만들기

1. 바지 소매 끝단 부분을 양쪽 모두 홈질로 주름을 넣어준다. ▶주름 잡는 방법 346p 참고

2. 바지 시보리단을 반으로 접어 사진의 점선을 따라 박음질해준다. 이때 시접은 오버록 또는 통솔로 정리한다.

3. 겉감끼리 마주 보게 접고, 사진의 점선을 따라 박음질해준다. 다른 쪽 바지 소매 끝단도 똑같이 해준다.

4. 뒤집으면 바지 모양이 완성된다. 여기에 사진에 표시된 시접분을 모두 오버록 처리해서 고무줄을 박은 후, 접어 박아준다. ▶고무줄 넣는 방법 347p 참고

5. 주름이 많으니 고무줄은 최대한 당겨 박아주면, 바지도 완성!

상·하의 연결하기

1. 상의와 하의를 겉면끼리 포개놓고, 사진의 점선을 따라 박음질해준다. 이때, 상의의 안감은 빼고 박도록 유의한다.

2. 상의 부분에 안감과 겉감을 겹쳐두고 점선을 박음질하고, 가위집을 낸 후 뒤집어준다. 이때, 고무줄 때문에 우글쭈글한 겉감을 시침핀으로 고정해 모양을 잡아준다.

3. 안감 쪽으로 놓고 안감을 접어 넣어 시침핀으로 고정한다.

점선을 따라 박음질해준다.

장식 단추를 달아주고 허리끈으로 예쁘게 리본 매듭을 묶어준다.

가슴 쪽에 여밈 단추를 달아주면, 멜빵바지 완성!

가슴 쪽 모습

봄나들이 외출복으로 딱 좋아!

완성

만드는 과정

원단 재단하기 → 어깨끈 만들기 → 상의 만들기 →
안감 만들기 → 하의 치마 만들기 → 상·하의 연결하기

※ '어깨끈 만들기 → 상의 만들기 → 안감 만들기' 과정은
앞의 멜빵바지와 동일하다.

멜빵 원피스

초콜라떼 멜빵 원피스는 멜빵바지와 하의만 다르기 때문에 멜빵바지를 먼저 만들었다면 좀 더 짧은 시간에 쉽게 뚝딱 만들 수 있어요. 두 가지 옷 중 마음에 더 끌리는 디자인 하나를 선택해 만들어보는 것도 좋고, 식구가 있다면 멜빵 원피스와 함께 패밀리룩으로 입혀도 예쁘답니다. 천천히 하나씩 따라 하면서 만들어봐요.

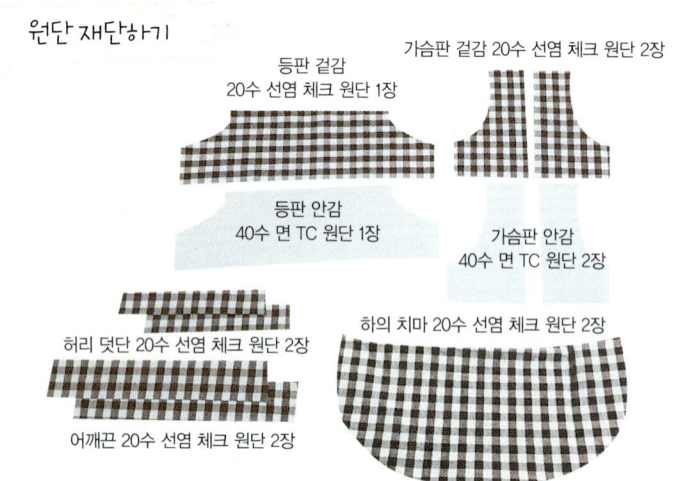

원단 재단하기

등판 겉감 20수 선염 체크 원단 1장
가슴판 겉감 20수 선염 체크 원단 2장
등판 안감 40수 면 TC 원단 1장
가슴판 안감 40수 면 TC 원단 2장
허리 덧감 20수 선염 체크 원단 2장
하의 치마 20수 선염 체크 원단 2장
어깨끈 20수 선염 체크 원단 2장

패턴지를 원단에 대고 패턴 배치표를 참고하여 그려준 후, 1cm 정도의 시접을 주고 재단한다.

Check Point

'어깨끈 만들기 → 상의 만들기 →
안감 만들기' 과정은
초콜라떼 멜빵바지와 동일합니다.
97p로 이동해주세요!

초콜라떼 멜빵바지 97p

하의 치마 만들기

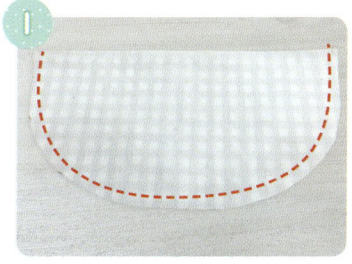
1. 치마의 겉감과 안감을 마주 보게 두고, 끝단을 박아 뒤집어준다.

2. 점선 위치를 따라 상침해 마감한다. 또는 홑겹으로 사용한 후, 끝단만 말아박아준다.

상·하의 연결하기

1. 상의와 하의를 겉면끼리 포개놓고, 사진의 점선을 따라 박음질해준다. 이때, 상의의 안감은 빼고 박도록 유의한다.

2. 안감을 접어 넣어 시침핀으로 고정한 후, 사진의 점선을 따라 박음질하여 마무리한다.

가슴 쪽 모습

완성

Accessory
레인보우 물방울 목걸이

난이도 초급 ★☆☆☆☆ **소요 시간** 10분 이내(재단 시간 포함)

사용 원단 및 부자재

	사용	대체 가능
목걸이용 고무줄	투명 늘어나는 낚싯줄	없음
목걸이 볼	양모 펠트 볼(뽕뽕이)	멜란 구슬, 나무 구슬, 진주 등 다수 응용 가능

만드는 과정

목걸이는 가장 간단한 강아지 액세서리 중 하나입니다. 늘어나는 낚싯줄 하나만 있으면 다양한 구슬, 진주, 양모 볼 등을 꿰어서 간단히 목걸이를 만들 수 있어요. 간편한 재료와 쉽게 구할 수 있는 다양한 소재(진주 볼, 우드 볼, 패브릭 볼, 단추, 각종 비즈 장식 등) 등으로 예쁜 목걸이를 만들어주세요.

낚싯줄은 투명한 색상으로 신축성이 있는 늘어나는 것으로 아트 문구점에서 손쉽게 구입 가능하다.

가장 큰 바늘로 낚싯줄에 끼워 규칙적인 패턴으로 예쁘게 구성한다. 여기서는 펠트 볼과 멜란 구슬을 끼워 만들었다.

강아지 목에 걸어 보며 사이즈를 조절하고, 묶어 마무리한다.

구슬색에 변화를 주어 다양하게 만들어보자.

가볍고 예뻐서 최고야!

SPRING 105

Etc
빈백 소파 & 누빔 매트

난이도 중급 ★★★☆☆　**소요 시간** 2시간 30분(미싱 작업 기준 재단 시간 포함)

사용 원단 및 부자재

		사용	대체 가능
	빈백	20수 나염 옥스퍼드	20수 나염 또는 선염 옥스퍼드 캔버스, 광목 등
	빈백 벨크로	벨크로(폭 2.5cm)	지퍼
	빈백 충전재	빈백용 충전재	솜(구름 솜보다는 방울 솜을 추천)
	매트 바이어스	20수 나염 옥스퍼드	20수 나염 또는 선염 옥스퍼드 캔버스, 광목 등
	매트	20수 누빔 커트(cut) 캔버스지	4온스 이상 누빔 원단

만드는 과정

원단 재단하기 → 토끼 귀 만들기 → 바닥판 만들기 → 각 부분 연결하기

요즘 대세 빈백 소파입니다. 대중화되어 리필용 충전재를 저렴하고 손쉽게 구입할 수 있어요. 빈백 특성상 숨이 죽을 경우, 충전재를 계속 보충해주면 언제나 푹신한 볼륨감을 유지할 수 있어요.
우리 아가를 위해 귀여운 토끼 귀가 포인트인 예쁜 빈백 소파를 만들어주세요.

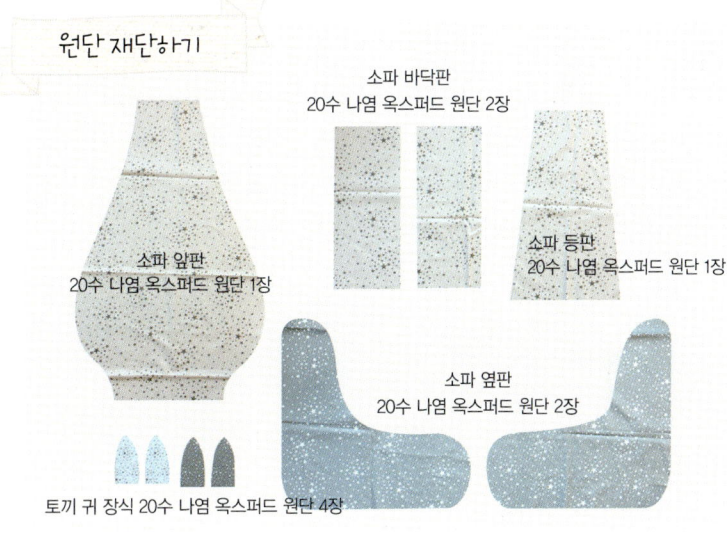

원단 재단하기

- 소파 앞판 20수 나염 옥스퍼드 원단 1장
- 소파 바닥판 20수 나염 옥스퍼드 원단 2장
- 소파 등판 20수 나염 옥스퍼드 원단 1장
- 소파 옆판 20수 나염 옥스퍼드 원단 2장
- 토끼 귀 장식 20수 나염 옥스퍼드 원단 4장

패턴지를 원단에 대고 그려준 후, 1cm 정도의 시접을 주고 재단한다.

토끼 귀 만들기

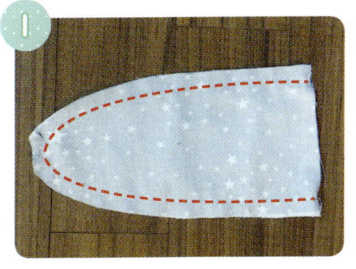

1. 토끼 귀 패턴을 겉면끼리 마주 보게 둔 후, 사진의 점선대로 박음질하여 뒤집어준다.

Check! 2개를 만든다.

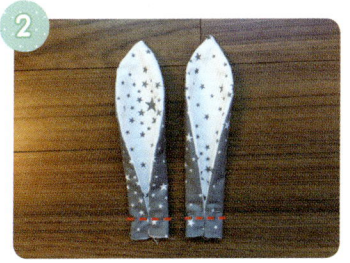

2. 사진처럼 토끼 귀 모양대로 접어, 점선을 따라 박음질해준다.

바닥판 만들기

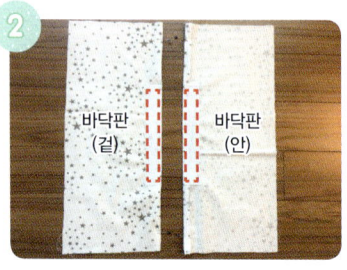
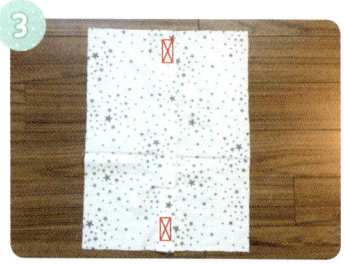

1. 빈백 바닥판의 중앙 시접분을 '말아박기' 또는 '오버록＋접어박기'로 정리해준다. ▶ 끝단 처리 방법 55p 참고

2. 한쪽은 겉면, 한쪽은 안쪽 면의 사진의 표시된 부분에 벨크로(찍찍이)를 붙여준다.

3. 바닥판을 겹쳐 벨크로를 붙인 후, 사진의 벨크로 이외 부분에 표시된 점선을 박음질한다.

각 부분 연결하기

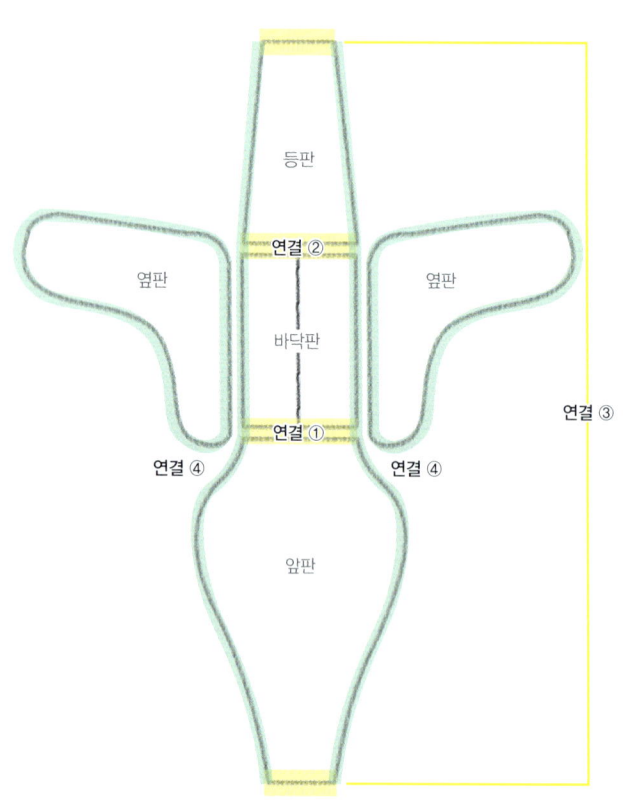

전개도를 확인하면서 만들면 더 쉽게 만들 수 있어요!

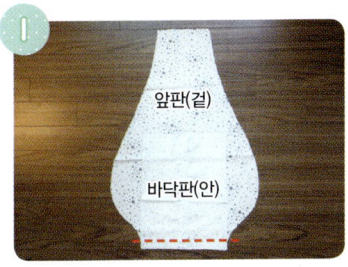

만들어놓은 바닥판을 위 사진처럼 앞판 위에 겉면끼리 마주 보게 놓고 점선대로 박음질하여 연결해준다.

앞판과 연결한 바닥판을 겉면이 위로 향하게 펼치고 그 위에 등판을 겉면끼리 마주 보게 놓고 점선대로 박음질하여 연결해준다.

앞판 위에 위 사진처럼 토끼 귀를 올려 놓는다.

그 위로 등판을 겹쳐둔 후, 점선대로 박음질하여 연결하고 뒤집어 준다.

원통형의 앞판과 등판 바닥판까지 연결된 모습.

사진처럼 옆판을 점선을 따라 박음질해준 후, 벨크로를 벌려 뒤집어준다.

충전재(솜)를 넣어주면 완성!

빈백 소파 최고야!

만드는 과정

※ 실물 패턴 미포함

누빔 원단 1마만 있으면 유용한 매트를 만들어줄 수 있어요. 간단한 바이어스 싸는 방법만으로 쉽게 매트를 만들어 아이들의 자리를 마련해주세요.

매트는 패턴 없이 원하는 사이즈대로 누빔 원단을 재단한 후, 바이어스로 마감해주기만 하면 완성된다.
(샘플 사이즈 1200×700, 바이어스 폭 4cm)

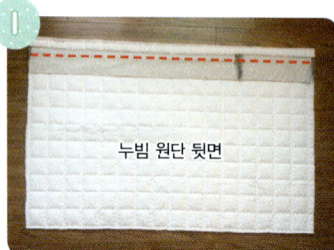

누빔 원단 뒷면에 바이어스감 겉면을 대고 점선대로 박음질한다.

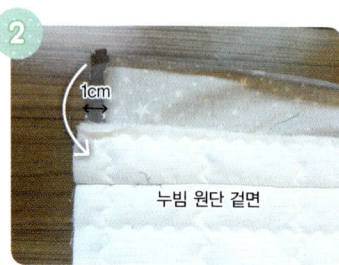

이때 시작 부분은 사진처럼 끝을 1cm 접고 박음질한다.

빈백 소파와 함께 연출하면 So good!

누빔 원단 겉면에서 바이어스를 접은 후, 점선대로 4면을 박음질하여 완성한다. ▶ 바이어스 싸는 방법 343p 참고

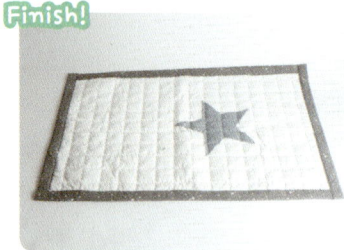

누빔 매트 완성!

신나는 여름,
아이들을 위한
시원하고 멋진 옷을
만들어주세요!

How to make **140p**

How to make **126p**

여름엔 스트라이프!

아쿠아 마린 커플룩으로 함께 입으니 더욱 예쁘지요?
시원한 소재의 스트라이프 패턴으로 뚝딱 만들어 입히면 무더운 여름도 문제없어요.

How to make **120p**

인디언 텐트와 방석은 하나쯤 만들어두면
인테리어 소품으로도 그만이지요. 너무나 아늑한
공간이라 아기들도 무척 좋아해요.

How to make **134p**

여름에 더
빛나는 내 미모!

Clothes 1

레드팡 레이니 코트

난이도 초급 ★★☆☆☆ **소요 시간** 2시간(미싱 작업 기준 재단 시간 포함)

사용 원단 및 부자재

	사용	대체 가능
망토·케이프	나염 방수 원단(레드/화이트 도트)	라미네이트 원단, 프라다 원단
허리 벨트	벨크로(폭 2.5cm)	없음
목 여밈 단추	가시도트	T단추 또는 벨크로

디자인 과정 안내

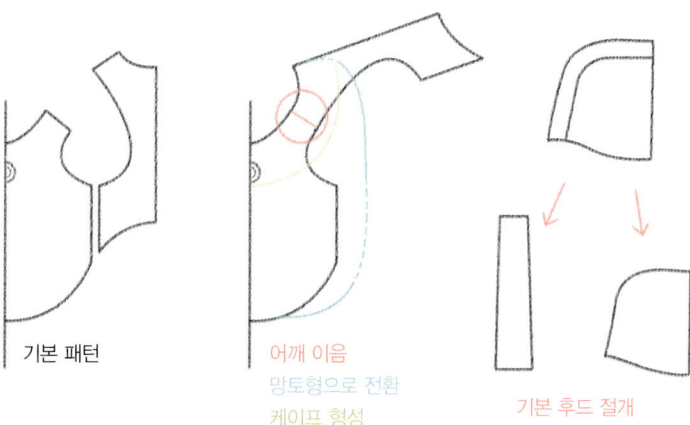

기본 패턴

어깨 이음
망토형으로 전환
케이프 형성

기본 후드 절개

패턴 배치 및 원단 소요량 안내

※ 실제 패턴과 다를 수 있으니, 소요량 및 패턴 배치 방법만 참고하세요(패턴 배치표 – 정사각형 기준).

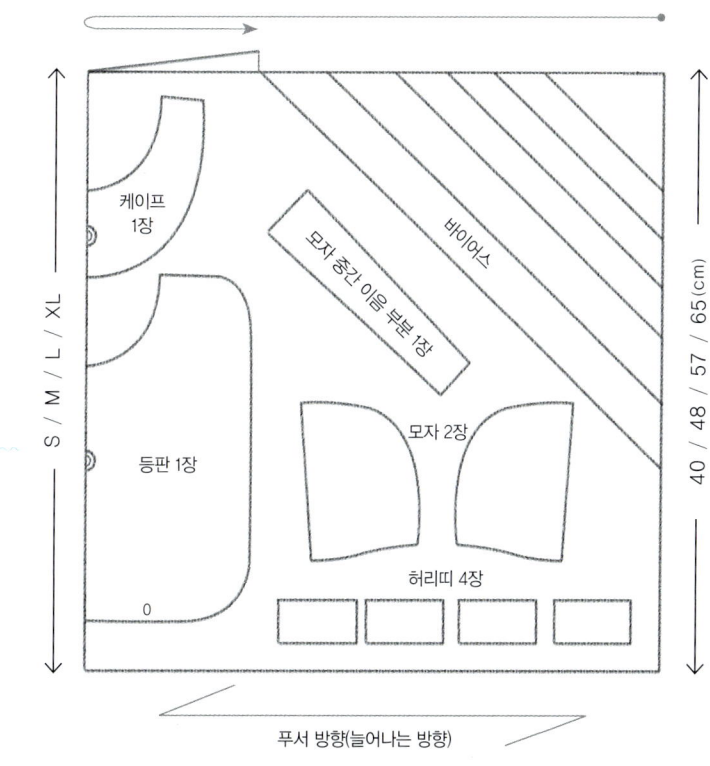

※ 영문 장식 원단 별도

케이프 1장
바이어스
모자 중간 이음 부분 1장
등판 1장
모자 2장
허리띠 4장

S / M / L / XL
40 / 48 / 57 / 65 (cm)

푸서 방향(늘어나는 방향)

Check!

- **스타일** ☐ 기본형 ☑ 후드형 ☑ 망토형
  ☐ 올인원형 ☐ 원피스형
- **소매** ☐ 민소매형 ☐ 기본 소매형
  ☐ 래글런 소매형 ☐ 응용 소매형
- **여밈** ☑ 똑딱이 단추 ☑ 벨크로 ☐ 없음
- **FIT** ☑ 여유 ☐ 정사이즈
- **♂♀ 구분** ☑ 공통 ☐ 선택 가능

만드는 과정

원단 재단하기 → 바이어스 싸기 → 허리띠 만들기 → 모자 만들기

"
방수 원단을 이용해서 예쁜 레이니 코트를 만들어주세요. 방수 원단은 하이포라, 라미네이트 PVC 코팅지, 프라다, 발수 면 원단 등이 있어요. 이 중 라미네이트 PVC 코팅지는 소품 및 액세서리에 적합한 다소 뻣뻣한 소재이기에, 프라다, 하이포라 발수 면 원단 등으로 만들어주면 됩니다. 장마철, 깜찍한 레드팡 레이니 코트를 만들어 대비해봐요.
"

원단 재단하기

* 노란 선 : 시접 없음
※ 바이어스용 방수 원단(폭 4cm), 영문 장식 원단 별도

- 등판 나염 방수 원단 1장
- 케이프 나염 방수 원단 1장
- 모자 나염 방수 원단 2장
- 모자 중간 이음 부분 나염 방수 원단 1장
- 허리띠 나염 방수 원단 4장

패턴지를 원단에 대고 패턴 배치표를 참고하여 그려준 후, 위 사진에 노란 선 표시 부분은 시접 없이 재단하고, 그 외는 모두 1cm 정도의 시접을 주고 재단한다.

바이어스 싸기

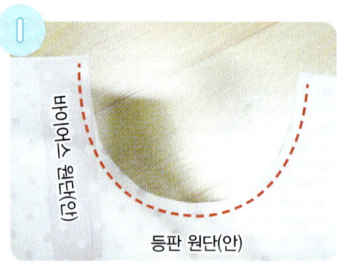

1. 몸통의 목 부분을 등판 원단(안)과 바이어스 원단(겉)을 사진과 같이 마주 대고 점선을 빙 둘러가며 목 둘레를 박음질해준다.

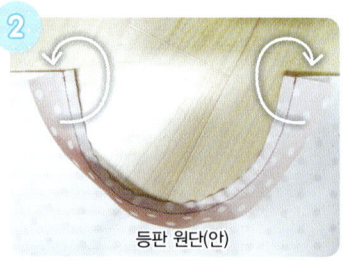

2. 박음질이 완성되면, 바이어스를 두 번 접어 등판 원단을 감싼다. ▶ 바이어스 싸는 방법 343p 참고

3. 감싼 상태로 점선을 박음질한다.

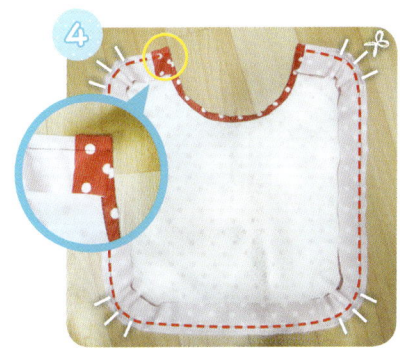

목둘레를 제외한 등판 나머지 부분도 바이어스로 감싼다. 사진처럼 시작과 끝 부분은 한 번 접어서 점선을 따라 박음질해준 후, 곡선 모서리 부분에는 가위집을 넣어준다.

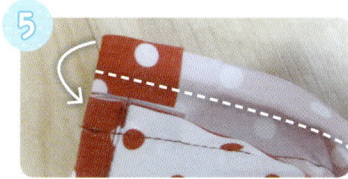

등판 가장자리를 3등분으로 나누어 제일 윗부분을 한 번 접는다.

다시 그 상태에서 2등분으로 나눈 윗부분을 접어준다.

접은 가장자리를 빙 둘러가며 박음질해주면 등판 바이어스 싸기가 완성된다.

여밈 단추(가시도트)를 달아준다.

완성된 모습.

영문 원단에 원하는 영문을 그리고 자른 후, 등판에 적절히 배치해 홈질로 스티치해준다.

허리띠 만들기

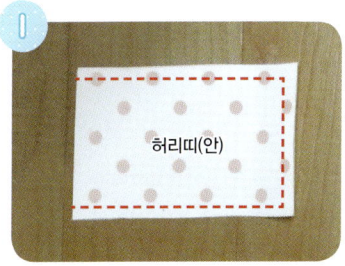

허리띠 원단을 겉면끼리 마주 대고 점선을 따라 박음질 후, 뒤집어서 빙 둘러가며 상침한다.

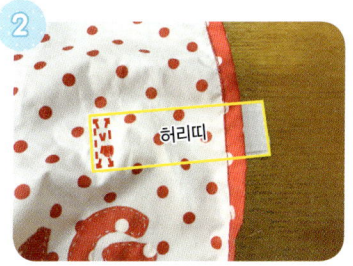

허리띠 2개를 똑같이 만들어 망토 안 양쪽 허리띠 위치에 놓고 사진의 점선을 따라 박음질해준다.

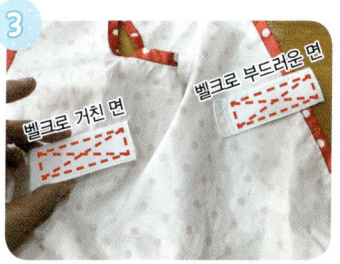

허리띠에 벨크로(찍찍이)를 사진의 점선대로 박아주면 완성!

모자 만들기

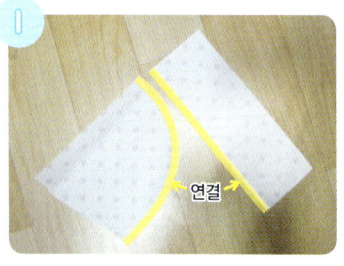

1. 스판성이 없는 원단이라 곡선과 직선 연결에 유의하며, 모자와 모자 중간 이음 부분을 점선을 따라 박음질해서 연결해준다.

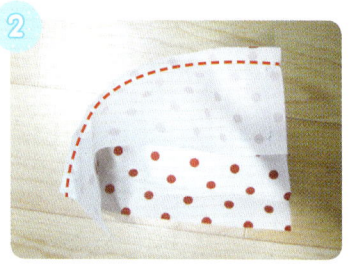

2. 반대쪽도 똑같이 모자를 박음질해 연결해준다.

Check! '모자+모자 중간 이음+모자'의 형태로 연결된 모습.

3. 시접을 모자 중간 이음 쪽으로 향하게 두고 상침한다.

4. 모자 겉면과 케이프 겉면끼리 마주 대고 박아준다.

5. 케이프 곡선 부분에 가위집을 넣고 바이어스로 감싸준다.

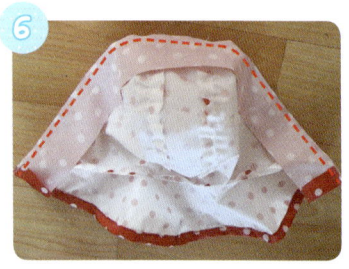

6. 모자 부분도 바이어스로 감싸준다.

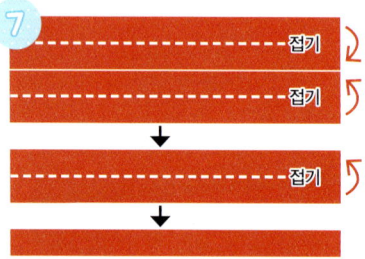

7. 바이어스 원단을 위 그림처럼 접어준 후 박음질해, 모자에 들어갈 끈을 만든다.

케이프 원단을 모아 양쪽에 끈을 달 위치를 잡은 후, 안쪽에 사진처럼 끈을 놓고 'ㅁ자' 형태로 박음질해서 달아주면, 완성!

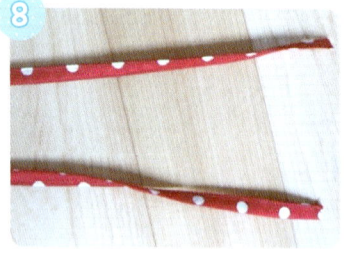

8. 끈 완성 모습.
총 2개를 만들어 준비한다.

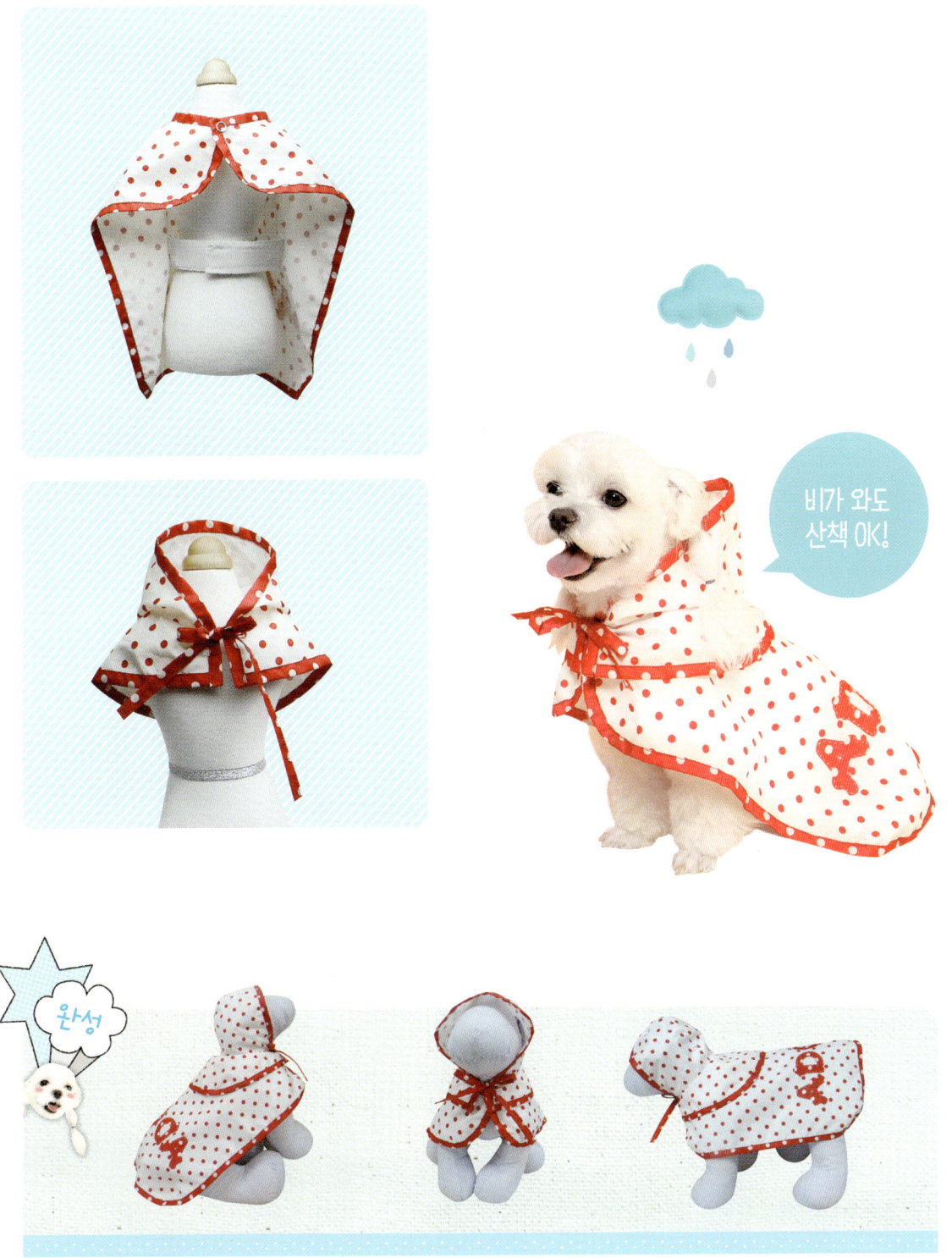

Clothes 2

아쿠아 마린 커플룩

난이도 초급 ★★☆☆☆ 소요 시간 1시간(미싱 작업 기준 재단 시간 포함)

사용 원단 및 부자재

		사용	대체 가능
♂♀	상의 등판·가슴판	20수 싱글 나염 원단 (레드 스트라이프 무늬)	30수 미니쭈리 등 다이마루
	하의 치마	30수 청해지	30수 평직물 종류
	장식용 단추	15mm 장식 단추	단추, 비즈, 레이스 등 대체 가능
	목·소매용 바이어스	20수 싱글(백색) 푸서 방향	바이어스 원단
♂	장식용 라벨	마린무늬 나염 면 라벨	단추, 비즈, 레이스 등 대체 가능
♀	장식용 레이스	라셀 레이스	단추, 비즈, 레이스 등 대체 가능
♀	허리끈용 고무줄	10골(폭 1cm) 고무줄	없음

※ 초보자는 원단 밀림 현상이 심한 30수 싱글은 피하는 게 좋다.

♂ 아쿠아 마린 티셔츠

디자인 과정 안내

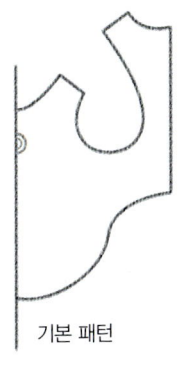
기본 패턴

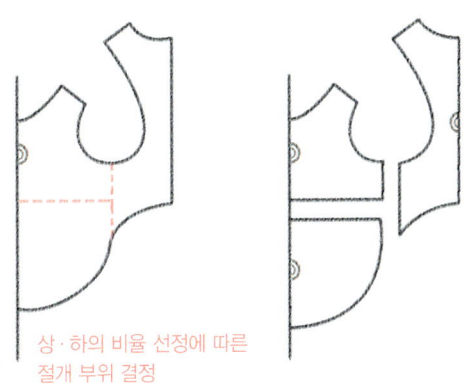
상·하의 비율 선정에 따른 절개 부위 결정

패턴 배치 및 원단 소요량 안내

※ 실제 패턴과 다를 수 있으니, 소요량 및 패턴 배치 방법만 참고하세요(패턴 배치표-정사각형 기준).

※ 바이어스 원단 별도

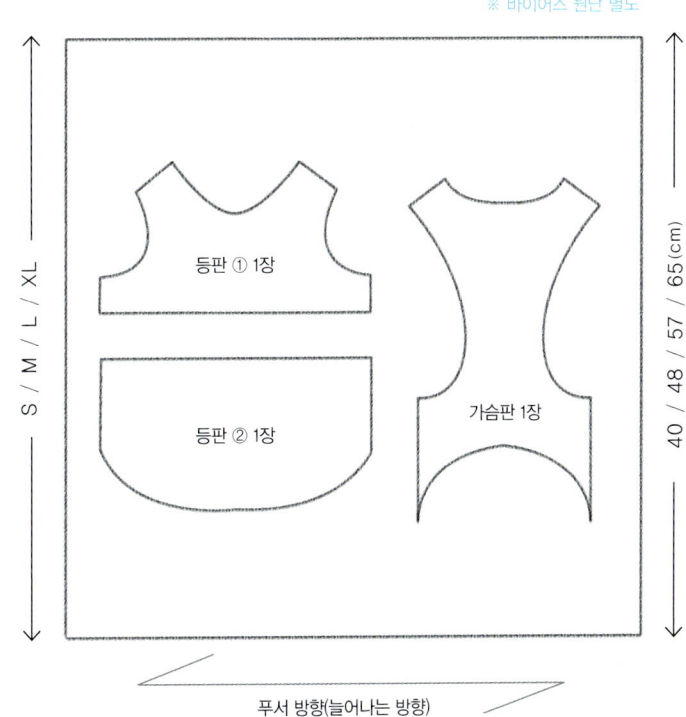

등판 ① 1장
등판 ② 1장
가슴판 1장

S / M / L / XL
40 / 48 / 57 / 65 (cm)

푸서 방향(늘어나는 방향)

Check!

- 스타일 ☑ 기본형 ☐ 후드형 ☐ 망토형
  ☐ 올인원형 ☐ 원피스형
- 소매 ☑ 민소매형 ☐ 기본 소매형
  ☐ 래글런 소매형 ☐ 응용 소매형
- 여밈 ☐ 똑딱이 단추 ☐ 벨크로 ☑ 없음
- FIT ☐ 여유 ☑ 정사이즈
- ♂♀ 구분 ☑ 공통 ☐ 선택 가능

아쿠아 마린 원피스

디자인 과정 안내

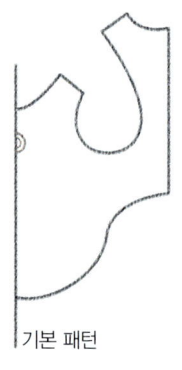
기본 패턴

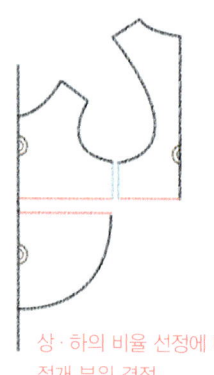
상·하의 비율 선정에 따른
절개 부위 결정
겨드랑이 절개

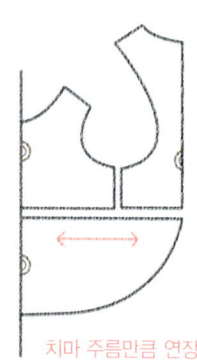
치마 주름만큼 연장

패턴 배치 및 원단 소요량 안내

※ 실제 패턴과 다를 수 있으니, 소요량 및 패턴 배치 방법만 참고하세요(패턴 배치표-정사각형 기준).

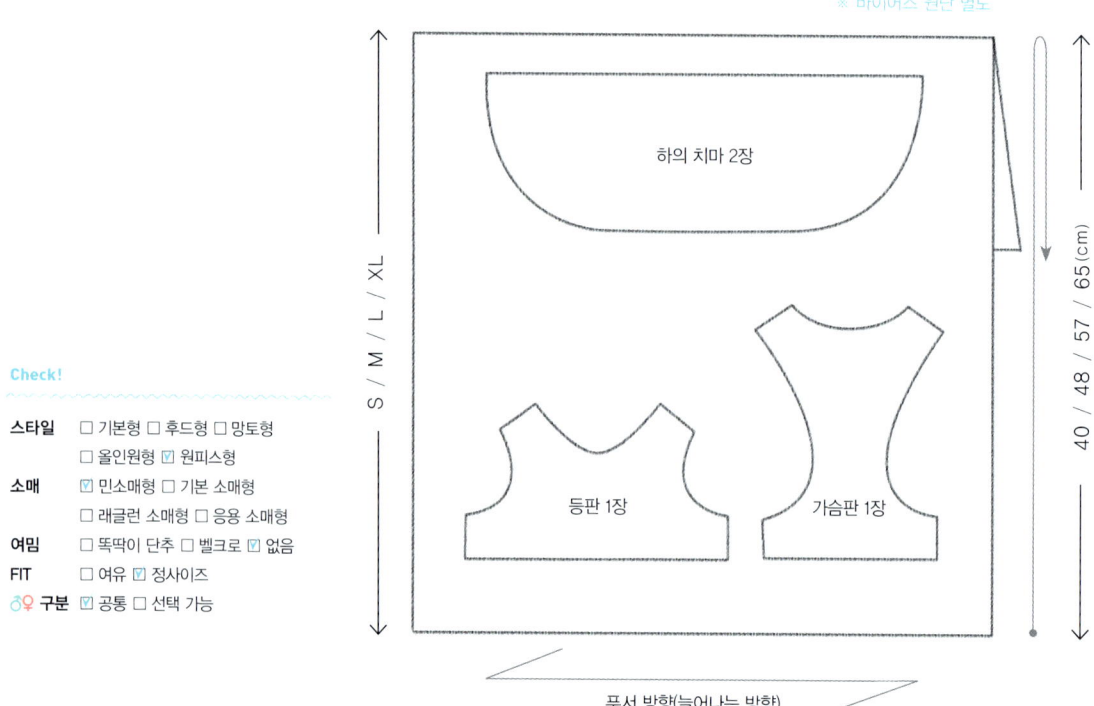

Check!

- **스타일**: ☐ 기본형 ☐ 후드형 ☐ 망토형 ☐ 올인원형 ☑ 원피스형
- **소매**: ☑ 민소매형 ☐ 기본 소매형 ☐ 래글런 소매형 ☐ 응용 소매형
- **여밈**: ☐ 똑딱이 단추 ☐ 벨크로 ☑ 없음
- **FIT**: ☐ 여유 ☑ 정사이즈
- **♂♀ 구분**: ☑ 공통 ☐ 선택 가능

만드는 과정

원단 재단하기 → 몸통 만들기 → 바이어스 달기

아쿠아 마린 티셔츠

아쿠아 마린 티셔츠는 시원한 원단으로 손쉽게 만들 수 있고, 깔끔한 스트라이프 패턴이 포인트라 여름 옷 디자인으로는 손색이 없지요. 무더운 여름, 간단하게 만들어 입히기 좋은 기본 티셔츠 만들기에 도전해보세요.

원단 재단하기

*노란 선 : 시접 없음
※ 목, 소매용 바이어스 20수 싱글 원단(폭 4cm) 3장 별도

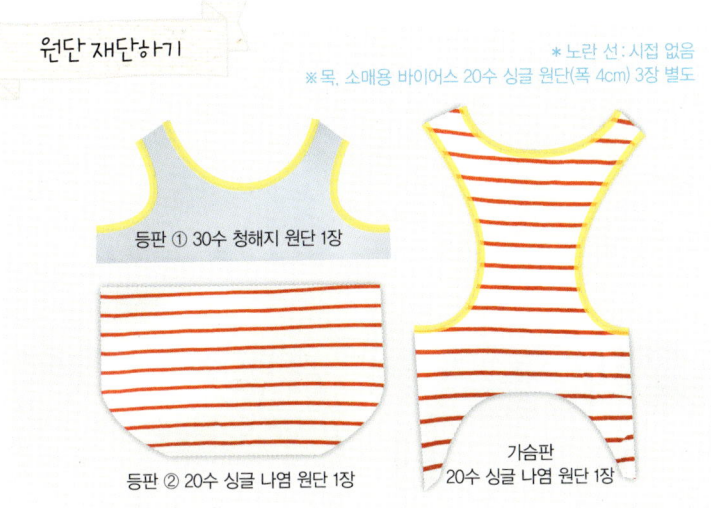

등판 ① 30수 청해지 원단 1장
등판 ② 20수 싱글 나염 원단 1장
가슴판 20수 싱글 나염 원단 1장

패턴지를 원단에 대고 패턴 배치표를 참고하여 그려준 후, 목둘레와 소매 둘레는 시접 없이 재단하고, 그 외는 모두 1cm 정도의 시접을 주고 재단한다.

몸통 만들기

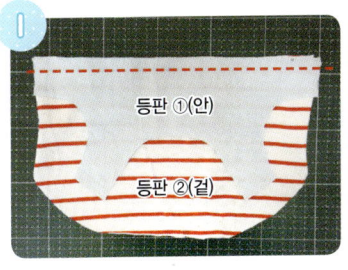

등판 ② 원단과 등판 ① 원단을 겉면끼리 마주 보게 놓고 점선을 따라 박음질로 연결한 후, 상침한다.

등판 원단과 가슴판 원단 겉면끼리 마주하게 놓고, 어깨 부분의 점선대로 박음질한다.

허리 양쪽의 옆선도 점선대로 박음질해준다.

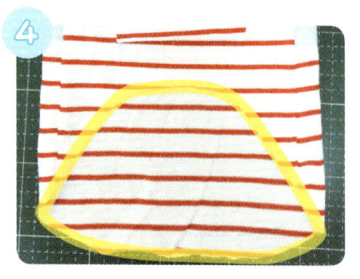 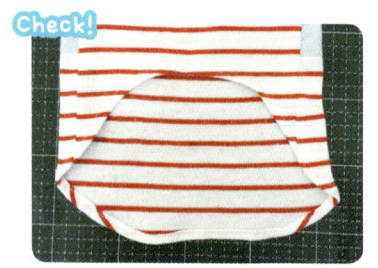

사진에 표시된 밑단을 말아박기해 주거나 오버록 처리한 후, 접어박 아준다. ▶ 끝단 처리 방법 55p 참고

밑단 완성된 모습.

바이어스 달기

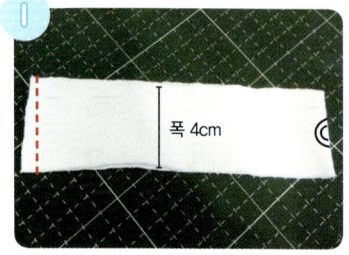 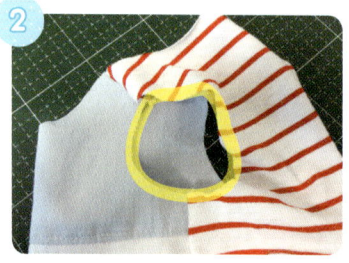 

패턴대로 폭 4cm의 바이어스를 재단한 후, 겉면을 대고 접어 점선대로 박음질해준다.

사진에 표시된 소매 진동 부분에 만든 바이어스를 빙 둘러준다.

소매 안쪽에 바이어스를 사진과 같이 시침핀으로 고정한 후, 점선을 따라 박아준다.

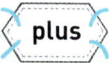

바이어스는 시판 바이어스 또는 싱글 20~30수 원단을 풀어서 방향으로 재단해 사용해도 좋다.

겉면에서 본 모습.

겉면에서 보고 바이어스를 두 번 접은 후, 시침핀으로 고정한다.

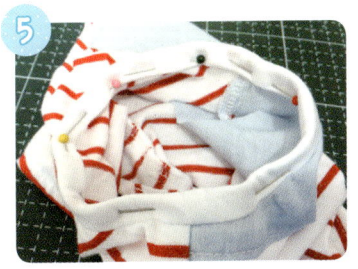
시침핀으로 빙 둘러가며 고정한 후, 말아박듯 박음질해준다.

소매 진동이 완성된 모습. 반대쪽도 동일하게 처리해준다.

장식용 단추를 달아주면, 완성!

시원하고 딱 맘에 들어!

완성

가슴 쪽 모습

만드는 과정

원단 재단하기 → 상의 만들기 → 하의 치마 만들기 → 상·하의 연결하기

🌸 아쿠아 마린 원피스

아쿠아 마린 원피스는 니트 바이어스(싱글·미라노 바이어스 등)를 이용하여 조금 더 응용된 형태의 인바이어스 처리 방식으로 만들 수 있는 편안한 옷이에요. 시보리 처리에 비해 다소 신축성은 떨어지므로 머리가 큰 S사이즈 강아지의 경우, 끝단 처리를 시보리 방식으로 바꿔서 만들어주세요.

원단 재단하기

※목, 소매용 바이어스 20수 싱글 원단(폭 4cm) 3장 별도

등판
20수 싱글 나염 원단 1장

가슴판
20수 싱글 나염 원단 1장

하의 치마
30수 청해지 원단 2장

패턴지를 원단에 대고 패턴 배치표를 참고하여 그려준 후, 1cm 정도의 시접을 주고 재단한다.

▶▶▶ 상의 만들기 ◀◀◀

1. 상의 등판 원단과 가슴판 원단을 겉감끼리 마주 보게 둔다.

2. 어깨를 먼저 점선을 따라 박음질해서 연결한다.

3. 허리 양쪽의 옆선을 점선대로 박아 시접을 쌈솔 또는 오버록 처리해서 정리한다(단, 올이 풀리지 않는 원단의 경우 생략해도 된다).

하의 치마 만들기

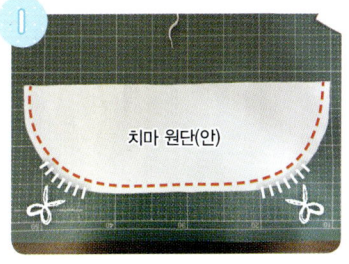
치마 원단 2장을 겉면끼리 포개고 곡선 부분을 박음질 후, 가위집을 넣어준다.

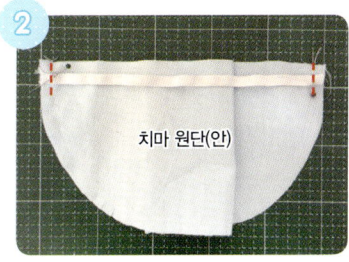
고무줄(치마 원단의 1/2의 길이)의 양 끝을 박음질해준다.

뒤집어서 점선대로 고무줄 위아래를 박음질하면 치마 완성!

상·하의 연결하기

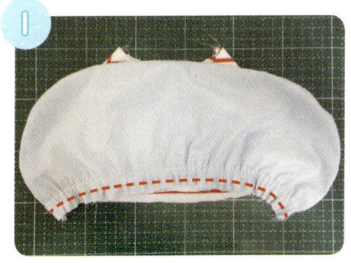
치마와 상의 부분(등판 원단 쪽)을 포갠 후, 점선대로 빙 둘러가며 박음질한다.

치마와 상의가 만난 시접분은 등판 쪽으로 올려서 상침한다.

소매와 목둘레는 인바이어스 방식
▶ 아쿠아 마린 티셔츠 130p 참고로 마무리한다.

완성

가슴 쪽 모습

Clothes 3

고리형 나시 올인원

난이도 중급 ★★★☆☆ 소요 시간 2시간 30분(미싱 작업 기준 재단 시간 포함)

사용 원단 및 부자재

	사용	대체 가능
몸통(가슴판·등판)	30수 싱글 나염 다이마루	거즈 원단, 지지미 원단 등 여름 원단
바이어스	20수 싱글 바이어스(아이보리)	신축성 좋은 면 바이어스
장식용 리본	망사 튜튜	대체 장식품 모두 가능(와펜, 핫픽스, 비즈 등)

디자인 과정 안내

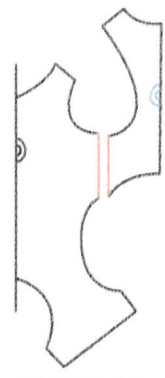
기본 올인원 패턴
옆구리 절개 선정
절개 부위 결정
골선 생성

진동 라인 3등분
사타구니 2등분
지점 연결 곡선 형성

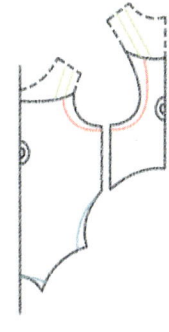
등 너비&가슴 폭 줄임
다리 소매통 줄임
소매 진동&다리 소매 바이어스 생성

패턴 배치 및 원단 소요량 안내

※ 실제 패턴과 다를 수 있으니, 소요량 및 패턴 배치 방법만 참고하세요(패턴 배치표－정사각형 기준).

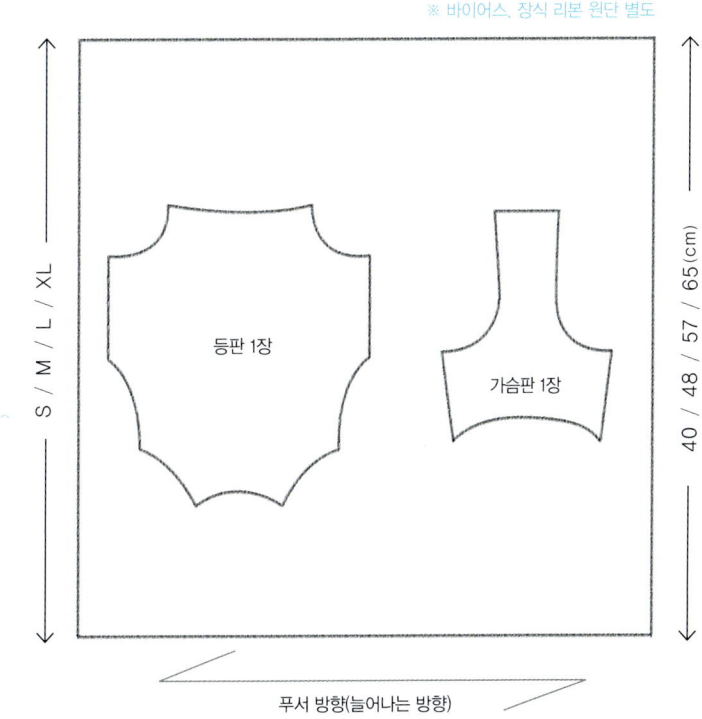

※ 바이어스, 장식 리본 원단 별도

S / M / L / XL

등판 1장

가슴판 1장

40 / 48 / 57 / 65 (cm)

푸서 방향(늘어나는 방향)

Check!

- **스타일**: ☐ 기본형 ☐ 후드형 ☐ 망토형 ☑ 올인원형 ☐ 원피스형
- **소매**: ☑ 민소매형 ☐ 기본 소매형 ☐ 래글런 소매형 ☐ 응용 소매형
- **여밈**: ☐ 똑딱이 단추 ☐ 벨크로 ☑ 없음
- **FIT**: ☐ 여유 ☑ 정사이즈
- **구분**: ☐ 공통 ☑ 선택 가능

만드는 과정

원단 재단하기 → 몸통 만들기 → 앞다리 소매 바이어스 두르기 →
다리 밑단 & 뒷다리 소매 완성하기 → 리본 장식 달기

무더운 여름이지만 강아지에게도 뜨거운 햇살을 막아줄 옷이 필요해요. 얇고 시원한 고리형 나시 올인원은 다리털을 기르는 강아지에게도 잘 어울린답니다. 바이어스 싸기만 신중하게 잘 처리해준다면 예쁜 옷이 뚝딱 완성되니, 한번 만들어보세요.

원단 재단하기

* 노란 선 : 시접 없음

장식용 리본 튜튜 원단 1장

등판
20수 싱글 원단 1장

가슴판
20수 싱글 원단 1장

앞다리 소매 바이어스 20수 싱글 원단 2장

뒷다리 소매 바이어스 20수 싱글 원단 2장

패턴지를 원단에 대고 패턴 배치표를 참고하여 그려준 후, 앞다리, 뒷다리 소매는 시접 없이 재단하고, 그 외는 모두 1cm 정도의 시접을 주고 재단한다.

몸통 만들기

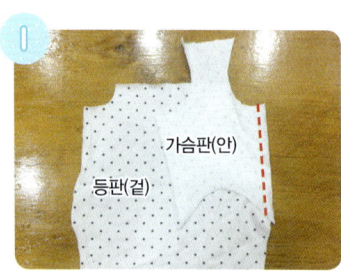

1. 등판과 가슴판 원단을 위 사진과 같이 겉면끼리 포개어둔 후, 옆구리를 점선대로 박음질하여 연결한다.

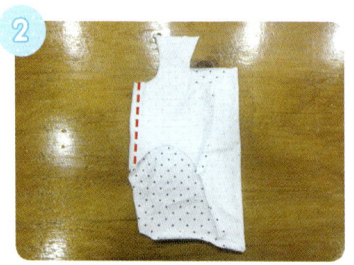

2. 다른 쪽 옆구리도 동일한 방법으로 점선을 박음질하여 연결한다.

3. 위 사진과 같이 모서리 부분이 생기면, 가름솔을 갈라 삐져 나온 부분을 잘라내 마무리한다.

4. 시접 부분을 쌈솔 또는 오버록 처리해준다(단, 올이 풀리지 않는 다이마루 원단의 경우 생략해도 된다).

5. 사진에 표시되어 있는 등판과 가슴판 목둘레 부위를 말아박기로 마무리해준다.

Check! 말아박기로 깔끔하게 정리된 모습.

앞다리 소매 바이어스 두르기

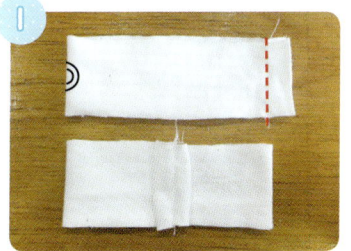
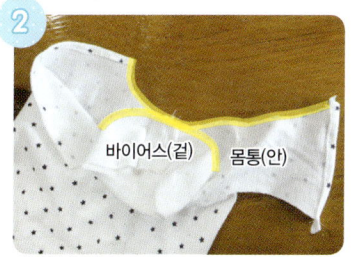
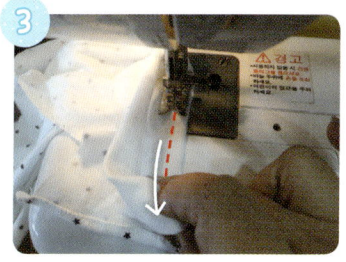

1. 앞다리 소매 바이어스 원단을 위 사진의 점선대로 박음질하여 원통형을 만든다.

2. 몸통 원단 안쪽 면과 바이어스 겉면이 마주 보도록 포개어준 후, 위 사진의 노란 선대로 빙 둘러가며 연결해 박음질한다.

3. 이때, 바이어스를 당겨가며 박음질해준다.

4. 겉면에서 사진과 같이 남은 바이어스를 두 번 접어 겉면에서 박음질해준다.

5. 원단이 없는 부분은 위 사진과 같이 바이어스만 박음질해준다.

Check! 박음질 후, 바이어스 완성된 모습.

다리 밑단 & 뒷다리 소매 완성하기

1. 엉덩이 밑단 표시된 부분을 말아박기로 마무리해준다.

Check! 말아박기로 완성된 모습.

2. 가슴판 밑단 부분에 표시된 부분에 고무줄을 넣어 박음질해준다.

Check! 안쪽에 고무줄 박음질된 모습. ▶고무줄 넣는 방법 347p 참고

3. 고무줄을 감싸듯이 말아박기하여 마무리한다.

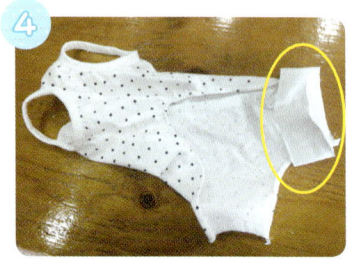

4. 뒷다리 소매 바이어스를 준비한다.

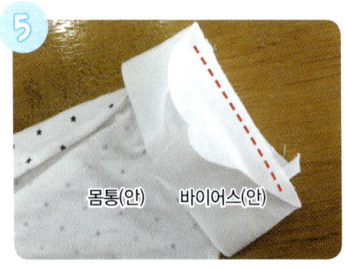

5. 몸통 원단 안면과 바이어스 겉면이 포개어지도록 위 사진처럼 놓고, 점선을 박음질한다.

6.

Check! 박음질 후, 바이어스 완성된 모습.

7. 앞의 앞다리 소매 만들기와 동일한 방법으로 바이어스를 두 번 접어 박음질해준다.

리본 장식 달기

1. 장식용 리본 튜튜 원단을 3겹 정도 겹쳐서 길게 만든다.

2. 매듭지어 리본을 만들어준다.

Check! 허리나 등판의 적당한 위치에 옷핀을 꽂아 달아주거나 바느질로 붙여주면, 완성!

다양한 옷감으로 만들어보세요!

완성

Clothes 4

버버리 체크 스쿨룩

난이도 중급 ★★★☆☆   소요 시간 2시간 30분(미싱 작업 기준 재단 시간 포함)

사용 원단 및 부자재

	사용	대체 가능
상의 겉·안감, 칼라, 주머니	Pk 원단	다이마루 종류(20수 싱글, 30수 미니쭈리)
하의 치마·허리 벨트	선염 버버리 원단	선염 또는 나염의 직기 원단
목 여밈 단추	가시도트	스냅 단추 또는 벨크로(찍찍이)
주머니 장식	리벳(징)	장식 단추 및 기타 스터드
허리 벨트용 벨크로	벨크로(찍찍이)	스냅 단추

♀ 스쿨 걸

디자인 과정 안내

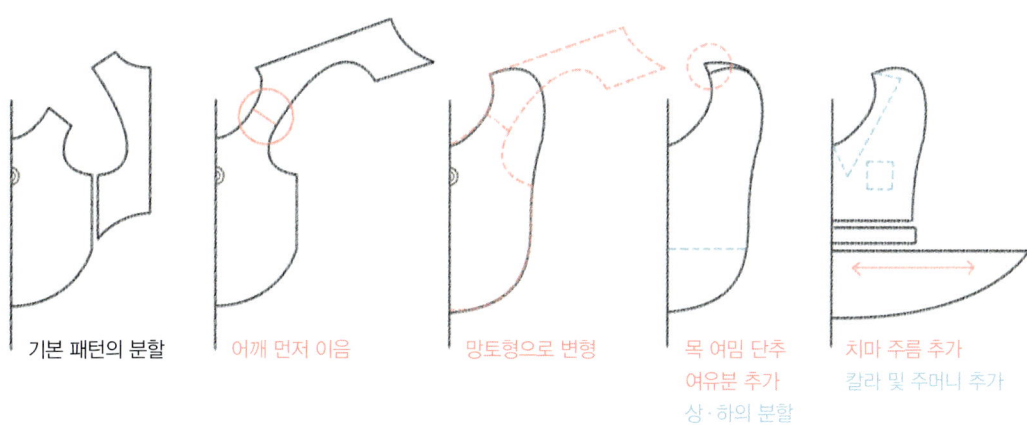

| 기본 패턴의 분할 | 어깨 먼저 이음 | 망토형으로 변형 | 목 여밈 단추 여유분 추가 상·하의 분할 | 치마 주름 추가 칼라 및 주머니 추가 |

패턴 배치 및 원단 소요량 안내

※ 실제 패턴과 다를 수 있으니, 소요량 및 패턴 배치 방법만 참고하세요(패턴 배치표-정사각형 기준).

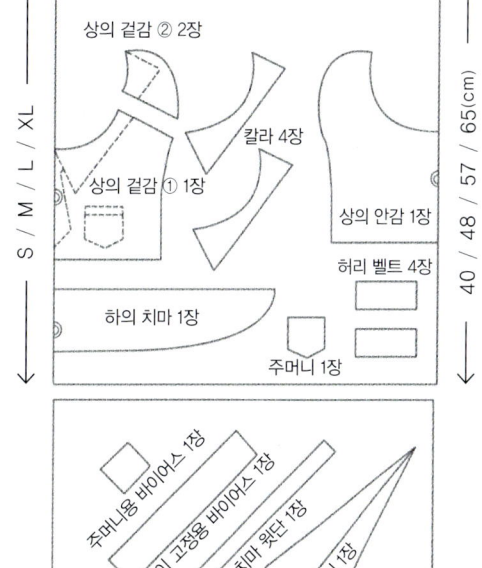

S / M / L / XL
40 / 48 / 57 / 65(cm)

상의 겉감 ② 2장
상의 겉감 ① 1장
칼라 4장
상의 안감 1장
허리 벨트 4장
하의 치마 1장
주머니 1장
주머니용 바이어스 1장
넥타이 고정용 바이어스 1장
치마 윗단 1장
넥타이 1장

푸서 방향(늘어나는 방향)

Check!

- **스타일** ☐ 기본형 ☐ 후드형 ☑ 망토형
  ☐ 올인원형 ☑ 원피스형
- **소매** ☐ 민소매형 ☐ 기본 소매형
  ☐ 래글런 소매형 ☐ 응용 소매형
- **여밈** ☑ 똑딱이 단추 ☑ 벨크로 ☐ 없음
- **FIT** ☑ 여유 ☐ 정사이즈
- ♂♀ **구분** ☑ 공통 ☐ 선택 가능

♂ 스쿨 보이 — 디자인 과정 안내

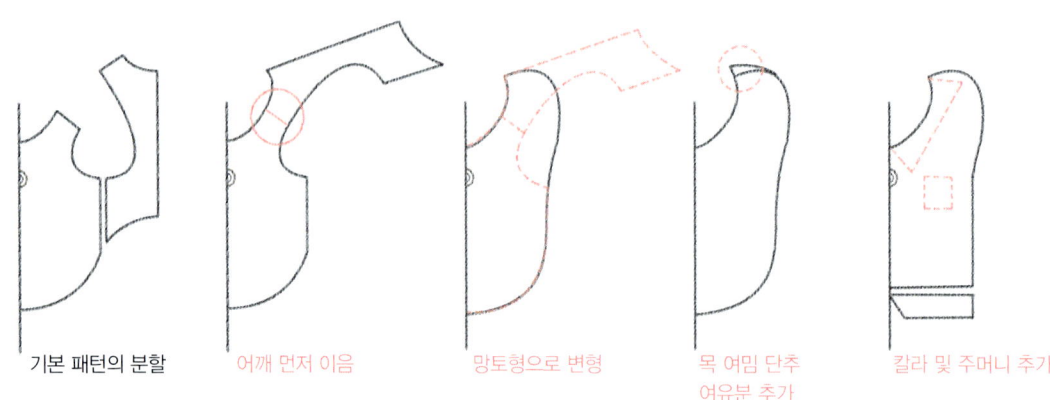

기본 패턴의 분할 | 어깨 먼저 이음 | 망토형으로 변형 | 목 여밈 단추 여유분 추가 | 칼라 및 주머니 추가

패턴 배치 및 원단 소요량 안내

※ 실제 패턴과 다를 수 있으니, 소요량 및 패턴 배치 방법만 참고하세요(패턴 배치표-정사각형 기준).

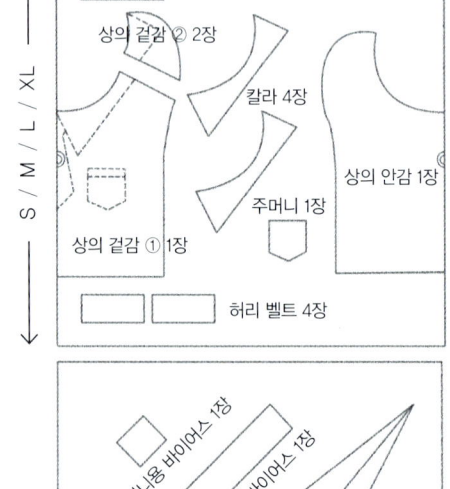

S / M / L / XL
40 / 48 / 57 / 65(cm)

- 하의 밑단 2장
- 상의 겉감 ② 2장
- 칼라 4장
- 상의 안감 1장
- 주머니 1장
- 상의 겉감 ① 1장
- 허리 벨트 4장
- 주머니용 바이어스 1장
- 넥타이 고정용 바이어스 1장
- 넥타이 1장

푸서 방향(늘어나는 방향)

Check!

- **스타일** □ 기본형 □ 후드형 ☑ 망토형 □ 올인원형 □ 원피스형
- **소매** □ 민소매형 □ 기본 소매형 □ 래글런 소매형 □ 응용 소매형
- **여밈** ☑ 똑딱이 단추 ☑ 벨크로 □ 없음
- **FIT** ☑ 여유 □ 정사이즈
- **♂♀ 구분** ☑ 공통 □ 선택 가능

만드는 과정

원단 재단하기 → 칼라 만들기 → 넥타이 만들기 →
상의 만들기 → 주머니 만들기 → 허리 벨트 달기 →
넥타이 묶기 → 하의 치마 만들기 → 상·하의 연결하기

스쿨 걸

커플로 학교를 보내고픈 스쿨룩 스타일의 망토 옷이에요. 망토라 가슴을 덮지 않아 시원하고, Pk 원단 소재로 통기성이 우수하고 신축성이 좋아 아주 편하답니다. 묶기 편안하게 고안한 넥타이로 디자인에 포인트를 준 스쿨 걸 옷 만들기에 도전해보세요.

원단 재단하기

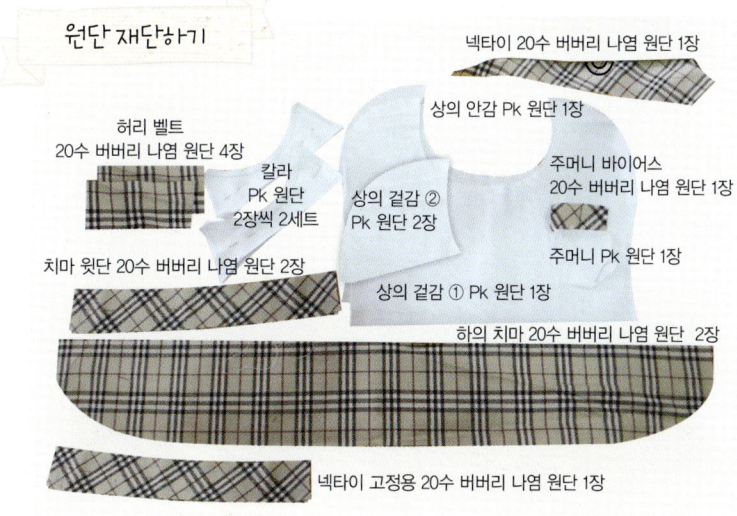

- 넥타이 20수 버버리 나염 원단 1장
- 허리 벨트 20수 버버리 나염 원단 4장
- 상의 안감 Pk 원단 1장
- 칼라 Pk 원단 2장씩 2세트
- 주머니 바이어스 20수 버버리 나염 원단 1장
- 상의 겉감 ② Pk 원단 2장
- 치마 윗단 20수 버버리 나염 원단 2장
- 주머니 Pk 원단 1장
- 상의 겉감 ① Pk 원단 1장
- 하의 치마 20수 버버리 나염 원단 2장
- 넥타이 고정용 20수 버버리 나염 원단 1장

패턴지를 원단에 대고 패턴 배치표를 참고하여 그려준 후, 1cm 정도의 시접을 주고 재단한다.

칼라 만들기

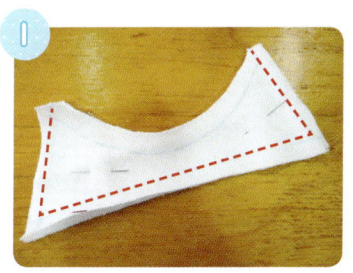

1. 겉감끼리 마주 보게 두고, 위의 점선대로 박음질해준다.

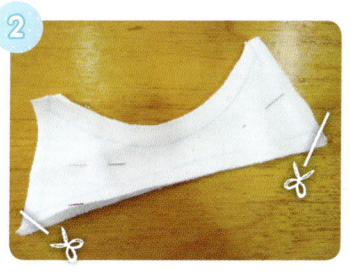

2. 모서리 부분은 잘라낸다.

3. 뒤집어준 후 다림질해준다.

넥타이 만들기

1. 위 사진처럼 바이어스 방향으로 재단된 원단을 반을 접어, 2장을 한꺼번에 재단해준다.
2. 창구멍을 낸 후, 점선대로 박음질해준다.
3. 창구멍으로 뒤집어 다림질해준 후, 창구멍은 공그르기 또는 상침으로 막아준다.

상의 만들기

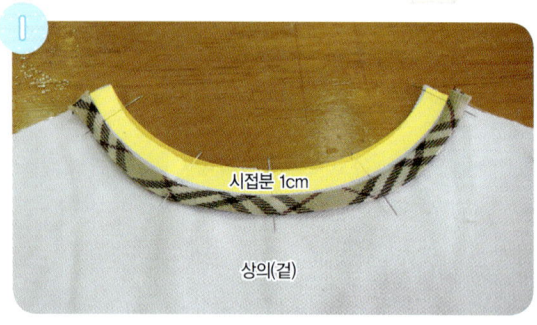 

1. 다림질로 바이어스 모양을 만들어, 위 사진처럼 시침핀으로 고정해준다. 이때 시접분 1cm는 남겨두고 고정한다. ▶ 바이어스 만드는 방법 342p 참고
2. 중간에 3~4cm 정도만 남기고 양쪽으로 위 점선대로 박음질을 해준다.

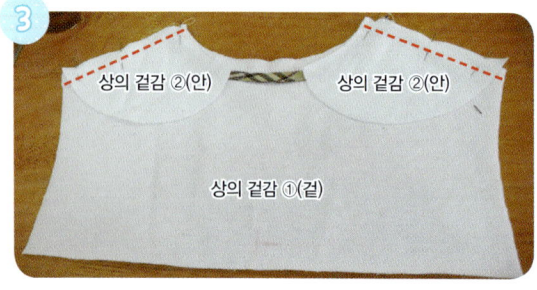 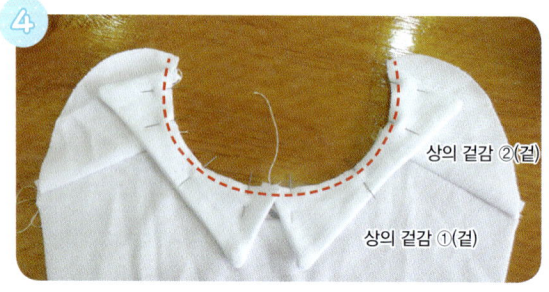

3. 겉감의 ①·②를 위 사진처럼 놓고 점선대로 박음질해 연결한다.
4. 만들어둔 칼라를 겉면에 두고 점선대로 박음질해준다.

주머니 만들기

1. 뒷면에서 보고 위 사진처럼 점선을 박음질해준다.

2. 겉면으로 버버리 원단을 젖혀두고 사진처럼 접어준다.

3. 위 점선대로 박음질한 후, 바이어스를 감싸준다. ▶ 바이어스 싸는 방법 343p 참고

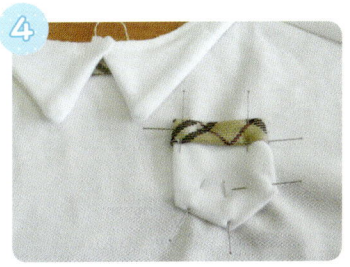

4. 겉감의 칼라 밑 적당한 위치에 자리를 잡아준다.

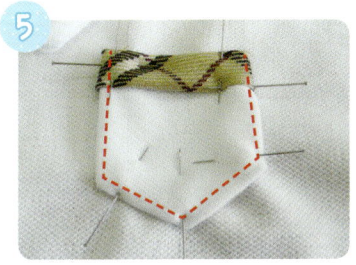

5. 주머니의 끝단 부분을 안쪽으로 접어 넣어준 후, 위 점선대로 박음질한다.

6. 장식용 리벳(징)을 박아준다.

허리 벨트 달기

1. 허리 벨트 겉감·안감 2장을 겉면을 마주 보게 두고 위 점선대로 박음질한 후, 모서리를 잘라내준다.

2. 뒤집어서 다림질을 한다. 위를 상침해줘도 좋다.

허리 벨트를 위 사진처럼 배치한 후, 점선을 따라 박음질로 고정시킨다.

안감과 겉감을 마주 보게 두고, 위 사진처럼 점선대로 박음질해준다. 모서리 부분은 잘라낸 후 뒤집어준다.

넥타이 묶기

넥타이를 준비한다.

위 사진처럼 접어 바이어스 부분에 끼워준다.

넥타이의 양쪽 끝 부분을 사이에 끼워 넣어준다.

넥타이 길이는 자유롭게 조절 가능하므로, 손으로 잘 당겨가며 모양을 잡아준다.

 여기까지 버버리 체크 스쿨 걸과 스쿨 보이 모두 상의 만드는 방법은 동일하다. 하의를 달아주는 것에 따라 스쿨 걸과 스쿨 보이로 나뉜다.

하의 치마 만들기

1. 치마의 끝단을 사진처럼 말아박기 등으로 마무리해준다.

2. 치마 윗단 원단을 겉면이 보이게 겹쳐두고, 왼쪽과 오른쪽을 위 사진의 빨간 점선대로 박음질해준다.

3. 치마 윗단 원단의 길이만큼 사진처럼 주름을 예쁘게 잡아 맞춰준다.

4. 치마 윗단 사이를 벌려 치마를 넣고, 위 사진의 점선대로 박음질해준다.

5. 원단을 위로 젖혀 다림질을 해주면, 위 사진처럼 깔끔한 치마가 완성된다.

치마 완성!

plus

이렇게 각을 잡은 주름을 '플리츠 주름 치마'라고 한다.
일반적인 주름은 '프릴 치마' 또는 '러플 치마'라고 한다.

상·하의 연결하기

1. 만들어놓은 상의의 안감 부분에 치마 밑단을 위 사진처럼 놓은 후, 점선을 따라 박음질해준다(이때, 치마와 상의 안감만 박음질한다).

2. 상의 겉감을 안으로 접어 넣고 시침핀으로 고정한다.

3. 위 사진처럼 점선을 따라 빙 둘러가며 상침하면, 완성!

가슴 쪽 모습

빵모자 152p

완성

만드는 과정

원단 재단하기 → 칼라 만들기 → 넥타이 만들기 → 상의 만들기 → 주머니 만들기 → 허리 벨트 달기 → 넥타이 묶기 → 밑단 만들기 → 상·하의 연결하기

※ '칼라 만들기 → 넥타이 만들기 → 상의 만들기 → 주머니 만들기 → 허리 벨트 달기 → 넥타이 묶기' 과정은 앞의 스쿨 걸과 동일하다.

♂ 스쿨 보이

스쿨 보이는 스쿨 걸과 같은 방법으로 상의를 만들고, 하의는 흰색 셔츠 안에 겹쳐 입은 듯한 효과를 주기 위해 심플한 밑단을 만들어 붙여주기만 하면 쉽게 만들 수 있어요.

원단 재단하기

- 넥타이 20수 버버리 나염 원단 1장
- 칼라 Pk 원단 2장씩 2세트
- 상의 겉감 ② Pk 원단 2장
- 상의 안감 Pk 원단 1장
- 주머니 바이어스 20수 버버리 나염 원단 1장
- 주머니 Pk 원단 1장
- 상의 겉감 ① Pk 원단 1장
- 허리 벨트 20수 버버리 나염 원단 4장
- 하의 밑단 20수 버버리 나염 원단 2장

패턴지를 원단에 대고 패턴 배치표를 참고하여 그려준 후, 1cm 정도의 시접을 주고 재단한다.

Check Point

'칼라 만들기 → 넥타이 만들기 → 상의 만들기 → 주머니 만들기 → 허리 벨트 달기 → 넥타이 묶기' 과정은 앞의 스쿨 걸과 동일합니다. 143p로 이동해주세요!

버버리 체크 스쿨 걸 143p

밑단 만들기

밑단 완성!

1. 겉감과 안감을 위 사진처럼 각 2장씩 겹쳐두고 점선대로 박는다.
2. 뒤집어 다림질해준다.

상·하의 연결하기

1. 상의의 안감 부분에 밑단을 올려놓고 위 사진처럼 점선을 따라 박음질해준다.
2. 상의 겉감을 안으로 접어 넣어, 시침핀으로 고정한다.
3. 위 사진처럼 점선을 따라 빙 둘러가며 상침하면, 완성!

150

깜찍한 버버리 체크 스쿨룩 한 벌이면
우리 아가도 패셔니스타가 됩니다.
커플로 입혀도 아주 깜찍하답니다.
스쿨 보이부터 한번 도전해보세요.

미모로는 내가
전교 회장이지!

Accessory

버버리 체크 빵모자

난이도 중급 ★★★☆☆ 소요 시간 2시간 (미싱 작업 기준 재단 시간 포함)

사용 원단 및 부자재

	사용	대체 가능
모자 겉·안감	버버리 선염 원단	모직, 면트윌, 나염 원단
모자 캡 심지	모자용 심지	없음
모자 봉 심지	면(아사) 심지	없음
고정용 고무줄	원형 스트링 고무줄	4골 고무줄(4mm)
고정용 스토퍼	돼지코 스토퍼	벨, 각종 스토퍼 가능

만드는 과정

원단 재단하기 → 모자 봉 만들기 → 모자 캡 만들기

> 통통하고 귀여운 베레모 스타일의 빵모자입니다. 접착 심지를 사용해서 어떤 원단으로든 귀여운 모자로 만들어낼 수 있습니다. 멋쟁이 빵모자 만들기에 도전해보세요.

원단 재단하기

모자 봉 겉·안감
봉 버버리 선염 원단 각 8장씩 2세트

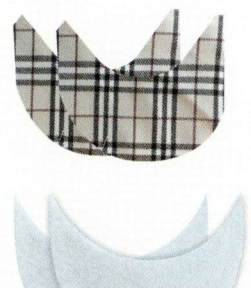

모자 캡 버버리 선염 원단 2장

모자 캡 심지 2장

패턴지를 원단에 대고 그려준 후, 1cm 정도의 시접을 주고 재단한다.

모자 봉 만들기

1. 원단에 아사 심지를 붙여준다. 뻣뻣한 원단의 경우, 그냥 사용해도 무방하다.

2. 8개씩 2세트(안감, 겉감)의 피스를 준비한다.

3. 사진과 같이 2장을 겉감끼리 겹쳐, 점선대로 박음질한다.

박음질 후 펼쳐준다.

입체 모양에서 좀 더 또렷하고 예쁜 모양을 잡기 위해 가름솔을 갈라 상침한다. ▶ 시접 정리 방법 341p 참고

똑같은 방법으로 2장을 더 만든다. 위 사진처럼 다시 겉감끼리 겹쳐두고, 점선대로 박음질하여 다시 한 번 상침한다.

같은 방법으로 상침까지 마친 2세트를 준비한다.

다시 한 번 겉감끼리 마주 보게 겹쳐둔 후, 사진의 점선대로 박음질해준다.

뒤집어주면 베레모 모양이 나온다. 이렇게 2세트(안감, 겉감)를 준비해준다.

모자 캡 만들기

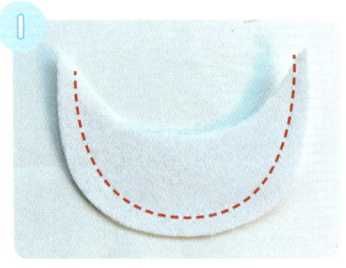

모자용 접착 심지를 2장 준비하여 위 점선대로 박음질해준다. 이때, 접착제가 바깥쪽을 향하게 하고, 2장이 흔들리지 않도록 유의한다.

모자 캡 원단을 2장 겹쳐서 위 점선대로 박음질하여 뒤집어준다. 이때, 시접은 2mm 정도로 짧게 잘라버린다.

원단 사이에 미리 만들어놓은 모자 심지를 넣고, 점선대로 박음질한 후 상침해준다.

만들어놓은 모자 봉과 모자 캡을 위의 점선대로 박음질해 이어준다.

각각 겉감과 안감으로 사용될 모자의 모습.

고무줄과 돼지 스토퍼를 넣어준다.

돼지 스토퍼를 넣어준 겉감 위에 위 사진처럼 안감을 뒤집어씌운 후, 캡 부분(창구멍)을 제외한 위치를 모두 빙 둘러가며 박음질하고 뒤집어 준다.

모자 안쪽 캡 밑부분을 공그르기해서 마감한다. ▶손바느질 방법 – 공그르기 340p 참고

정수리에 싸개 단추를 만들어 붙여주면, 완성! ▶싸개단추 – 손싸개단추 만드는 방법 349p 참고

모자 하나 썼을 뿐인데 완전 아이돌이야~

Etc

인디언 텐트 & 방석

난이도 초급 ★★☆☆☆ **소요 시간** 2시간 30분 (미싱 작업 기준 재단 시간 포함)

사용 원단 및 부자재

		사용	대체 가능
	삼각 · 앞문 덧단	커트지	각종 나염, 20~30수 선염지
	기둥 · 바이어스	옥스퍼드(무지/겨자색)	캔버스, 20수 광목 원단
	방석 윗면	옥스퍼드(무지/겨자색)	각종 극세사, 면직기류(20~30수)
	방석 아랫면	미끄럼 방지 원단	각종 극세사, 면직기류(20~30수)
	방석 충전재	빈백용 충전재	솜(구름 솜보다는 방울 솜을 추천)

※ 목봉을 구매할 때 위에서 15cm 아래 지점에 타공을 요청하면 좋다.

만드는 과정

패턴 그리기 → 원단 재단하기 → 앞문 만들기 → 옆면 연결하기 → 목봉 끼우기

※ 실물 패턴 미포함

요즘 북유럽 스타일로 인테리어를 하는 집이 무척 많은데요. 인디언 텐트와 방석은 하나쯤 만들어두면 인테리어 소품으로도 멋스럽지만 아가들도 무척 좋아한답니다. 퀼트 느낌처럼 원단 그대로의 느낌을 살려주기에 좋은 커트지를 이용해 한번 도전해봅시다.

패턴 그리기

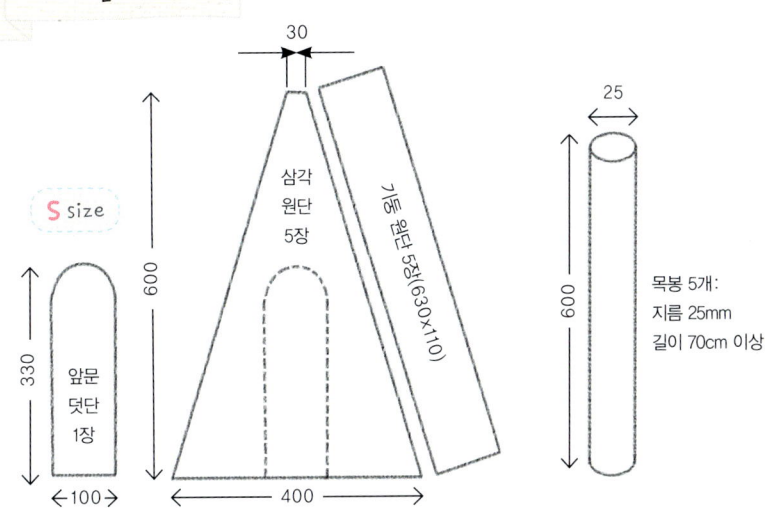

S size
- 앞문 덧단 1장: 330 × 100
- 삼각 원단 5장: 600, 상단 30, 하단 400
- 기둥 원단 5장(630×110)
- 목봉 5개: 지름 25mm, 길이 70cm 이상, 600

plus

커트지는 한 원단에 다양한 패턴이 함께 나열되어 있는 원단으로, 퀼트 느낌이나 다양한 원단의 느낌을 살리기에 좋다.

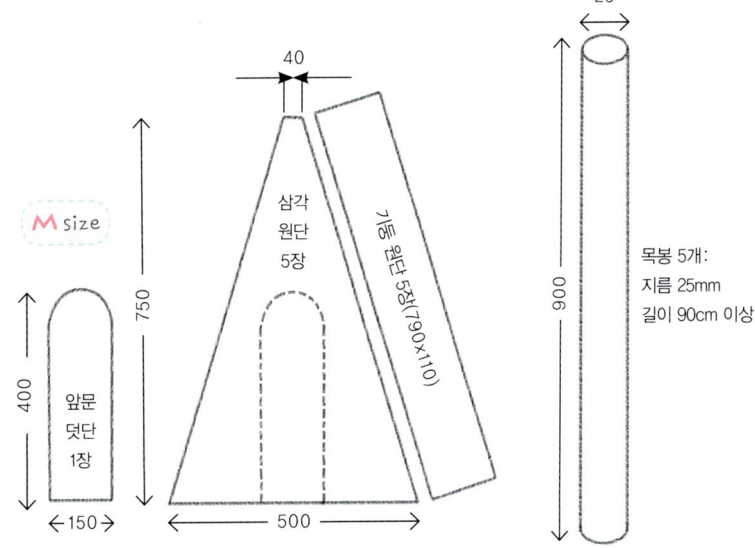

M size
- 앞문 덧단 1장: 400 × 150
- 삼각 원단 5장: 750, 상단 40, 하단 500
- 기둥 원단 5장(790×110)
- 목봉 5개: 지름 25mm, 길이 90cm 이상, 900

먼저 위 그림을 참고하여, 큰 전지나 부직포에 실물 패턴을 그려준다.

원단 재단하기

삼각 커트지 원단 5장
기둥 옥스퍼드 원단 5장
앞문 덧단 옥스퍼드 원단 1장

패턴지를 원단에 대고 그려준 후, 1cm 정도의 시접을 주고 재단한다.

앞문 만들기

1. 먼저 앞문의 덧단을 오버록 또는 말아박기 처리해준다.

2. 앞문으로 사용할 삼각 원단 위에 앞문 덧단을 위 사진처럼 겉면끼리 마주 보게 두고 사진의 점선대로 박음질해준다.

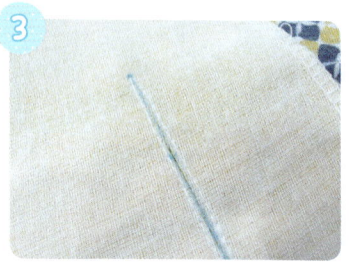

3. 끝부분은 뾰족하게 마무리한다. 점선의 간격은 2~3mm로 아주 가깝게 박음질해준다.

! 이때, 앞문 덧단의 원단에 아사 심지를 붙여 사용하면 더욱더 깔끔하다.

박음질 중간을 사진과 같이 절개한다.

뒷면의 모습.

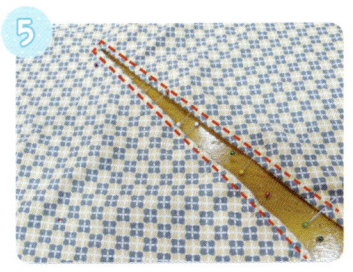

겉면에서 보고 위 사진처럼 상침하여 고정한다. 이때 상침은 1cm 정도의 간격을 두고 박아준다.

옆면 연결하기

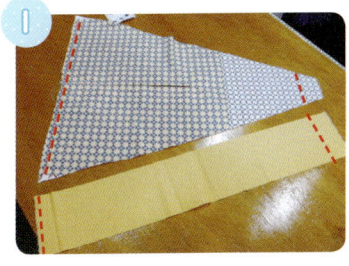

위 사진의 빨간 점선의 위치는 오버록 처리로 접어 박거나, 5mm 정도로 말아박아준다. ▶ 끝단 처리 방법 55p 참고

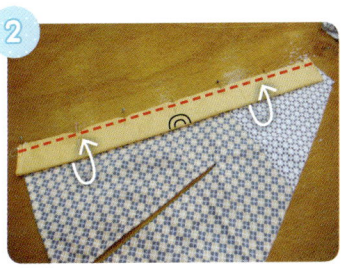

기둥 원단을 위 사진처럼 접어서, 빨간 점선의 위치로 박음질해준다.

그 위에 그대로, 삼각 원단을 한 장 더 올려 같은 위치를 박음질해준다.

2개의 삼각 원단과 기둥 원단이 연결된 모습.

다른 기둥 원단과 삼각 원단도 같은 방식으로 계속 연결해준다.

목봉 끼우기

목봉은 25mm 지름에 길이 60cm짜리로 준비하여, 위에서 15cm 밑의 위치에 5mm 정도 구멍을 뚫어준다(구매 시 목봉이 타공되지 않았다면 드릴로 처리한다).

위 사진처럼 기둥 원단에 목봉을 끼워 넣고, 구멍에 노끈을 넣어 묶어주면, 완성!

개아늑

이따 동물농장할 때 깨워줘~!

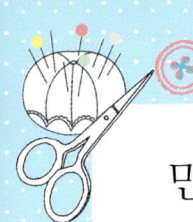

만드는 과정

패턴 그리기 → 원단 재단하기 → 방석 만들기

※ 실물 패턴 미포함

> 인디언 텐트에 방석도 세트로 만들어보세요. 좀 더 아늑한 우리 강아지만의 공간이 될 테니까요. 꼭 오각형이 아니더라도, 꼭 인디언 텐트와 함께가 아니더라도, 예쁜 포인트 원단을 사용하면 방석 단독으로도 Ok!

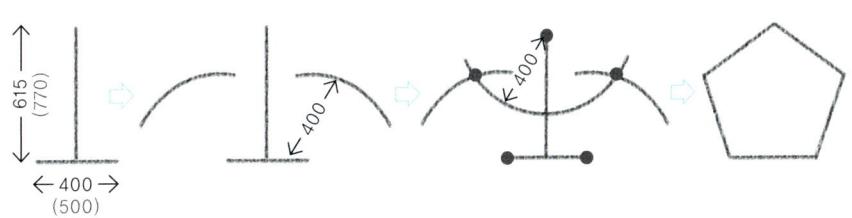

인디언 텐트 안에 들어갈 방석은 위 그림을 참고하여 오각형의 실물 패턴을 그려준다. (괄호 안 사이즈는 인디언 텐트 M 사이즈 규격)

원단 재단하기

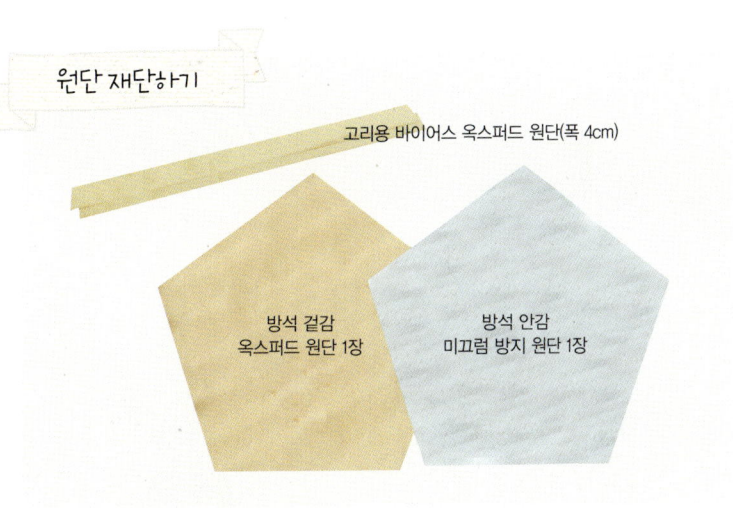

패턴지를 원단에 대고 그려준 후, 1cm 정도의 시접을 주고 재단한다.

아늑한 텐트 안에 포근한 방석까지! 최고야~~

방석 만들기

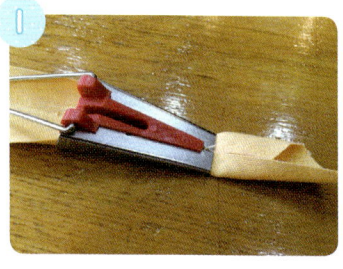

바이어스를 만들어준다. 바이어스 메이커 또는 손으로 접고 다림질해서 바이어스를 만들어준다. ▶ 바이어스 만드는 방법 342p 참고

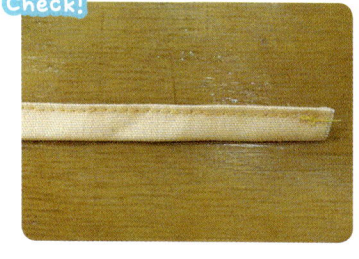

바이어스 완성된 모습.

원단 2장을 겹쳐두고, 각 다섯 모서리 안쪽에 미리 만든 바이어스를 사진처럼 고리를 만들어준 후 시침핀으로 고정한다.

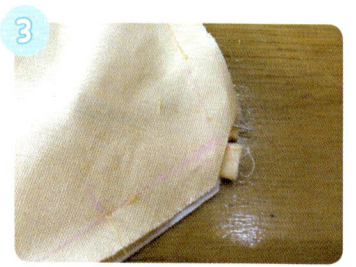

위의 원단을 다시 덮어 위아래를 잘 포개 정리한다.

창구멍을 제외한 모든 부분을 점선을 따라 박음질해준다.

뒤집어주면 목 기둥을 넣을 수 있는 끈이 달려 있는 방석이 완성된다. 안에 솜이나 빈백용 충전재 등을 넣은 후, 공그르기로 창구멍을 마감해준다.

내 아지트 멋지지? 놀러 와~

짙어가는 가을,
아이들을 위한
분위기 있고 트렌디한 옷을
만들어주세요!

AUTUMN

How to make 206p

Anne

How to make **172p**

How to make **190p**

가을 분위기에 가장 잘 어울리는 체크무늬.
체크무늬 옷감을 이용해 세련된 느낌이
살아 있는 디자인의 옷들을 만들어보세요.
우리 아가에게 잘 어울리는
가을 패션이 멋지게 완성됩니다.

나는
회색 머리 앤이야.
다이애나야, 어딨니?

How to make 198p

Clothes 1

리본 망토 커플룩

난이도 초급 ★☆☆☆☆ 소요 시간 1시간 30분(미싱 작업 기준 재단 시간 포함)

사용 원단 및 부자재

	사용	대체 가능
망토	20수 싱글(백색/블랙)	30수 평직, 20수 다이마루 모두 가능
장식 리본 · 바이어스	30수 버버리 선염 체크 원단	포인트용 30~40수 나염 또는 선염 원단
허리 벨트 여밈	벨크로(폭 2.5cm)	스냅 단추 또는 가시도트 등

 주머니 리본 망토

디자인 과정 안내

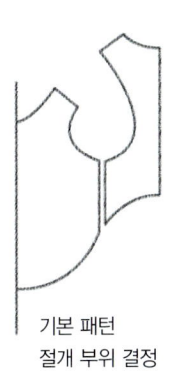
기본 패턴
절개 부위 결정

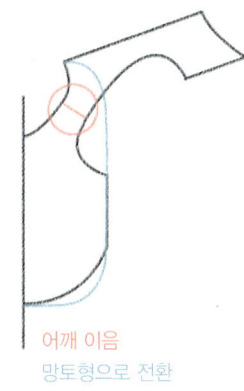
어깨 이음
망토형으로 전환

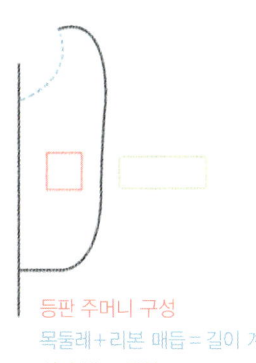
등판 주머니 구성
목둘레+리본 매듭 = 길이 계산
허리 벨트 생성

패턴 배치 및 원단 소요량 안내

※ 실제 패턴과 다를 수 있으니, 소요량 및 패턴 배치 방법만 참고하세요(패턴 배치표−정사각형 기준).

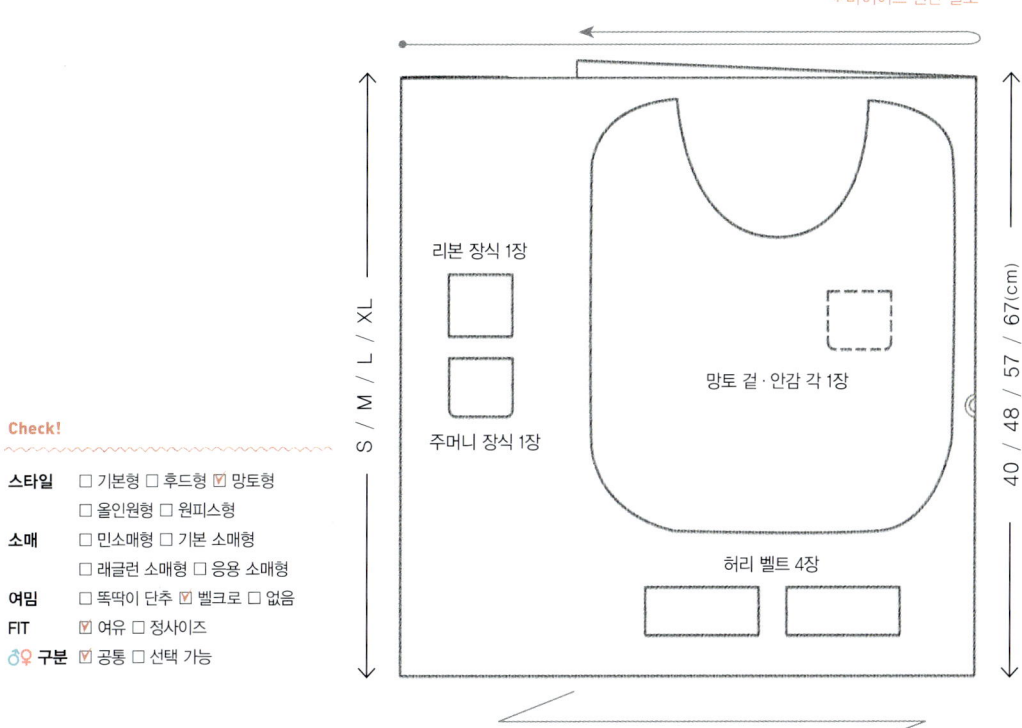

Check!

- **스타일** ☐ 기본형 ☐ 후드형 ☑ 망토형
  ☐ 올인원형 ☐ 원피스형
- **소매** ☐ 민소매형 ☐ 기본 소매형
  ☐ 래글런 소매형 ☐ 응용 소매형
- **여밈** ☐ 똑딱이 단추 ☑ 벨크로 ☐ 없음
- **FIT** ☑ 여유 ☐ 정사이즈
- **구분** ☑ 공통 ☐ 선택 가능

왕리본 망토

디자인 과정 안내

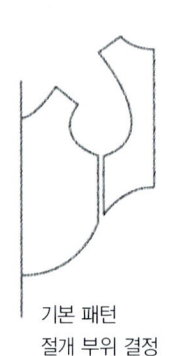

기본 패턴
절개 부위 결정

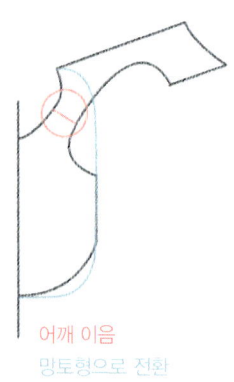

어깨 이음
망토형으로 전환

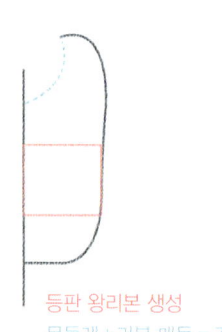

등판 왕리본 생성
목둘레 + 리본 매듭 = 길이 계산

패턴 배치 및 원단 소요량 안내

※ 실제 패턴과 다를 수 있으니, 소요량 및 패턴 배치 방법만 참고하세요(패턴 배치표－정사각형 기준).

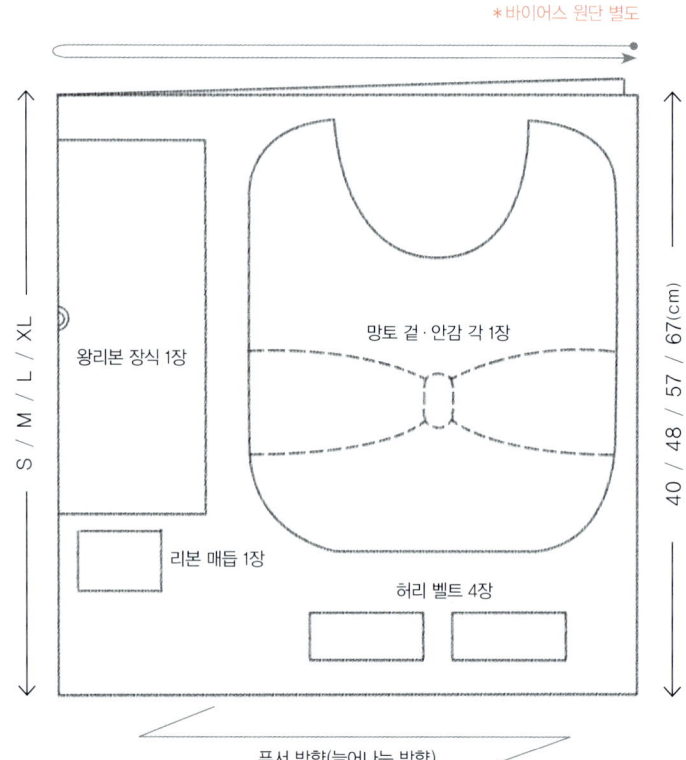

Check!

- **스타일** ☐ 기본형 ☐ 후드형 ☑ 망토형
  ☐ 올인원형 ☐ 원피스형
- **소매** ☐ 민소매형 ☐ 기본 소매형
  ☐ 래글런 소매형 ☐ 응용 소매형
- **여밈** ☐ 똑딱이 단추 ☑ 벨크로 ☐ 없음
- **FIT** ☑ 여유 ☐ 정사이즈
- **구분** ☑ 공통 ☐ 선택 가능

만드는 과정

원단 재단하기 → 주머니 장식 만들기 → 몸통 만들기

원단 재단하기

* 노란 선 : 시접 없음

망토 20수 싱글 원단 2장

바이어스용 30수 버버리 선염 체크 원단

리본 장식 30수 버버리 선염 체크 원단 1장

주머니 장식 20수 싱글 원단 1장

허리 벨트 30수 버버리 선염 체크 원단 4장

주머니 리본 망토

쉬운 패턴으로 또 한 벌의 강아지 옷을 완성할 수 있는 주머니 리본 망토. 양면 처리하여 시접 없이 깔끔하게 바이어스 처리만으로도 예쁜 가을 옷을 또 한 벌 뚝딱 만들 수 있답니다. 짙어가는 가을엔 블랙 색상으로 한번 도전해봐요.

패턴지를 원단에 대고 패턴 배치표를 참고하여 그려준 후, 몸통과 바이어스는 시접 없이 재단하고, 그 외는 모두 1cm 정도의 시접을 주고 재단한다.

주머니 장식 만들기

1. 먼저 리본 장식 원단과 주머니 장식 원단을 준비한다.

2. 리본 장식 원단을 반으로 접어 주머니 장식 원단 위에 놓고, 위 사진처럼 점선을 따라 박음질한다.

3. 시접을 쌈솔 또는 오버록 처리로 정리하여 마무리해준다. ▶ 시접 처리 방법 - 쌈솔 341p 참고

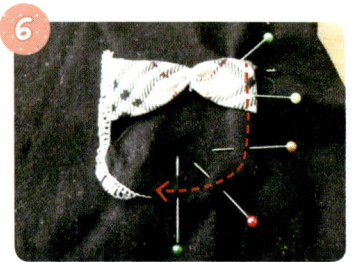

4. 주머니 장식 원단을 뒤로 넘긴 후, 사진의 점선을 따라 상침하여 시접을 정리해준다.

5. 위 사진처럼 리본의 중심에서 주름을 잡아 바늘로 주름을 관통하여 여러 번 휘감아 고정한다.

6. 나머지 시접에 오버록 처리해서 위 사진처럼 접어 넣어 시침핀으로 고정한 후, 점선을 따라 박음질한다 (단, 올이 풀리지 않는 원단의 경우 생략해도 된다).

몸통 만들기

1. 망토의 끝단 부분을 바이어스로 감싸준다.

2. 목둘레 부분도 마찬가지로 바이어스로 둘러 마감해준다. ▶ 바이어스 싸는 방법 343p 참고

3. '왕리본 망토' 허리 벨트 만들기 ▶ 178p 참고 를 보고 허리 벨트를 만들고, 패턴상 표시된 허리 벨트 위치에 놓고 박음질해준다.

가슴 쪽 모습

4. 허리 벨트에 벨크로(찍찍이)를 박음질하여 고정한다.

5. 벨크로의 거친 부분이 몸 바깥쪽으로 향하도록 붙여준다.

벨크로 거친 부분

가을 패션을 완성해줄 리본 망토 커플룩.
우리 집 아가의 털 색깔에 잘 어울리는 색을 선택하여,
고급스러운 버버리 체크무늬와 러블리한 리본이 잘 어울리는
리본 망토 만들기에 도전해보세요.

만드는 과정

원단 재단하기 → 왕리본 장식·허리 벨트 만들기 → 몸통 만들기

왕리본 망토

버버리 체크무늬로 된 옷 하나만 있어도 가을 패션이 완성됩니다. 게다가 이렇게 쉬우면서도 멋스러운 강아지 옷 패턴은 없을 거예요. 양면 처리해서 시접 없이 깔끔하게 바이어스 처리만으로도 예쁜 옷이 뚝딱 만들어져요.

원단 재단하기

* 노란 선 : 시접 없음

망토 겉·안감
20수 싱글 원단 각 1장

바이어스용
30수 버버리 선염 체크 원단

리본 매듭
30수 버버리 선염 체크 원단 1장

왕리본 장식 30수 버버리 선염 체크 원단 1장

허리 벨트 30수 버버리 선염 체크 원단 4장

패턴지를 원단에 대고 패턴 배치표를 참고하여 그려준 후, 목둘레와 바이어스는 시접 없이 재단하고, 그 외는 모두 1cm 정도의 시접을 주고 재단한다.

왕리본 장식·허리 벨트 만들기

1. 왕리본 장식 원단과 리본 매듭 원단을 둘 다 사진처럼 접고 점선을 따라 박음질한다.

2. 뒤집어서 다림질한다.

3. 리본 매듭과 같은 방법으로 왕리본 장식도 만들어 준비한다.

왕리본 장식 원단의 중심에 주름을 잡아준 후, 감침질하듯 여러 번 휘감아준다.

리본 매듭 원단을 사진과 같이 중심을 감싸 말고 공그르기 또는 감침질로 마무리한다.

허리 벨트는 두 겹씩 겹쳐놓고 위 사진처럼 점선을 따라 박음질해준다. 2개 다 뒤집어서 다림질한다.

몸통 만들기

완성된 리본과 허리 벨트를 몸통 원단 겉면에 붙이고, 사진의 점선을 따라 홈질하여 임시 고정한다.

그 겉면 위로 안감을 겹쳐놓고 사진처럼 점선 부분을 박음질한다(파란색 네모 위치는 허리 벨트 위치).

뒤집었을 때 몸통이 완성된 모습.

목둘레에 바이어스를 둘러주면, 왕리본 망토 완성! ▶ 바이어스 싸는 방법 343p 참고

완성

Clothes 2
미키 위저드 커플룩

난이도 초급 ★★☆☆☆ **소요 시간** 1시간(미싱 작업 기준 재단 시간 포함)

사용 원단 및 부자재

	사용	대체 가능
상의 겉·안감	20수 싱글(검정)	30수 미니쭈리, 20수 싱글, 20수 직기류 원단
하의 치마·바지	20수 옥스퍼드(별나염)	20~30수 직기류 원단
허리 여밈	벨크로(찍찍이) 2.5cm 폭	스냅 단추 또는 가시도트 등
장식용 테이프	레터링 나염 리본	장식 가능한 리본 또는 단추 등
♂ 바지용 고무줄	4골 고무줄(폭 4mm)	없음

미키 위저드 원피스

디자인 과정 안내

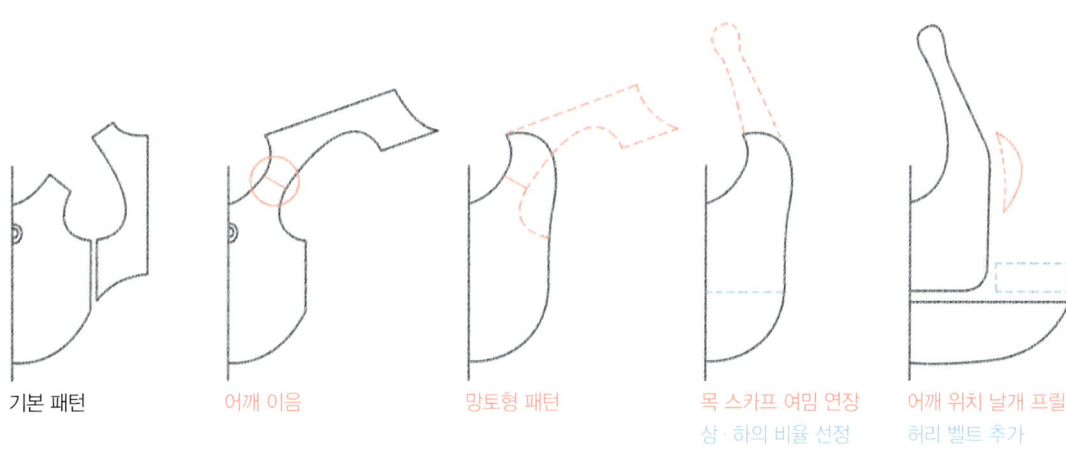

기본 패턴 | 어깨 이음 | 망토형 패턴 | 목 스카프 여밈 연장 / 상·하의 비율 선정 | 어깨 위치 날개 프릴 / 허리 벨트 추가

패턴 배치 및 원단 소요량 안내

※ 실제 패턴과 다를 수 있으니, 소요량 및 패턴 배치 방법만 참고하세요(패턴 배치표-정사각형 기준).

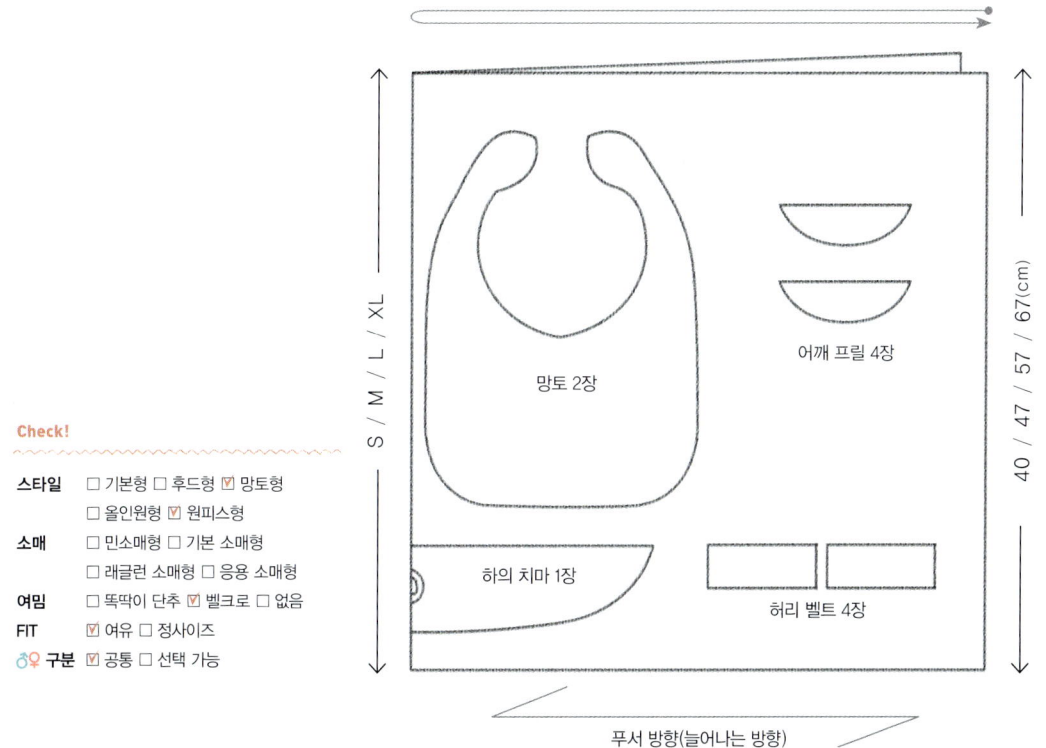

Check!

- **스타일**: ☐ 기본형 ☐ 후드형 ☑ 망토형 ☐ 올인원형 ☑ 원피스형
- **소매**: ☐ 민소매형 ☐ 기본 소매형 ☐ 래글런 소매형 ☐ 응용 소매형
- **여밈**: ☐ 똑딱이 단추 ☑ 벨크로 ☐ 없음
- **FIT**: ☑ 여유 ☐ 정사이즈
- **구분**: ☑ 공통 ☐ 선택 가능

♂ 미키 위저드 바지

디자인 과정 안내

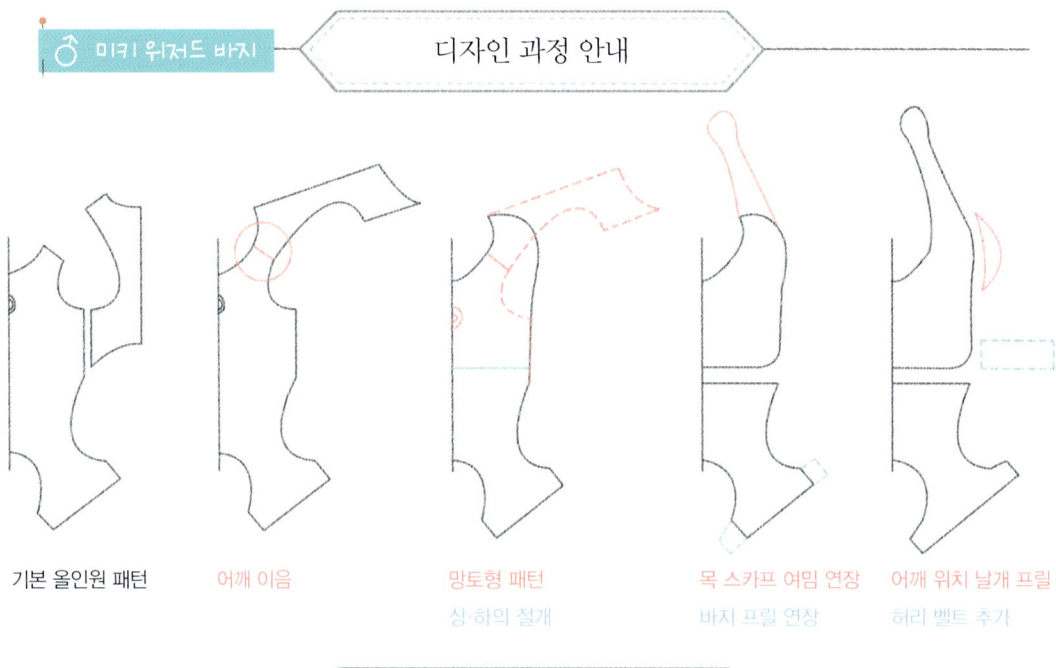

기본 올인원 패턴 | 어깨 이음 / 상·하의 절개 | 망토형 패턴 | 목 스카프 여밈 연장 / 바지 프릴 연장 | 어깨 위치 날개 프릴 / 허리 벨트 추가

패턴 배치 및 원단 소요량 안내

※ 실제 패턴과 다를 수 있으니, 소요량 및 패턴 배치 방법만 참고하세요(패턴 배치표-정사각형 기준).

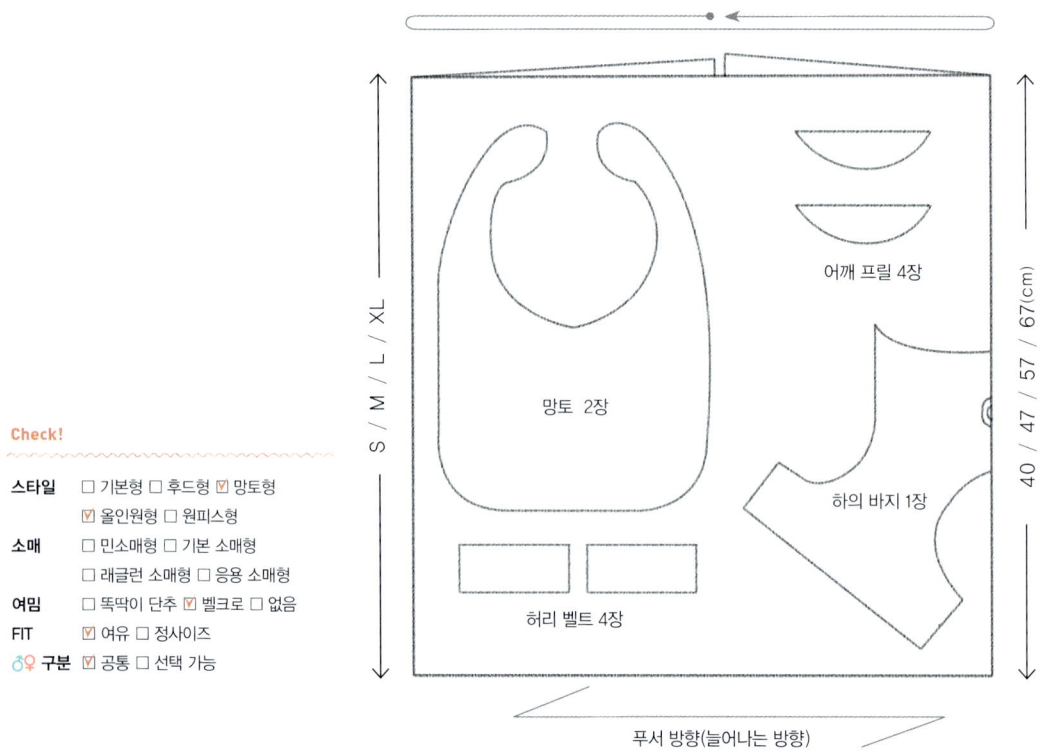

S / M / L / XL
40 / 47 / 57 / 67(cm)

어깨 프릴 4장
망토 2장
하의 바지 1장
허리 벨트 4장

푸서 방향(늘어나는 방향)

Check!
- **스타일**: ☐ 기본형 ☐ 후드형 ☑ 망토형 ☑ 올인원형 ☐ 원피스형
- **소매**: ☐ 민소매형 ☐ 기본 소매형 ☐ 래글런 소매형 ☐ 응용 소매형
- **여밈**: ☐ 똑딱이 단추 ☑ 벨크로 ☐ 없음
- **FIT**: ☑ 여유 ☐ 정사이즈
- ♂♀ **구분**: ☑ 공통 ☐ 선택 가능

만드는 과정

원단 재단하기 → 어깨 프릴·허리 벨트 만들기 →
몸통 만들기 → 하의 치마 만들기 → 상·하의 연결하기

♀ 미키 위저드 원피스

예쁜 꼬마 마법사로 변신!
북유럽 스타일의 깜찍한 마
법사 디자인이에요. 망토 스
타일이기 때문에 만들기도,
입히기도 아주 좋답니다.
미키 위저드 원피스와 하의
만 바지로 만들어 연결하면
되는 미키 위저드 바지와 커
플룩이니까 마음에 드는 옷
부터 시작해보세요.

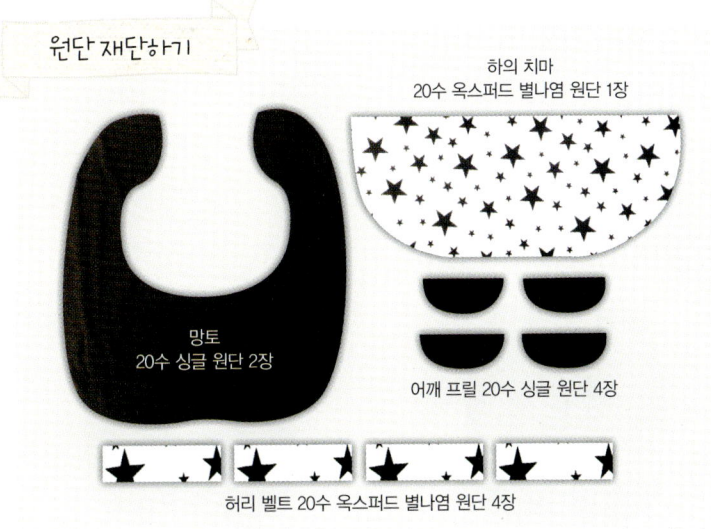

원단 재단하기

하의 치마
20수 옥스퍼드 별나염 원단 1장

망토
20수 싱글 원단 2장

어깨 프릴 20수 싱글 원단 4장

허리 벨트 20수 옥스퍼드 별나염 원단 4장

패턴지를 원단에 대고 패턴 배치표를 참고하여 그려준 후, 1cm 정도의 시접을 주고 재단한다.

어깨 프릴·허리 벨트 만들기

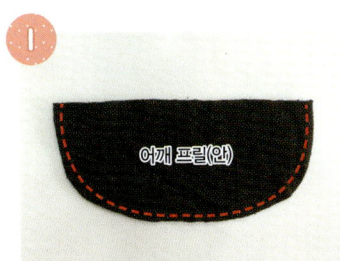

1

2

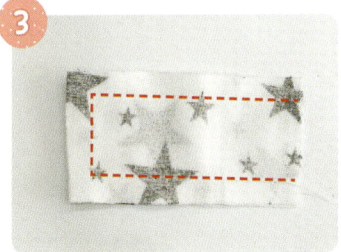

3

어깨 프릴 원단 2장을 겉감끼리 마주 보게 겹쳐놓고 위 사진의 점선을 따라 박음질한 후, 뒤집어 다림질한다.

위쪽을 홈질로 주름을 만들어준다. 남은 어깨 프릴 원단도 똑같은 방식으로 2개를 준비한다. ▶주름 잡는 방법 346p 참고

허리 벨트 원단 2장을 겉면끼리 마주 보게 겹쳐놓고, 위 사진의 점선을 따라 박음질해 뒤집어준다.

이어서 사진과 같이 점선을 따라 'ㄷ자'로 상침해준다. 남은 허리 벨트도 똑같은 방식으로 2개를 완성한다.

몸통 만들기

1. 상의 겉감 위에 위 사진처럼 앞서 만든 허리 벨트를 패턴상 표시된 위치에 놓아준다.

2. 나머지 상의 원단을 그 위에 겉면끼리 마주 보게 놓고, 사진의 점선을 따라 표시된 부분만 박음질해준다. 이때, 어깨 프릴과 치마가 들어갈 부분은 박음질을 제외한다.

3. 뒤집어서 미리 만들어놓은 어깨 프릴을 창구멍 사이에 넣어준다.

여기까지 미키 위저드 원피스와 미키 위저드 바지 모두 상의 만드는 방법은 동일하다. 하의를 달아주는 것에 따라 미키 위저드 원피스와 미키 위저드 바지로 나뉜다.

하의 치마 만들기

1. 치마 원단의 끝단 쪽을 말아박기 또는 오버록 처리해서 접어 박아 정리해준다. ▶ 끝단 처리 방법 55p 참고

2. 점선을 따라 홈질로 바느질한 후, 당겨서 주름을 만들어준다.

상·하의 연결하기

1. 치마 원단과 상의 원단을 겉면끼리 마주 보게 놓고 점선을 따라 박음질한다. 이때, 상의 원단 두 겹 중 위의 한 겹만 박음질해준다.

2. 뒤쪽에서 상의 원단 시접 부분을 접어 넣어준다.

3. 접어 넣은 시접 부분을 빙 둘러가며 사진의 점선을 따라 상침해준다.

겉면을 보고 상침해야 예쁘게 마감 처리되어 완성도가 높다.

4. 허리 벨트 양쪽 끝에 벨크로(찍찍이)를 사진과 같이 점선을 따라 'X자'로 연결해 튼튼하게 박음질한다.

5. 레터링 나염 리본의 양쪽 끝을 접어 상의 겉면 적당한 위치에 박아주면, 완성!

귀여운 마법사 미니와 미키를 떠올리게 하는 위저드 커플룩.
깊은 가을밤, 핼러윈 데이에 위저드 커플룩을 입혀
시원한 저녁 산책을 해보는 건 어떨까요?

만드는 과정

원단 재단하기 → 어깨 프릴 · 허리 벨트 만들기 →
몸통 만들기 → 하의 바지 만들기 → 상 · 하의 연결하기

※ '어깨 프릴 · 허리 벨트 만들기 → 몸통 만들기' 과정은
앞의 미키 위저드 원피스와 동일하다.

🔵 미키 위저드 바지

미키 위저드 원피스와 동일한 방법으로 상의를 만들고, 바지를 만들어 연결하면 미키 위저드 바지가 완성됩니다. 여기에 위저드룩 미키 모자까지 세트로 만들어 입혀주면 멋있는 미키 마법사가 완성되니, 하나씩 만들어 깜찍한 마법사 스타일을 완성해보세요.

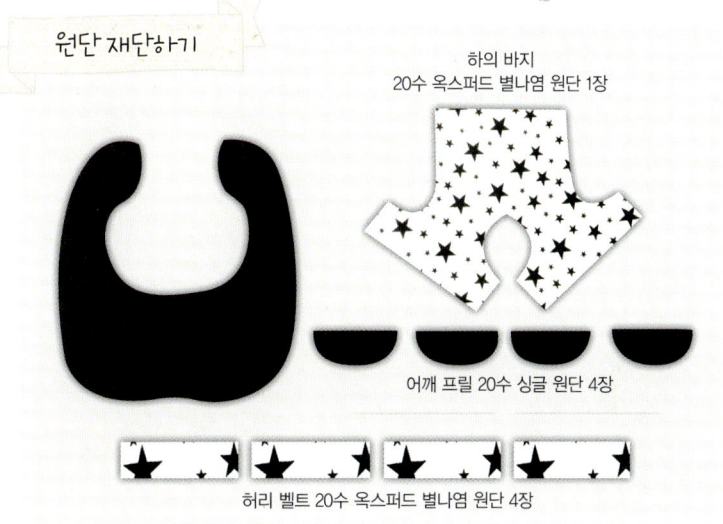

원단 재단하기

하의 바지
20수 옥스퍼드 별나염 원단 1장

어깨 프릴 20수 싱글 원단 4장

허리 벨트 20수 옥스퍼드 별나염 원단 4장

패턴지를 원단에 대고 패턴 배치표를 참고하여 그려준 후, 1cm 정도의 시접을 주고 재단한다.

Check Point

'어깨 프릴 · 허리 벨트 만들기 →
몸통 만들기' 과정은
미키 위저드 원피스와 동일합니다.
183p로 이동해주세요!

미키 위저드
원피스
183p

하의 바지 만들기

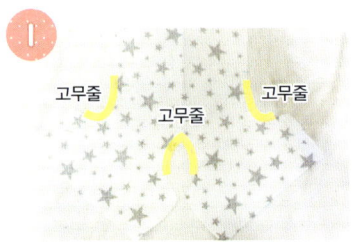

1. 바지 원단에 표시된 고무줄 위치에 고무줄을 박는다. 고무줄 길이는 고무줄 들어가는 길이의 1/2로 하고, 고무줄을 당기면서 박음질한다.

2. 고무줄을 포함해 말아박아 마무리하되, 고무줄을 박지 않도록 유의한다.

3. 다리 부분에 고무줄을 넣어준다. 다리 둘레의 2/3 정도 길이로 고무줄을 준비하고, 고무줄을 당기면서 박음질해준다.

4. 고무줄을 박은 부분을 사진처럼 접어 박음질해준다.

5. 바지 끝 부분은 말아박기 또는 오버록 처리한 후, 시접을 접어 박음질해준다.

6. 같은 방식으로 양쪽 모두 다 하면, 완성!

상·하의 연결하기

1. 바지 원단과 상의 원단을 겉면끼리 마주 보게 놓고 점선을 따라 박음질한다. 이때, 상의 원단 두 겹 중 위의 한 겹만 박음질해준다.

2. 뒤쪽에서 상의 원단 시접 부분을 접어 넣어준다.

3. 접어 넣은 시접 부분을 빙 둘러가며 사진의 점선을 따라 상침해준다.

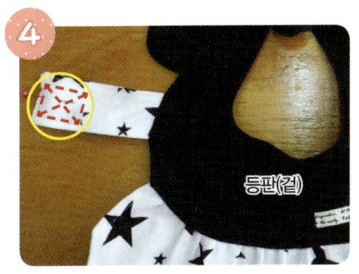

허리 벨트 양쪽 끝에 벨크로(찍찍이)를 사진과 같이 점선을 따라 'X자'로 연결해 튼튼하게 박음질한다.

레터링 나염 리본의 양쪽 끝을 접어 상의 겉면 적당한 위치에 박아 주면, 완성!

미키 위저드 바지 완성!

가슴 쪽 모습

완성

Clothes 3
빨강머리 앤 컨츄리 원피스

난이도 중급 ★★★☆☆ **소요 시간** 3시간 30분(미싱 작업 기준 재단 시간 포함)

사용 원단 및 부자재

	사용	대체 가능
상의 · 소매 겉 · 안감 하의 치마 프릴	20수 싱글(네이비)	20~30수 다이마루(분또, 특양면, 미니쭈리 등)
칼라 · 치마	20수 선염 평직 원단	20~30수 나염 원단
장식용 단추	돼지코 싸개단추(레드)	장식 단추 및 리본
허리용 고무줄	의류용 고무줄(1cm)	대체 가능 없음
여밈용 단추	T단추(1cm)	스냅 단추 등

디자인 과정 안내

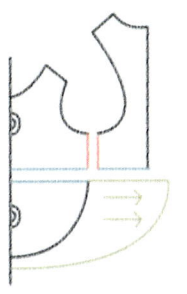
겨드랑이 절개
상·하의 절개
치마폭 연장(주름)

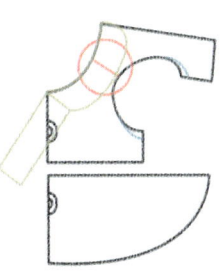
어깨 이음
진동 라인 내림
칼라 생성

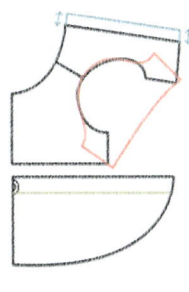
소매 생성
가슴 여밈 여유분
허리띠 생성

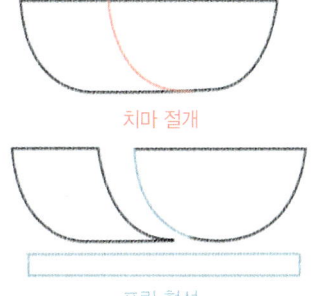
치마 절개
프릴 형성

패턴 배치 및 원단 소요량 안내

※ 실제 패턴과 다를 수 있으니, 소요량 및 패턴 배치 방법만 참고하세요(패턴 배치표 – 정사각형 기준).

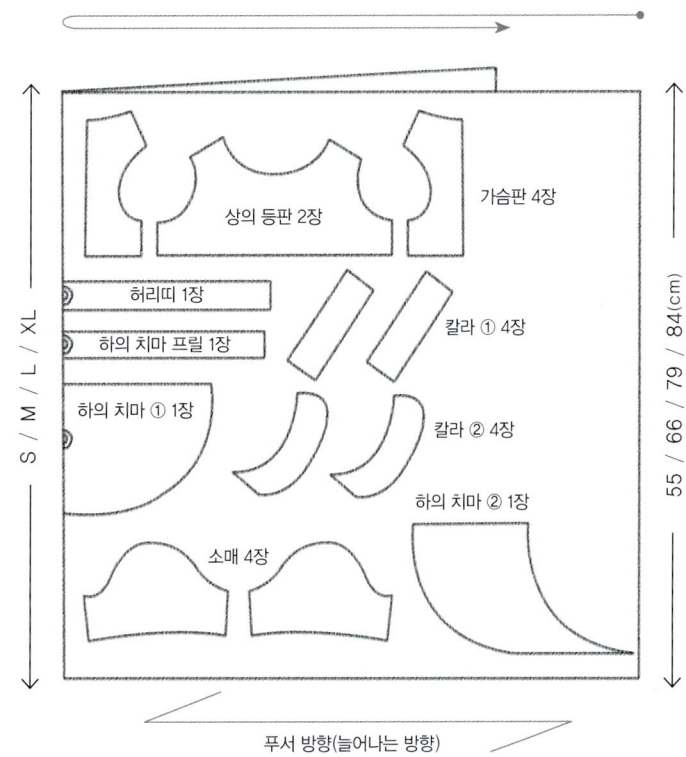

Check!

- **스타일** ☐ 기본형 ☐ 후드형 ☐ 망토형 ☐ 올인원형 ☑ 원피스형
- **소매** ☐ 민소매형 ☑ 기본 소매형 ☐ 래글런 소매형 ☐ 응용 소매형
- **여밈** ☑ 똑딱이 단추 ☐ 벨크로 ☐ 없음
- **FIT** ☐ 여유 ☑ 정사이즈
- **구분** ☑ 공통 ☐ 선택 가능

만드는 과정

원단 재단하기 → 하의 치마 만들기 → 허리띠 만들기 → 상의 만들기 → 칼라 만들어 달기 → 상·하의 연결하기

치마에 프릴 레이스로 포인트를 준 컨츄리풍 원피스예요. 커다란 스카프가 매력적인 빨강머리 앤 컨츄리 원피스는 가슴에서도, 등판에서도 사랑스럽고 예쁘게 연출할 수 있어요. 가을날, 낙엽을 밟으며 산책하기에 딱 예쁜 빨강머리 앤 컨츄리 원피스 만들기에 한번 도전해보세요!

원단 재단하기

- 등판 20수 싱글 원단 2장
- 칼라 ① 20수 선염 평직 원단 4장
- 소매 20수 싱글 원단 4장
- 칼라 ② 4장
- 허리띠 20수 싱글 원단 1장
- 하의 치마 ① 20수 선염 평직 원단 1장
- 가슴판 20수 싱글 원단 4장
- 하의 치마 ② 1장
- 치마 프릴 20수 싱글 원단 1장

패턴지를 원단에 대고 패턴 배치표를 참고하여 그려준 후, 1cm 정도의 시접을 주고 재단한다. 소매와 몸통은 안감이 각각 한 세트씩 더 있다.

하의 치마 만들기

1 치마 프릴 원단을 말아박기해준다. 위 사진처럼 시접 부분을 점선대로 두 번 접어준다.

2 위 사진의 점선을 따라 박음질한다. ▶ 끝단 처리 방법 55p 참고

3 말아박기한 반대 시접을 사진의 점선 위치를 따라 홈질한다.

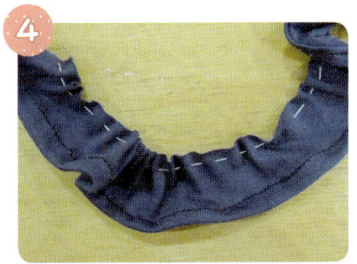

4

홈질 후, 실을 당겨서 주름을 만들어준다.

5

치마 ② 원단에 주름 프릴을 맞춰 올려놓고, 홈질이나 박음질 처리를 해준다. 사진에 표시된 허리띠 부분은 주름을 잡지 않는다.

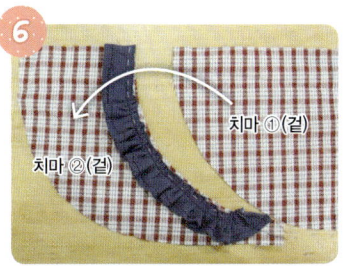

6

치마 ② 원단과 치마 ① 원단을 겉면이 마주 보게 포개놓는다.

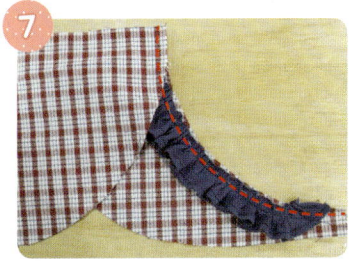

7

곡선 부분을 둘러 맞춰가며 사진의 점선을 따라 박음질해준다.

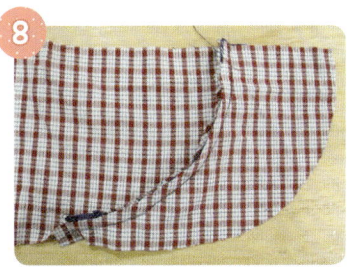

8

박음질이 완성된 모습. 시접을 쌈솔 또는 오버록 처리 등으로 마감해준다. ▶ 시접 정리 방법 341p 참고

9

사진의 점선으로 표시된 부분을 상침해준다.

허리띠 만들기

1

상침 후 치마 끝부분을 오버록 처리 또는 지그재그로 마감해준다(단, 올이 풀리지 않는 원단의 경우 생략해도 된다).

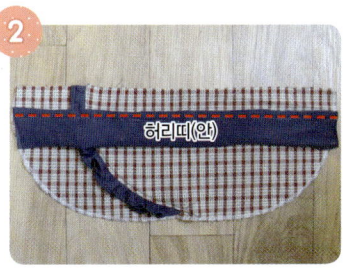

2

허리띠 원단을 치마 원단과 겉면끼리 마주 대고 허리띠 위치에 사진의 점선을 따라 박음질해준다.

3

박음질 후, 허리띠 원단을 위로 올려준다.

올린 허리띠 원단을 사진의 점선을 따라 박음질해준다.

허리띠에 고무줄을 넣는다. 고무줄 길이는 치마폭의 1/2로 한다.

허리띠 양옆을 고무줄과 함께 박음질해준다.

치마 끝단을 접어 박거나 말아박기로 마무리해준다.

상의 만들기

등판 원단과 가슴판 원단을 겉면끼리 마주 대고 어깨 부분을 박음질해준다.

등판 원단 겉면을 펼쳐놓고 소매 안쪽 원단을 사진과 같이 올려두고 빙 둘러가며 박음질해준다.

같은 방식으로 양쪽 소매를 완성한 모습.

사진의 점선 표시를 중심으로 소매를 양쪽 모두 반으로 접어준다.

표시된 부분인 소매와 옆선을 박음질해준다.

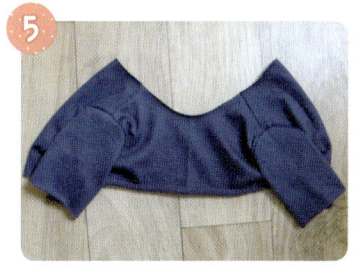

안감과 겉감 각 1장씩 총 2장의 상의를 만들어준다.

칼라 만들어 달기

칼라 ① 겉감 원단에 위와 같이 시접을 제외하고 심지를 붙여준다. 단, 안감은 심지를 붙이지 않고 준비한다. ▶ 심지 사용하기 352p 참고

칼라 ① 원단과 칼라 ② 원단을 겉면끼리 마주 대고 사진의 점선 표시된 부분을 따라 박음질해준다.

박음질 후, 가름솔을 갈라 이렇게 겉감 2장, 안감 2장 총 4장을 준비한다.

겉감과 안감을 위 사진의 점선을 따라 박음질하고 가위집을 내준다.

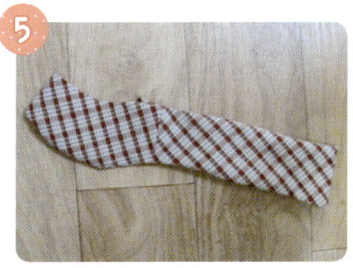

뒤집어서 다림질해준다.

상의에 칼라를 사진과 같이 적당한 위치에 놓고, 점선을 따라 박음질이나 홈질해준다.

그 위에 또 다른 상의를 겉면끼리 마주하게 놓고 사진의 표시된 부분을 박음질해준다. 곡선 부분에 가위집을 넣은 후 뒤집어준다.

상의 안쪽이 보이도록 둔다.

상·하의 연결하기

상의 안쪽이 보이도록 놓고 그 위에 치마를 사진과 같이 놓는다. 상의 원단 중 안감에만 점선을 따라 치마를 박음질해준다.

치마 연결 후, 상의 겉 부분의 시접을 안쪽으로 접어 넣어준다.

사진의 점선을 따라 빙 둘러가며 박음질한다.

소매 끝단의 시접을 안쪽으로 접어 넣어준다.

접어 넣은 시접을 사진의 점선을 따라 빙 둘러가며 박음질해준다.

칼라 부분에 리본을 두 번 묶어주고, 포인트 단추를 적당한 위치에 달아주면, 완성!

소녀 소녀

빨간 체크무늬의 스카프가 포인트인 빨강머리 앤 컨츄리 원피스.
너무나 사랑스럽고 예쁜 디자인이라, 이 원피스 한 벌쯤 만들어두면
가을 패션엔 아주 그만이지요. 한번 도전해보세요!

완성

Clothes 4

베어브릭 양면 후드 점퍼

난이도 고급 ★★★★☆ **소요 시간** 2시간(미싱 작업 기준 재단 시간 포함)

사용 원단 및 부자재

	사용	대체 가능
몸통 · 소매 · 모자 겉감	20수 싱글 나염	미니쭈리, 3단쭈리, 기모쭈리 특양면 등
몸통 · 소매 · 모자 안감	무지 20수 싱글(네이비)	아크릴 뽀글이, 벨보아, 터 파일극세사 등
시보리	무지 20수 싱글(네이비)	2x1 립직 시보리, 요코 시보리, 미라노 시보리 등
여밈 단추	T단추	가시도트, 스냅 단추 등

디자인 과정 안내

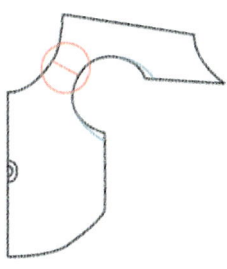
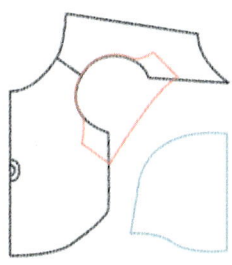
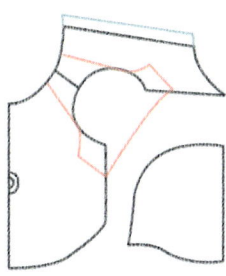

기본 패턴
어깨 이음
진동 라인 내림

소매 생성
모자 생성

래글런으로 변형
가슴 여밈분 연장

패턴 배치 및 원단 소요량 안내

※ 실제 패턴과 다를 수 있으니, 소요량 및 패턴 배치 방법만 참고하세요(패턴 배치표-정사각형 기준).

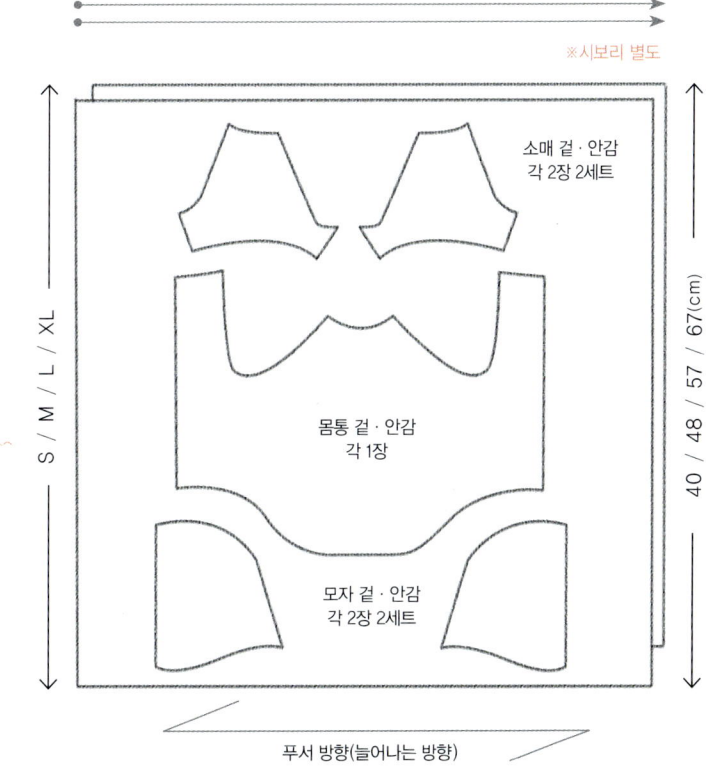

※시보리 별도

소매 겉·안감
각 2장 2세트

몸통 겉·안감
각 1장

모자 겉·안감
각 2장 2세트

S / M / L / XL

40 / 48 / 57 / 67(cm)

푸서 방향(늘어나는 방향)

Check!

스타일	☐ 기본형 ☑ 후드형 ☐ 망토형
	☐ 올인원형 ☐ 원피스형
소매	☐ 민소매형 ☐ 기본 소매형
	☑ 래글런 소매형 ☐ 응용 소매형
여밈	☑ 똑딱이 단추 ☐ 벨크로 ☐ 없음
FIT	☑ 여유 ☐ 정사이즈
구분	☐ 공통 ☑ 선택 가능

만드는 과정

원단 재단하기 → 모자·소매 만들기 →
몸통·소매 연결하기 → 소매·허리 밑단 시보리 달기 →
겉감·안감 연결하기 → 모자 연결하기

> 베어브릭 양면 후드 점퍼는 스포티한 느낌과 큐티한 느낌을 살려준 디자인에, 무엇보다 양면으로 입힐 수 있는 실용적인 아이템이에요. 기본 후드 래글런 소매 스타일의 양면 점퍼로 다양한 원단을 이용하여 두 가지 느낌을 살려 만들면 매우 유용한 필수 아이템이 되기 때문에 안 만들고는 못 배기지요. 가을 멋쟁이로 만들어줄 베어브릭 양면 후드 점퍼 만들기에 도전해보세요.

원단 재단하기

*시보리 별도

몸통 안감 무지 20수 싱글 원단 1장
몸통 겉감 20수 싱글 나염 원단 1장
모자 겉·안감 각 2장 2세트
소매 겉·안감 각 2장 2세트

패턴지를 원단에 대고 패턴 배치표를 참고하여 그려준 후, 시보리는 시접 없이 재단하고, 그 외는 모두 1cm 정도의 시접을 주고 재단한다.

모자·소매 만들기

1 모자 안감 / 소매 안감 / 모자 겉감 / 소매 겉감

모자와 소매의 겉감과 안감을 각각 겉면끼리 맞대고 포개거나 접은 후, 점선을 따라 박고 뒤집어준다.

2 곡선 재단

모자(후드)용 시보리 원단을 패턴대로 재단하고 폭 방향으로 위 사진처럼 접은 후, 곡선 모양으로 재단한다.

plus

시보리는 시보리 전용 원단이 아닌 일반 싱글이나 미니쭈리를 사용해도 좋다. 시보리 전용 원단은 70~80% 작게 재단해 당겨 박고, 동일 소재를 사용할 경우에는 80~90%로 작게 재단해 당겨 박아준다(본 책의 패턴에는 시보리 전용 기준으로 그리딩되어 있음).

200

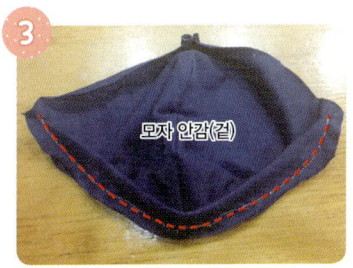

모자 안감의 겉면에 시보리를 위 사진과 같이 두고 점선을 따라 박음질해준다.

이때, 모자 끝은 1cm를 남겨두고 박음질한다(나중에 몸통과 연결될 부분).

시보리 연결된 모습.

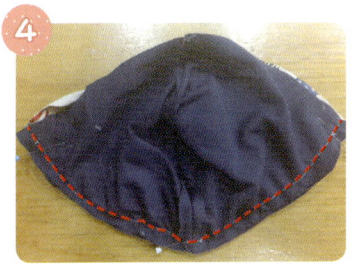

시보리를 연결한 모자 안감 밑에 그대로 모자 겉감을 포개어둔 후, 위 사진처럼 점선(시접)을 박아 뒤집어준다.

안감이 있는 모자 완성.

앞서 남겨둔 시접이 위 사진처럼 남아 있어야 예쁘게 완성된 것!

몸통·소매 연결하기

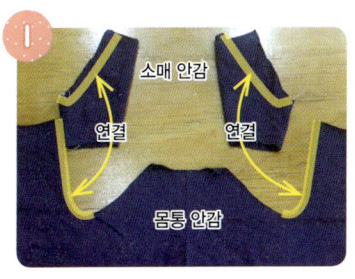

몸통 안감과 소매 안감을 겉면끼리 포개어둔 후, 시접을 박음질하여 몸통과 소매를 연결한다.

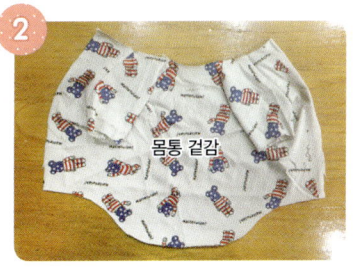

같은 방법으로 몸통 겉감과 소매 겉감도 연결해준다.

소매·허리 밑단 시보리 달기

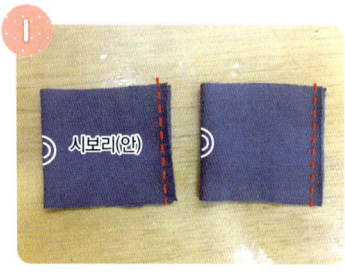

소매 시보리를 위 사진처럼 접은 후, 점선을 따라 박음질해준다.

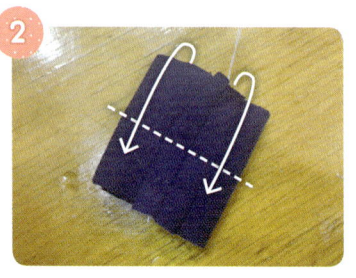

가름솔을 갈라 반으로 접어준다.

접은 모습.

소매의 겉감에 위 사진처럼 겉면끼리 포개어둔 후, 점선을 따라 박음질해준다. 이때, 소매통보다 시보리통이 훨씬 크기 때문에 시보리 원단을 당겨 길이를 맞춰가며 박음질해준다.

시보리를 뒤집어 내려주면 예쁘게 연결된 걸 볼 수 있다. 소매 시보리 시접은 쌈솔 또는 오버록 처리로 정리해준다. ▶ 시접 정리 방법 341p 참고

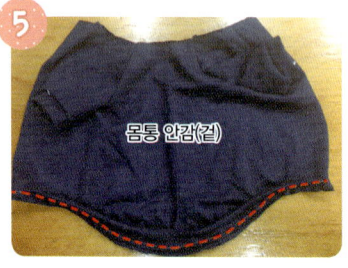

몸통 안감 허리 밑단에 허리 시보리를 위 사진처럼 접어 점선을 따라 박음질해준다.

모자와 마찬가지로 끝부분이 2cm가 남도록 박음질하고, 끝부분을 둥글게 재단해준다.

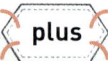

다이마루(싱글, 미니쭈리 등)의 원단은 별도 처리 없이도 원단의 올이 풀리지 않아, 가정에서는 그냥 사용해도 무방하다.

겉감·안감 연결하기

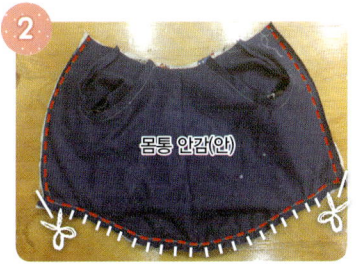

미리 만들어둔 몸통 겉감을 준비한다. 몸통 겉감에는 소매에 시보리를 달지 않는다.

몸통 안감을 몸통 겉감 위에 겉면이 포개지도록 겹쳐두고, 사진의 점선을 따라 박음질한 후, 곡선 부분에 가위집을 내서 뒤집어준다.

모자가 없는 상태의 몸통이 완성된 모습.

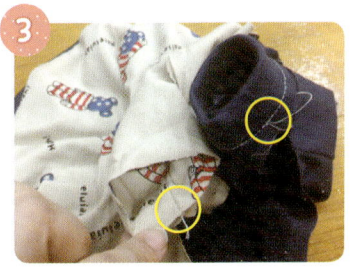

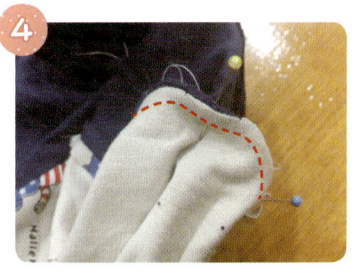

위 사진처럼 안감의 소매를 젖혀서 겉으로 빼고, 겉감의 소매 중 겉면 시접 부분을 포개어 모양을 만들어 준다.

소매를 사진처럼 만두 빚듯이 점선을 따라 박음질한다.

소매 연결 완성!

모자 연결하기

몸통 안감에서 바라보고 사진의 노란 선끼리 연결되도록 박음질해준다. 단, 이때 안감과 모자 2겹, 총 3겹만 박음질하고, 몸통 겉감은 박지 않도록 유의한다.

몸통에 모자가 연결된 모습.

위 사진과 같이 끝에 1cm 정도 여밈분이 남도록 한다.

박아서 뒤집으면 사진처럼 겉감의 모자 밑부분만 터져 있는지 확인한다. 이 부분을 다시 뒤집어준다.

중간에 창구멍을 제외하고 박음질하고 다시 뒤집어준다.

위 사진처럼 작은 창구멍만 남게 된다.

창구멍의 시접을 안쪽으로 접어 넣고 위 사진의 점선을 따라 아웃 라인을 상침하면, 완성!

가슴 쪽 모습

뒤집어서 입을 수도 있는 양면 점퍼, 물건이네!!

Accessory 1

위저드룩 미키 모자

난이도 중급 ★★★☆☆ **소요 시간** 2시간(미싱 작업 기준 재단 시간 포함)

사용 원단 및 부자재

	사용	대체 가능
모자 캡·봉·미키 귀 장식	20수 싱글(검정)	30수 미니쭈리, 싱글 20, 20수 직기류
모자 심지	모자용 심지	없음
모자 봉 심지	면(아사) 심지	없음
고정용 고무줄	원형 스트링 고무줄	4골 고무줄(4mm)
고정용 스토퍼	돼지코 스토퍼	벨, 각종 스토퍼 가능(없으면 생략 가능)

만드는 과정

원단 재단하기 → 미키 귀 장식 만들기 →
모자 봉 겉감 만들기 → 미키 귀 장식 연결하기 →
모자 봉 안감 만들기 → 모자 캡 만들기 → 모자 캡·봉 연결하기

> 미키 위저드룩을 입을 때 함께 쓰면 깜찍하게 꼬마 마법사로 변신할 수 있는 미키 모자예요. 미키 모자는 아무 옷에나 잘 어울리는 소품이기 때문에 포인트로 특별한 날 쓰면 멋쟁이가 될 수 있어요. 그럼 함께 만들어봐요.

원단 재단하기

* 노란 선 : 시접 없음

- 미키 귀 장식 20수 싱글 원단 4장
- 미키 귀 장식 모자용 심지 4장
- 모자 봉 20수 싱글 원단 12장 (면(아사) 심지를 붙인 후 재단)
- 모자 캡 모자용 심지 1장
- 모자 캡 20수 싱글 원단 2장

패턴지를 원단에 대고 그려준 후, 모자 캡 모자용 심지, 미키 귀 장식 모자용 심지는 시접 없이 재단하고, 그 외는 모두 1cm 정도의 시접을 주고 재단한다.

미키 귀 장식 만들기

1 미키 귀 장식 원단 2장을 겉면끼리 마주 놓고 사진의 심지를 기준으로 점선 부분을 박음질한다. 이때, 뒤집을 때 힘듦으로 심지는 붙이지 않는다.

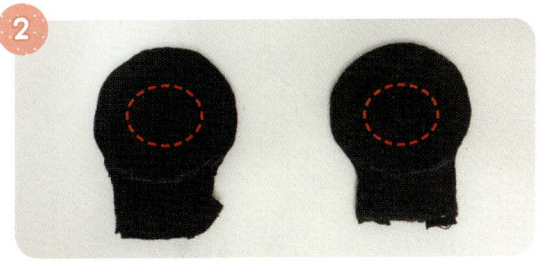

2 뒤집어서 심지 2개(한쪽 귀에 심지 2개씩)를 넣어주고 다림질한다. 점선 표시된 부분은 상침을 한 번 해준다. 이때, 심지끼리 붙지 않게 심지의 접착면을 원단에 붙도록 놓고 다림질해준다. 같은 방식으로 2개를 만든다.

모자 봉 겉감 만들기

모자 봉 원단 12장을 준비한다.

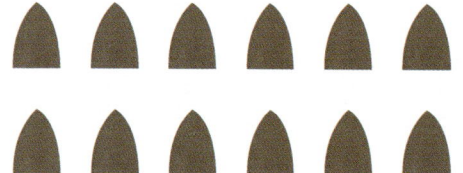

원단과 심지를 따로 재단하지 말고, 접착 심지의 까실 까실한 부분과 모자 봉 원단 안쪽을 마주 대고 다려 주면 심지가 원단과 붙는다. 그때 재단해주면 편하다.

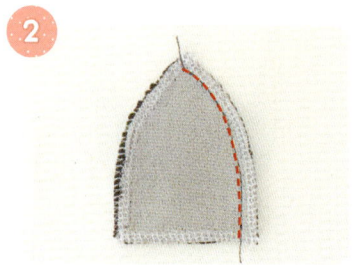

모자 봉 원단 2장을 겉면끼리 마주 보게 놓고 점선 표시된 부분을 박음질한다. 모자 윗부분(꼭대기)의 시접은 빼고 박음질한다.

박음질한 모자 봉 원단 2장 중 위 1장만 반을 접어준다.

반 접은 상태로 모자 봉 원단 1장을 겉면이 마주 보게 놓아준다.

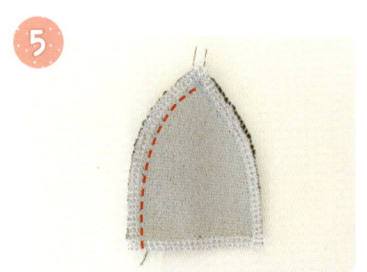

점선 표시된 부분을 박음질한다. 이때에도 모자 윗부분의 시접은 빼고 박음질해준다.

모자 봉 원단을 3장 연결한 모습.

시접을 양쪽으로 갈라서 상침해준다. 같은 방식으로 3개 더 만든다. 총 4개를 만들어준다.

미키 귀 장식 연결하기

1. 미리 만들어둔 미키 귀 장식을 위의 사진처럼 놓아준다.

2. 모자 봉 원단 3장을 연결해놓은 것을 겉면이 마주 보게 놓고, 사진의 점선을 따라 박음질해준다.

3. 겉면을 보게 놓고 시접을 양쪽으로 갈라 상침한다. 미키 귀 심지 부분도 양쪽으로 갈라 같이 상침해준다.

모자 봉 안감 만들기

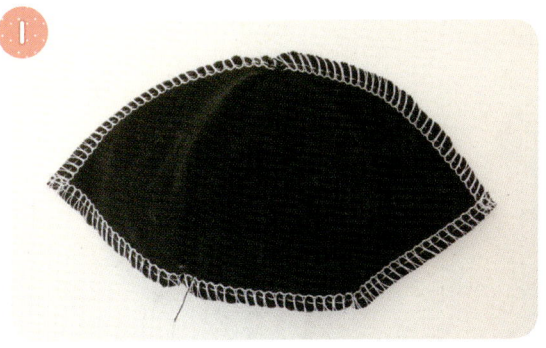

1. 앞서 만들어놓은(모자 봉 원단 3장이 연결된 것) 원단 2개를 서로 겉면이 마주 보게 놓는다.

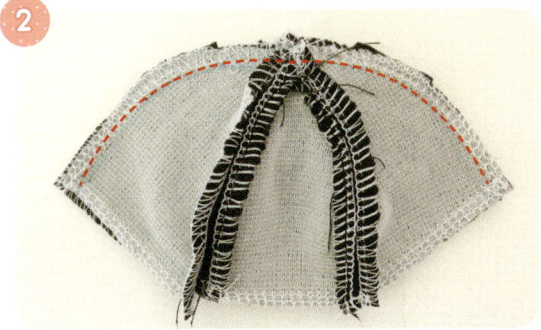

2. 사진의 점선을 따라 박음질해준다(이 부분은 모자 안감임). 뒤집어서 시접을 양쪽으로 갈라 상침한다.

모자 캡 만들기

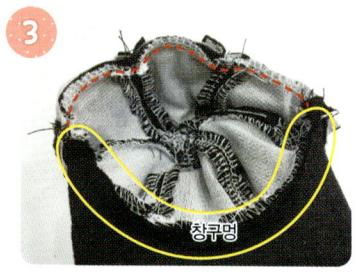

1. 모자 캡 원단 안쪽 면과 심지의 접착 면을 마주 놓고 다림질한다. 모자 캡 원단 2장을 겉면끼리 마주 보게 놓고 사진의 점선대로 박음질한다.

2. 뒤집어서 점선 표시된 부분을 상침한다.

3. 모자와 모자 캡을 연결해 점선대로 박음질한다.

모자캡·봉 연결하기

겉감과 안감으로 사용될 모자의 모습.

1. 모자의 겉감 위에 안감을 위 사진처럼 겉면끼리 포개어둔 후, 모자 캡 부분(창구멍)을 제외하고 점선을 박음질해준다.

2. 창구멍으로 뒤집어서 모자 끈을 놓고, 창구멍을 공그르기해준다.

완성!

미키 위저드룩과 미키 모자.
어렵지 않게 만들어서
커플룩이나 패밀리룩으로 입어보세요.
우리 집 아가가 깜찍한 마법사로 변신한답니다.
특별한 날을 위한 위저드룩 세트
만들기에 도전해보세요.

MICKEY

Autumn

Accessory 2

크라프트 이동 가방

난이도 중급 ★★★☆☆ **소요 시간** 2시간 30분(미싱 작업 기준 재단 시간 포함)

사용 원단 및 부자재

	사용	대체 가능
가방 겉감	크라프트 원단	20수 이상 선염, 나염 면직물
가방 안감	20수 광목 누빔지	옥스퍼드, 캔버스 누빔지
장식 그림	스텐실 도안+아크릴 물감	손그림 또는 손자수 가능
가방끈 아일렛	아일렛 35호(지름 35mm)+손 몰드	대체 방법 본문에 수록
가방끈	파이핑 330	시판 가방끈(폭 30mm)
가방 밑판	가방용 밑판	대체 없음

만드는 과정

원단 재단하기 → 가방 겉감 만들기 →
가방 안감 만들기 → 가방끈 넣기
* 도구가 없을 때 구멍 만드는 법

종이로 가방을 만든다!? 네, 가능합니다. 크라프트 원단이라 스텐실이나 그림까지 그리면 단 하나뿐인 나만의 이동 가방을 만들 수 있어요. 여기서는 가방끈 구멍을 만드는 도구(몰드) 없이도 구멍을 만드는 방법도 소개합니다. 함께 만들어봐요.

원단 재단하기

가방용 밑판 1장

*노란 선 : 시접 없음.
※가죽 바이어스(폭 2cm) 별도

아일렛 35호
(지름 25mm)

파이핑 줄

가방 겉감 크라프트 원단 2장

가방 안감 20수 광목 누빔지 2장

패턴지를 원단에 대고 그려준 후, 가방용 밑판과 바이어스 두를 위치는 시접 없이 재단하고, 그 외는 모두 1cm 정도의 시접을 주고 재단한다.

가방 겉감 만들기

1

패턴 사이즈에 맞는 크라프트 원단을 준비한 후, 원하는 모양으로 스텐실해준다. 좌우 여백과 밑받침으로 들어갈 아랫부분을 계산하여 중간 위쪽에 알맞게 작업한다.

plus

가방 디자인은 손으로 직접 그림을 그리거나 와펜 등 장식을 붙여 자유롭게 꾸며보세요.

2

패턴에 맞게 자른 후, 크라프트 원단을 2장 포개어둔 후, 점선을 따라 'ㄷ자' 모양으로 박음질한다.

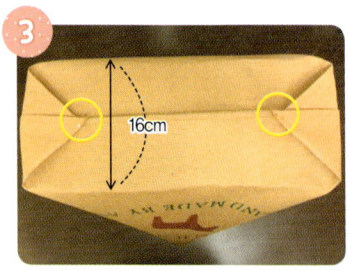
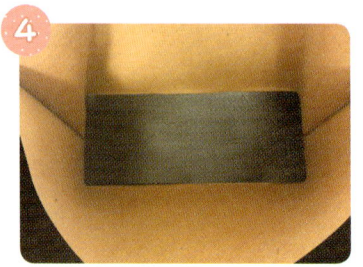

아랫부분을 밑바닥 폭이 16cm가 되도록 위아래로 접고, 양쪽을 삼각형으로 접어 손바느질로 고정한다.

가방용 밑판 원단을 크기에 맞게 잘라 넣어준다.

가방안감 만들기

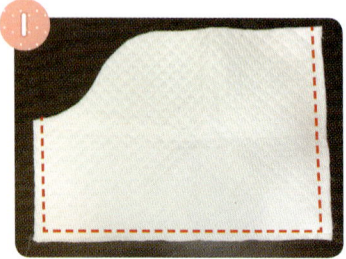
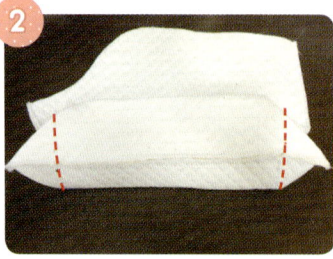
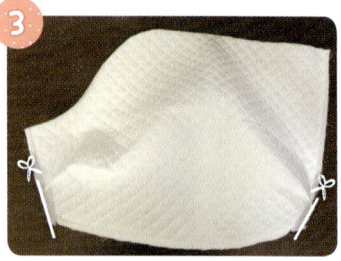

패턴대로 재단한 20수 광목 원단 2장을 겉면끼리 마주 놓고 사진의 점선을 따라 박음질한다.

크라프트 원단 겉감과 동일한 방식으로 밑바닥 폭이 16cm가 되도록 아랫부분을 삼각형으로 접어서 사진의 점선을 따라 박음질한다.

삼각형 부분은 잘라낸다.

겉감 안에 안감을 넣어준다.

가죽 바이어스로 빙 둘러가며 박음질해준다. ▶ 바이어스 싸는 방법 343p 참고

바이어스 완성!

가방끈 넣기

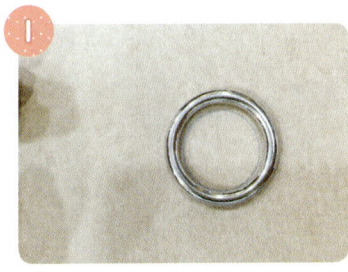

1. 아일렛 35호(지름 25mm)를 준비한다.

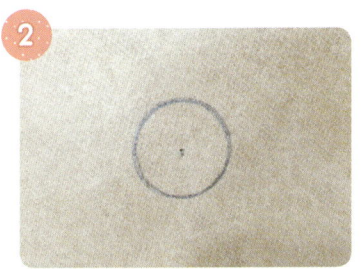

2. 아일렛 크기대로 원을 그려준다.

3. 동그랗게 구멍을 내준다.

4. 아일렛 세트를 앞뒤로 끼워준다.

5. 몰드로 쳐서 고정시킨다.

6. 파이핑 줄을 넣고, 뒷면에 매듭지어 마감한다.

도구가 없을 때 구멍 만드는 법

1. 아일렛 알보다 작은 사이즈와 아일렛 사이즈로 두 개의 원을 그려준다(원의 간격 5mm).

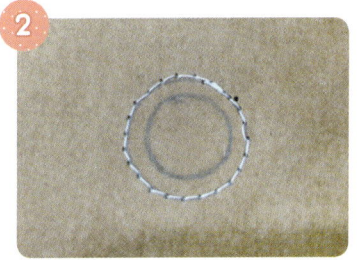

2. 뒷면에 덧단을 대어둔 후, 겉감끼리 마주 보게 놓고 아일렛 사이즈의 원을 따라 선대로 박는다.

3. 안쪽 원을 동그랗게 파낸다.

가위집을 넣어준다.

뒷면의 모습.

뒷면 쪽으로 뒤집어 사진처럼 사이에 아일렛 알을 반쯤 넣는다.

덧단의 경우 20수 이상의 짱짱한 면 소재가 적합하다.
ex) 옥스퍼드, 캔버스, 광목 등.

덧단 원단을 잘 펼쳐준다.

아일렛 알을 피해서 둘러가며 박음질해준다.

겉면에서의 모습. 안감과 겉감을 이중으로 만들면 아주 튼튼하고 깔끔하게 마무리된다.

파이핑 줄을 넣으면, 완성!

 plus

구멍을 버튼홀스티치로 바느질을 해주면 더욱 튼튼하고 예쁘게 마감할 수 있다.

크라프트 이동 가방 하나쯤 준비해두면
가까운 시장에 나갈 때 아가들을 데리고
빨리 움직일 수 있어서 무척 편리합니다.
무엇보다 크라프트로 만든 가방임에도 아주 튼튼하고,
디자인도 신경 써서 스텐실을 해주면, 세상에 하나뿐인
나만의 이동 가방을 만들 수 있겠지요.

빨리 나가요!

ADONG BADONG

매서운 겨울,
아이들을 위한
따뜻하고 포근한 옷을
만들어주세요!

How to make 226p

안녕!

How to make **248p**

나 오늘 완전 비숑블리! 빨리 외출해요~

추운 겨울, 베베로즈 누빔 양면 조끼 하나면 월동 준비~ 끝!
사랑스러운 핑크색의 베베로즈 누빔 조끼
하나만 걸쳤을 뿐인데, 패셔니스타가 되었어요.

How to make **238p**

How to make **260p**

니트 모자 목줄은 컬러풀한 무지개 색으로 아주 멋스럽게 연출할 수 있어요.
바람이 부는 겨울엔 역시 따뜻한 털모자와 니트 목줄이 있어야 외출할 맛이 나지요.
아주 쉬운 소품인 만큼 한번 도전해보세요.

How to make **264p**

새해 복 많이 받으세요!

How to make **254p**

Winter

Clothes 1

스웨이드 퍼 망토 코트

난이도 초급 ★☆☆☆☆ **소요 시간** 1시간 30분(미싱 작업 기준 재단 시간 포함)

사용 원단 및 부자재

	사용	대체 가능
몸통·허리띠용	스웨이드+열풍(fur) 본딩 원단	양면이 다른 원단으로 올이 풀리지 않는 원단 모두 가능
리본 장식	삼색 린넨 원단 리본	장식 가능한 단추, 봉제 인형 등
장식용 리본 2종	골지 리본(베이지 5mm)	공단 리본, 피코트, 원단 리본 등(5mm)

디자인 과정 안내

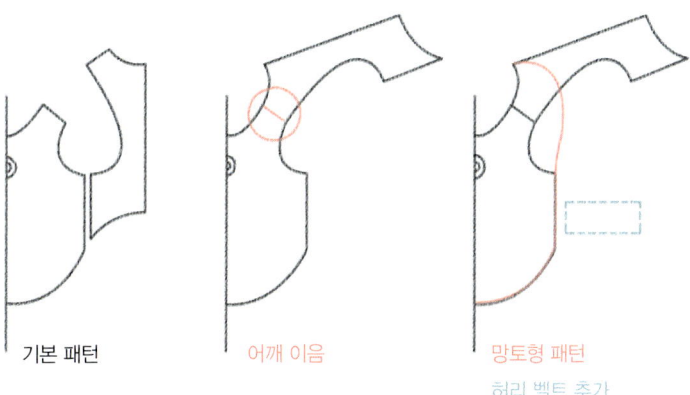

기본 패턴   어깨 이음   망토형 패턴
허리 벨트 추가

패턴 배치 및 원단 소요량 안내

※ 실제 패턴과 다를 수 있으니, 소요량 및 패턴 배치 방법만 참고하세요(패턴 배치표–정사각형 기준).

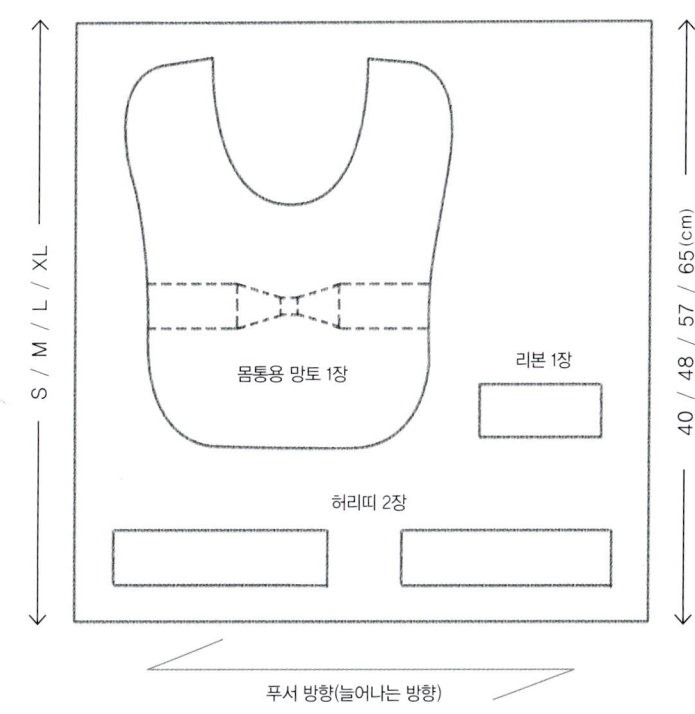

S / M / L / XL

40 / 48 / 57 / 65 (cm)

몸통용 망토 1장
리본 1장
허리띠 2장

푸서 방향(늘어나는 방향)

Check!

- **스타일** ☐ 기본형 ☐ 후드형 ☑ 망토형
  ☐ 올인원형 ☐ 원피스형
- **소매** ☐ 민소매형 ☐ 기본 소매형
  ☐ 래글런 소매형 ☐ 응용 소매형
- **여밈** ☐ 똑딱이 단추 ☑ 벨크로 ☐ 없음
- **FIT** ☑ 여유 ☐ 정사이즈
- **구분** ☑ 공통 ☐ 선택 가능

만드는 과정

원단 재단하기 → 몸통 끝단 접어 박기 →
벨크로·장식 달기 → 리본 허리띠 만들기

겨울에 스웨이드 퍼 망토 코트 하나만 입혀도 따뜻하면서도 세련된 겨울 패션이 완성됩니다. 우아한 공주님처럼 멋스러운 망토 코트는 가죽 본딩 원단을 이용하여 패턴의 아웃 라인만 접어 박아주면 아주 손쉽게 옷을 만들수 있어요. 고급스러운 스웨이드 퍼 망토 코트에 도전해 보세요.

plus

본딩 원단의 특징
스웨이드와 털(fur) 원단이 붙어 있는 본딩 원단은 특성상 올이 풀리지 않으며, 열풍 털의 경우 처음 재단했을 때 털이 조금 날릴 수 있지만 한 번만 세탁해 털어주면 다음부터는 털이 잘 빠지지 않는다.

원단 재단하기

*노란 선 : 시접 없음

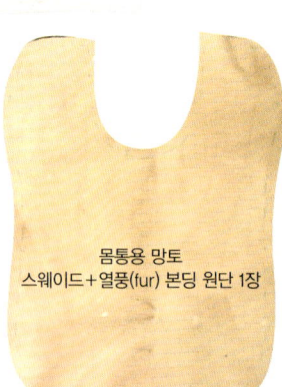

몸통용 망토
스웨이드+열풍(fur) 본딩 원단 1장

리본
스웨이드+열풍(fur) 본딩 원단 1장

허리띠
스웨이드+열풍(fur) 본딩 원단 2장

원단 앞면 - 스웨이드

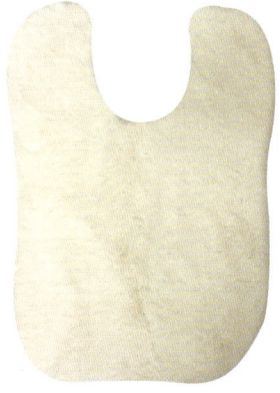

원단 뒷면 - 열풍(fur)

패턴지를 원단에 대고 패턴 배치표를 참고하여 그려준 후, 허리띠와 리본의 위아래는 시접 없이 재단하고, 그 외는 모두 0.5~1cm 정도의 시접을 주고 재단한다.

앞면은 스웨이드, 뒷면은 퍼(fur)인 양면 원단을 사용하여 털 날림이 심하므로, 가능하면 재단은 외부에서 하고 봉제만 집에서 하는 게 좋다.

몸통 끝단 접어 박기

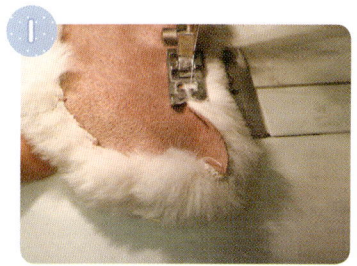

1. 망토 원단의 끝단 부분을 모두 접어 박는다.

plus
망토 원단을 박을 때 원단이 두꺼우므로, 미싱 바늘은 16호 정도면 된다. 손바느질을 한다면 두꺼운 바늘보다는 얇은 바늘을 쓰되, 골무와 같은 보조 도구를 함께 사용한다.

2. 망토 원단의 모서리 부분 처리 방법은 패턴 라인에 시접분이 1cm가 그려져 있으면 모서리를 45도로 잘라내준다.

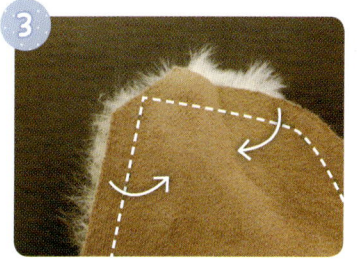

3. 자른 후, 화살표 방향으로 시접분을 접어준다.

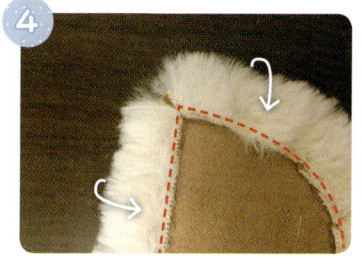

4. 접은 상태에서 점선 부분을 박음질해준다.

Check! 몸통 끝단을 모두 박음질해서 정리한 모습.

벨크로·장식 달기

1. 목 부분에 벨크로(찍찍이)를 점선을 따라 박음질해서 붙여준다. 위 사진의 세모 부분(겉면)에 거친 면을 붙여준다.

Check! 벨크로 완성 모습!

2. 장식용 삼색 린넨 리본으로 리본을 예쁘게 접어, 겉면에 손바느질로 달아준다.

리본 허리띠 만들기

1. 리본 원단을 준비한다.

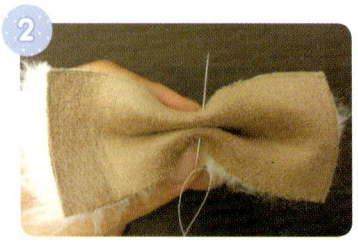

2. 리본 중간 부분을 M자형으로 접어서 바늘로 관통시킨다.

3. 실로 몇 번 감아준다.

4. 베이지색 리본을 감아 마무리한다.

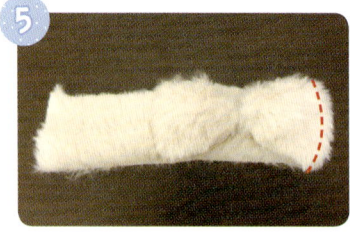

5. 허리띠 원단과 함께 위 사진처럼 끝 부분을 겹쳐놓고, 시접 5mm 간격을 두고 박음질해준다.

6. 동일한 방법으로 양쪽을 연결시켜 준다.

Check! 양쪽을 연결한 모습.

7. 벨크로를 위 사진처럼 박음질해 붙여준다.

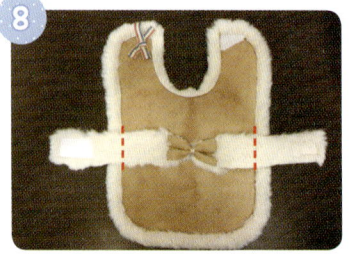

8. 허리띠를 몸통에 올려놓고 점선을 따라 박음질해서 부착한다.

! 미싱으로 바느질을 하는 경우, 노루발 압력을 최대로 높여준 후 박으면 더욱 튼튼하게 고정된다.

가슴 쪽 모습

스웨이드 퍼 망토 코트♥
따뜻하고 예뻐서 최고야!

완성

Winter

Clothes 2

리본 소녀 누빔 원피스

난이도 초급 ★★☆☆☆   소요 시간 2시간 30분(미싱 작업 기준 재단 시간 포함)

사용 원단 및 부자재

	사용	대체 가능
몸통	싱글 나염 누빔(퀼팅 다이마루)	미니쭈리, 선염기모 원단 등 의류 원단
밑단용	5mm 타 파일 원단(백아이보리)	보아, 폴라폴리스 원단 등
바이어스	20수 싱글 원단	미라노 시보리, 접밴드 등
장식용 레이스	토숀 써클 레이스	장식 스트링 또는 리본 등
여밈 단추	T단추	장식 단추로 대체 가능

디자인 과정 안내

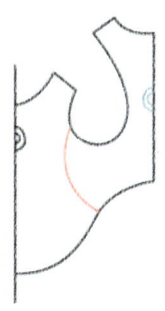

기본 패턴
허리 절개
골선 적용

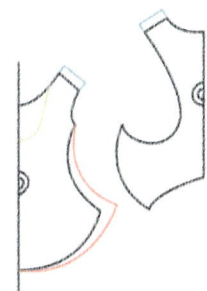

등판 밑단 연장
어깨 여밈분 연장
등판 장식 덧단 생성

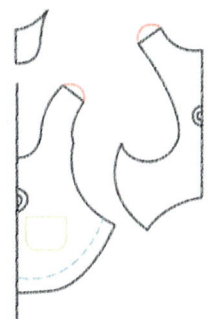

어깨 곡선 형성
밑단 털 원단 장식분 계산
주머니 생성

패턴 배치 및 원단 소요량 안내

※ 실제 패턴과 다를 수 있으니, 소요량 및 패턴 배치 방법만 참고하세요(패턴 배치표–정사각형 기준).

*바이어스 원단 별도

등판 장식 1장
등판 1장
가슴판 1장
주머니 1장
등판 밑단 1장

S / M / L / XL
50 / 60 / 73 / 85 (cm)

푸서 방향(늘어나는 방향)

Check!

스타일 ☐ 기본형 ☐ 후드형 ☐ 망토형
        ☐ 올인원형 ☑ 원피스형
소매   ☑ 민소매형 ☐ 기본 소매형
        ☐ 래글런 소매형 ☐ 응용 소매형
여밈   ☑ 똑딱이 단추 ☐ 벨크로 ☐ 없음
FIT   ☐ 여유 ☑ 정사이즈
구분   ☐ 공통 ☑ 선택 가능

만드는 과정

원단 재단하기 → 등판·주머니 장식 만들기 →
밑단 처리하기 → 바이어스 두르기 → 몸통 완성하기

누빔 원단을 이용한 따뜻한 겨울철 실내복으로 리본 소녀 누빔 원피스만 한 게 없지요. 퀼팅 다이마루 원단은 별도의 오버록 처리 없이도 올이 풀리지 않기 때문에 별도의 도구가 없거나, 손바느질을 하는 분들도 쉽게 도전할 수 있답니다.

원단 재단하기

*노란 선 : 시접 없음

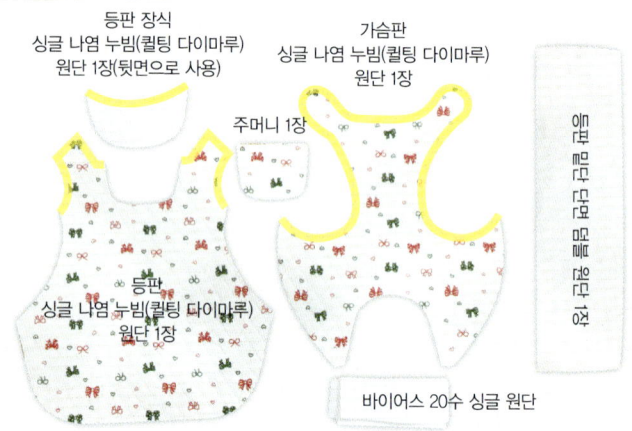

등판 장식
싱글 나염 누빔(퀼팅 다이마루)
원단 1장(뒷면으로 사용)

가슴판
싱글 나염 누빔(퀼팅 다이마루)
원단 1장

주머니 1장

등판
싱글 나염 누빔(퀼팅 다이마루)
원단 1장

원피스 밑단 단면 접음 원단 1장

바이어스 20수 싱글 원단

패턴지를 원단에 대고 패턴 배치표를 참고하여 그려준 후, 바이어스를 두를 부분은 시접 없이 재단하고, 그 외는 모두 1cm 정도의 시접을 주고 재단한다. 단, 바이어스 원단은 폭 4cm짜리로 넉넉하게 준비한다.

등판·주머니 장식 만들기

등판 장식 원단을 위 사진처럼 놓고, 등판 원단을 사진처럼 접어 넣으며 시침핀으로 임시 고정해준다 (여기에서는 등판 장식 원단으로 등판 원단의 뒷면을 사용했음).

점선을 따라 박음질한다.

주머니 원단을 위 사진처럼 중심으로 모아지도록 주름을 잡아 시침핀으로 임시 고정한다.

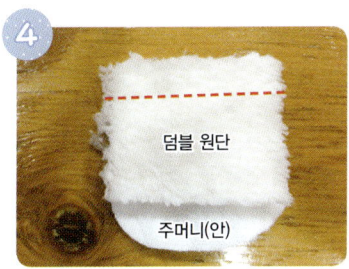

뒷면에서 바라본 모습으로, 준비한 덤블 원단을 사진처럼 배치한 후, 점선을 따라 박음질한다.

다시 앞쪽에서 뒷면에 붙은 덤블 원단을 겉면으로 두 번 접어 말아준다.

말아준 원단에 사진의 점선을 따라 박음질하면 주머니 완성!

주머니를 달고 싶은 위치에 사진처럼 끝단을 접어 넣으며 시침핀으로 고정한다.

점선을 따라 박음질해준다.

주머니 달기 완성!

밑단 처리하기

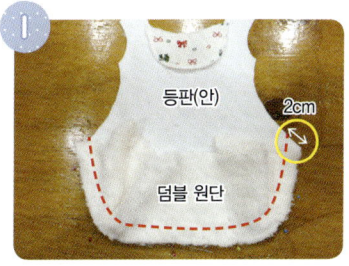

등판 원단을 위 사진과 같이 안쪽 면 위에 덤블 원단을 배치한다. 이때, 끝단에서 2cm 시접을 남기고 점선을 따라 박음질해준다.

등판 원단 겉면 쪽으로 덤블 원단을 두 번 접어 넣어 시침핀으로 고정시킨다.

점선을 따라 박음질해준다.

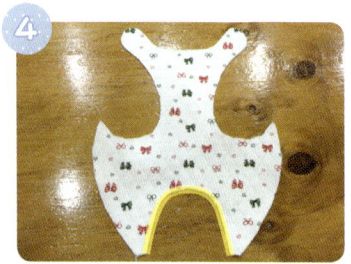 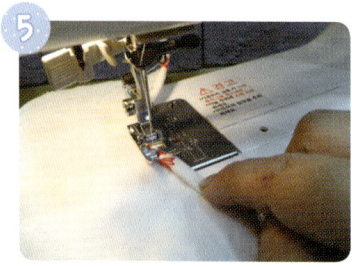

가슴판 원단의 사진에 표시되어 있는 부분은 말아박기로 마무리해준다. ▶ 말아박기 345p 참고

이때, 가슴둘레에 비해 허리가 가는 견종의 경우에는 표시된 부분에 고무줄을 넣고 말아박는다.
▶ 고무줄 넣는 방법 347p 참고

바이어스 두르기

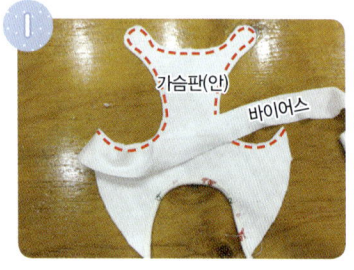  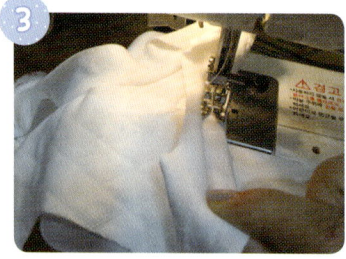

미리 준비한 4cm 폭 바이어스를 위 사진의 가슴판 원단에 표시된 라인을 따라 가슴판 안쪽 면에서 먼저 박음질해준다.

가슴판 겉면에서 바라본 후, 위 사진처럼 바이어스를 앞으로 젖혀 두 번 접어 박음질한다.

이때, 바이어스 원단을 당겨가며 박음질해준다. ▶ 바이어스 싸는 방법 343p 참고

바이어스가 완성된 모습.

동일한 방법으로 등판 원단도 바이어스를 둘러준다.

가슴판과 등판의 바이어스 완성!

몸통 완성하기

1. 가슴판과 등판 원단을 위 사진과 같이 겹쳐두고, 옆구리 부분을 점선을 따라 박음질한다.

2. 동일한 방법으로 다른 쪽 옆구리도 박음질하여 연결해준다.

Finish! 옆구리 연결 완성!

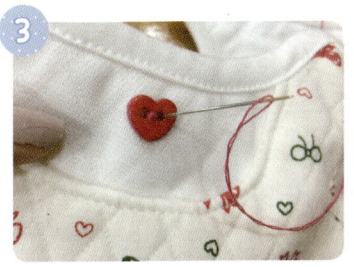

3. 포인트 장식 단추를 손바느질로 붙여준다. ▶ 단추 다는 방법 350p 참고

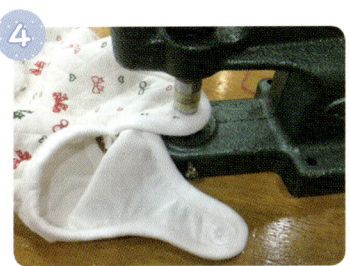

4. 어깨에 T단추를 도구를 이용해 붙여준다.

5. 목 부분에 장식 레이스를 얹어 점선을 따라 박음질해준다.

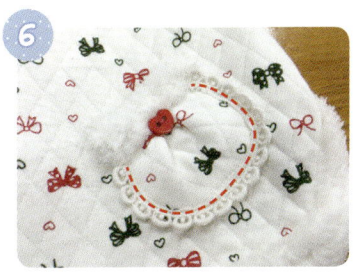

6. 주머니도 동일하게 레이스를 달아주면, 예쁜 리본 소녀 누빔 원피스 완성!

완성

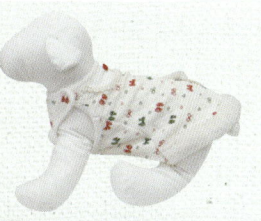

Winter

Clothes 3

솜사탕 커플룩

난이도 초급 ★☆☆☆☆ **소요 시간** 1시간 30분(미싱 작업 기준 재단 시간 포함)

사용 원단 및 부자재

	사용	대체 가능
몸통	양면 폴라폴리스 원단 (무지 핑크/블루)	직기류, 다이마루, 극세사 등 모든 원단 대체 가능
몸통 포인트 배색	양면 폴라폴리스 원단 (나염 핑크/블루)	직기류, 다이마루, 극세사 등 모든 원단 대체 가능
목·허리·주머니 끝단	2x1 립직 시보리	접 시보리, 요코 시보리, 미라노 시보리, 또는 동일 몸통 원단으로 대체 가능
♀ 장식용 골지	5mm 골지 리본(핫핑크)	장식용 리본 및 단추 등

♂ 블루 솜사탕

디자인 과정 안내

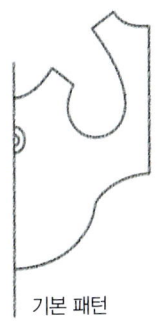
기본 패턴

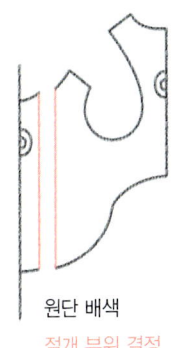
원단 배색
절개 부위 결정

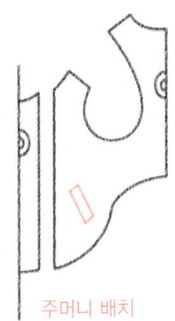
주머니 배치

패턴 배치 및 원단 소요량 안내

※ 실제 패턴과 다를 수 있으니, 소요량 및 패턴 배치 방법만 참고하세요(패턴 배치표-정사각형 기준).

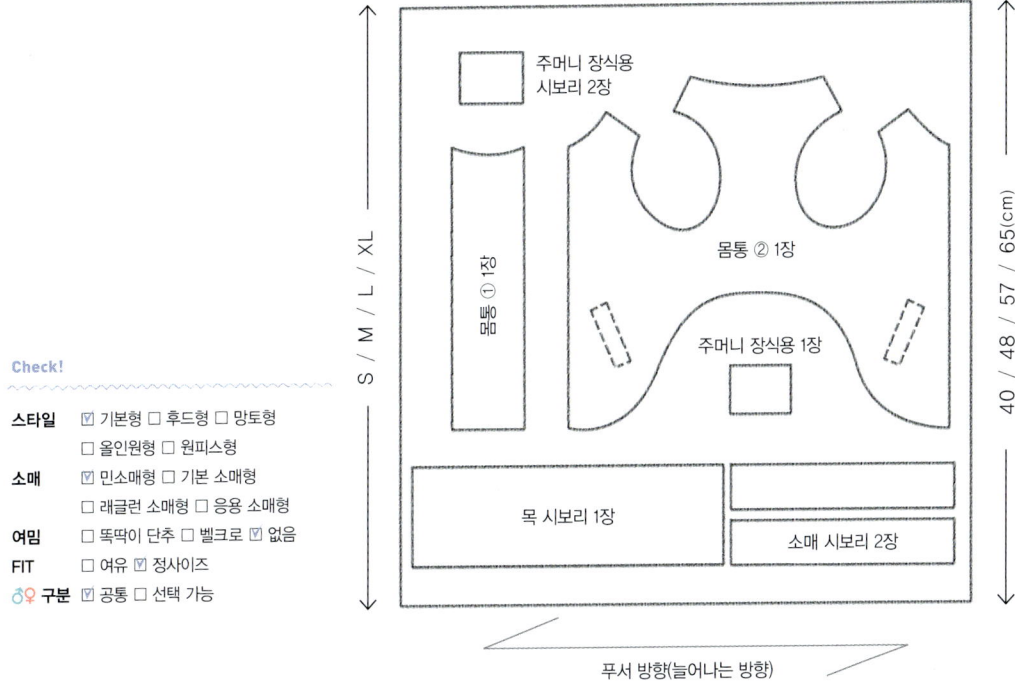

Check!

- **스타일** ☑ 기본형 □ 후드형 □ 망토형
  □ 올인원형 □ 원피스형
- **소매** ☑ 민소매형 □ 기본 소매형
  □ 래글런 소매형 □ 응용 소매형
- **여밈** □ 똑딱이 단추 □ 벨크로 ☑ 없음
- **FIT** □ 여유 ☑ 정사이즈
- **♂♀ 구분** ☑ 공통 □ 선택 가능

♀ 핑크 솜사탕

디자인 과정 안내

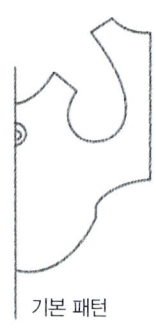
기본 패턴

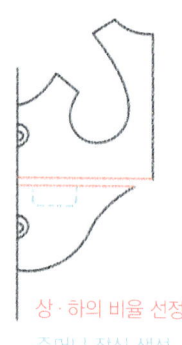
상·하의 비율 선정
주머니 장식 생성

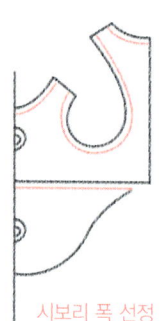
시보리 폭 선정

패턴 배치 및 원단 소요량 안내

※ 실제 패턴과 다를 수 있으니, 소요량 및 패턴 배치 방법만 참고하세요(패턴 배치표-정사각형 기준).

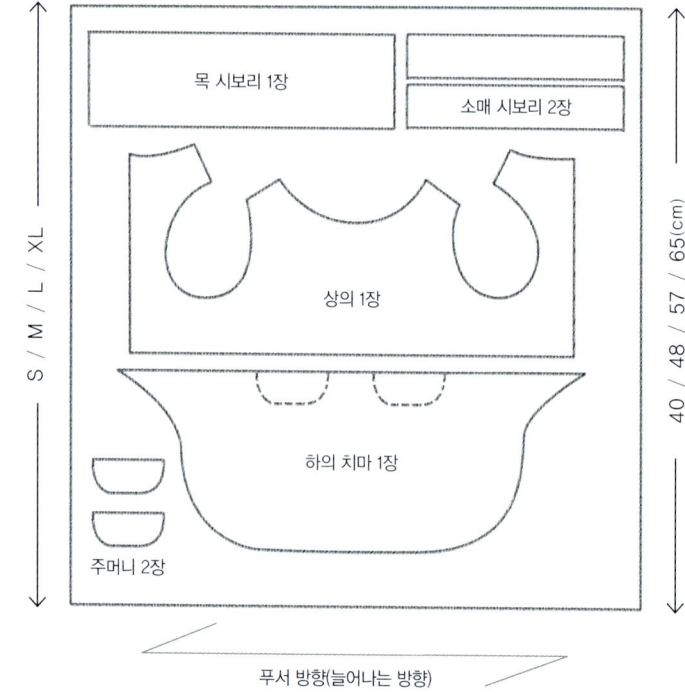

Check!

- **스타일** ☐ 기본형 ☐ 후드형 ☐ 망토형
  ☐ 올인원형 ☑ 원피스형
- **소매** ☑ 민소매형 ☐ 기본 소매형
  ☐ 래글런 소매형 ☐ 응용 소매형
- **여밈** ☐ 똑딱이 단추 ☐ 벨크로 ☑ 없음
- **FIT** ☐ 여유 ☑ 정사이즈
- **♂♀ 구분** ☑ 공통 ☐ 선택 가능

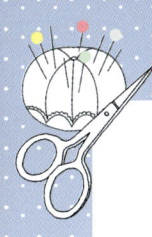

만드는 과정

원단 재단하기 → 몸통 만들기 → 시보리 달기 → 주머니 달기

♂ 블루 솜사탕

솜사탕 커플룩은 겨울철에 가장 쉽게 접할 수 있는 원단인 폴라폴리스 원단을 이용해 만든 편안한 실내복입니다. 포근해 보이는 블루 솜사탕은 시보리만 잘 달아주면 간단하게 완성되니, 한번 만들어보세요.

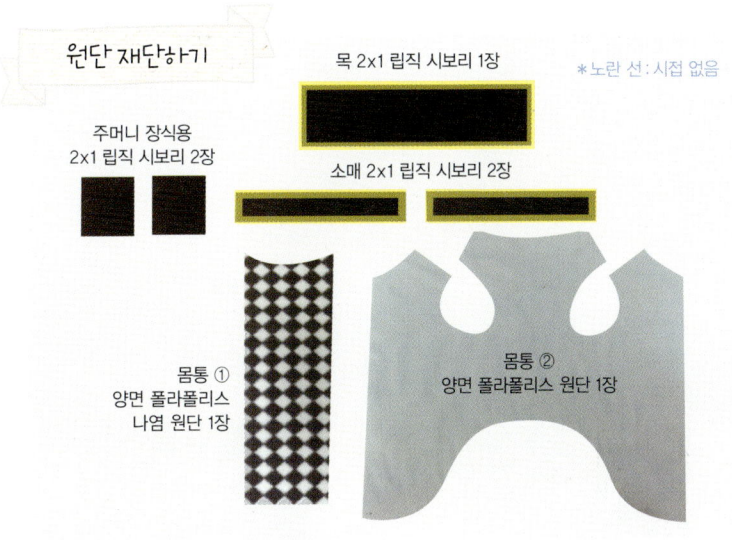

원단 재단하기

목 2x1 립직 시보리 1장

주머니 장식용 2x1 립직 시보리 2장

소매 2x1 립직 시보리 2장

몸통 ① 양면 폴라폴리스 나염 원단 1장

몸통 ② 양면 폴라폴리스 원단 1장

*노란 선 : 시접 없음

패턴지를 원단에 대고 패턴 배치표를 참고하여 그려준 후, 목·소매 시보리는 시접 없이 재단하고, 그 외는 모두 1cm 정도의 시접을 주고 재단한다.

몸통 만들기

1 몸통 ①과 몸통 ②를 겉감끼리 마주 보게 포개놓고 정리한 후, 사진의 점선을 따라 박음질한다.

2 다른 쪽도 같은 방식으로 정리한 후, 사진의 점선을 따라 박음질한다.

Check!
박음질 후 모습.

뒤집어본 모습.

어깨 부분을 앞, 뒤의 천을 잡아 시침핀으로 고정하고, 점선을 따라 박음질해 연결한다.

아랫부분은 말아박기해준다.

▶ 말아박기 345p 참고

밑단 완성된 모습.

시보리 달기

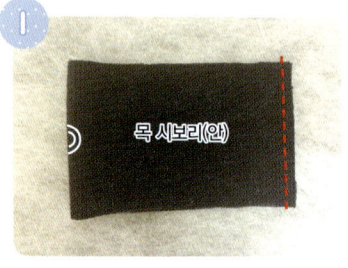

목 부분 바이어스를 겉면끼리 마주 대고 점선을 따라 박음질한다.

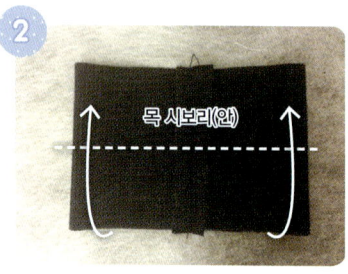

박음질 후, 가름솔을 갈라서 반으로 접어 올린다.

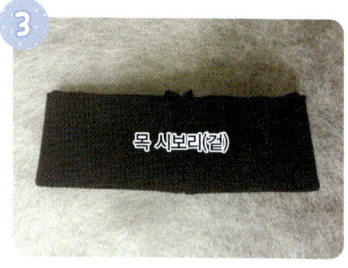

반으로 접어 올린 모습.

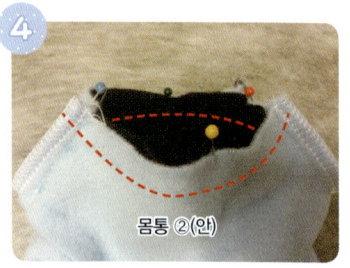

시보리를 몸통 목 부분에 겉면끼리 마주 대고 빙 둘러 박음질한다.

목 시보리 완성!

소매 시보리도 목 시보리와 같은 방법으로 양쪽 모두 처리해준다.

주머니 달기

1. 사진의 파란 표시해둔 곳 정도에 주머니를 달 적당한 위치를 정하자.

2. 주머니 원단 양쪽 끝 부분을 사진처럼 접어 시침핀으로 고정한 후, 점선을 따라 박음질한다. 반대쪽 원단도 말아박기하듯 접어서 박음질한다.

3. 사진의 점선을 따라 상침해주면, 완성!

포근하니 좋아!

완성

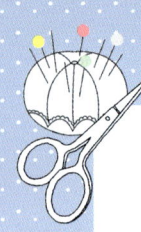

만드는 과정

원단 재단하기 → 하의 치마 만들기 → 상·하의 연결하기 → 시보리 달기

♀ 핑크 솜사탕

솜사탕 커플룩은 우리 집 아가의 털 색깔에 어울리는 색상으로 만들어 겨울철 데일리 실내복으로 질리지 않게 입힐 수 있는 실용적인 아이템입니다. 포근해 보이는 블루 솜사탕에 이어 사랑스러운 핑크빛이 화사한 핑크 솜사탕에도 한번 도전해보세요.

원단 재단하기

*노란 선 : 시접 없음

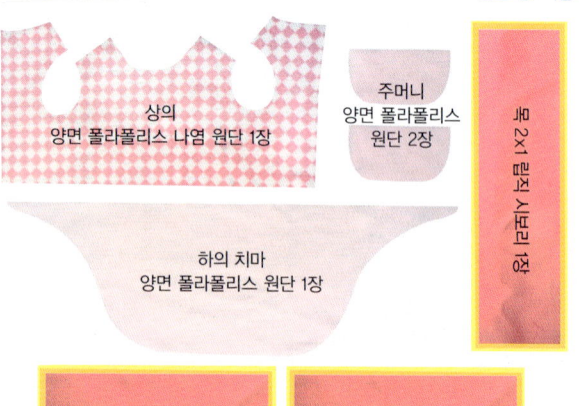

상의 양면 폴라폴리스 나염 원단 1장
주머니 양면 폴라폴리스 원단 2장
하의 치마 양면 폴라폴리스 원단 1장
목 2x1 립직 시보리 1장
소매 2x1 립직 시보리 2장

패턴지를 원단에 대고 패턴 배치표를 참고하여 그려준 후, 시보리는 시접 없이 재단하고, 그 외는 모두 1cm 정도의 시접을 주고 재단한다.

하의 치마 만들기

1

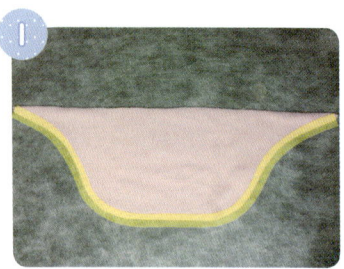

사진에 표시된 치마 원단 끝 부분을 말아박아준다. ▶ 말아박기 345p 참고

Check!

말아박은 모습.

2

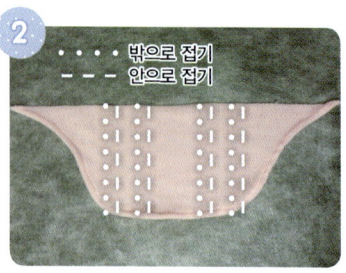

····· 밖으로 접기
--- 안으로 접기

사진의 점선에 따라 양쪽에 주름을 잡아준다.

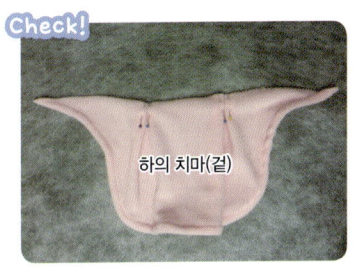

양쪽을 접어 주름을 잡은 모습.

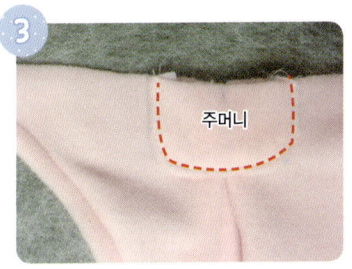

주름 위 양쪽에 주머니를 놓는다. 시접 부분을 안으로 접어 넣은 후, 사진의 점선을 따라 박음질한다.

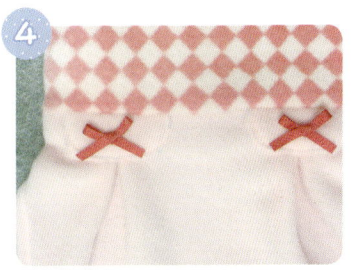

주머니 양쪽에 장식 리본을 달아준다.

상·하의 연결하기

상의 원단과 치마 원단의 겉면끼리 마주 대고 박음질한다.

박음질된 모습.

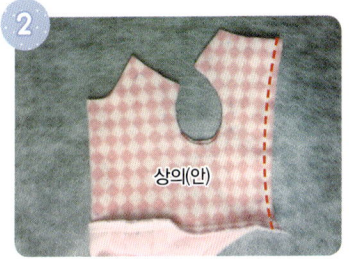

세로로 반을 접어 가슴 부분을 점선을 따라 박음질해서 연결해준다.

시보리 달기

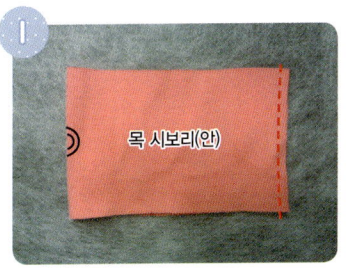

목 시보리 겉면끼리 마주 보게 접어서 박음질한다.

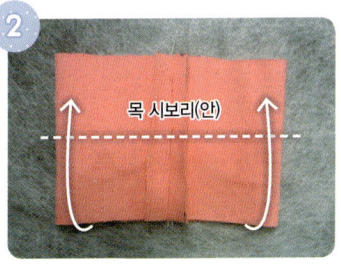

반으로 접어 올려준다.

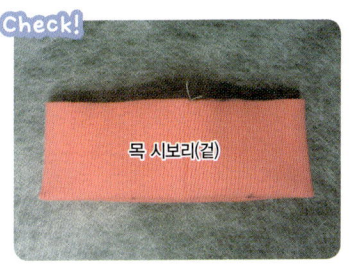

반으로 접어 올린 모습.

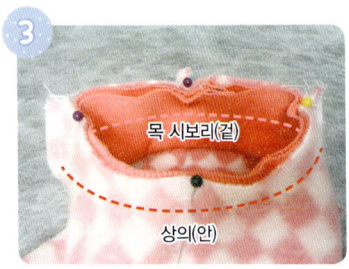

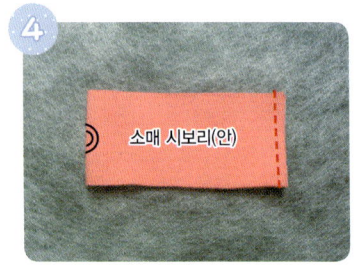

상의 원단 안에 목 시보리를 끼워 넣고 빙 둘러가며 박음질한다.

목 시보리 완성된 모습.

소매 시보리도 마찬가지로 겉면끼리 마주 보게 접어서 사진의 점선을 따라 박음질한다.

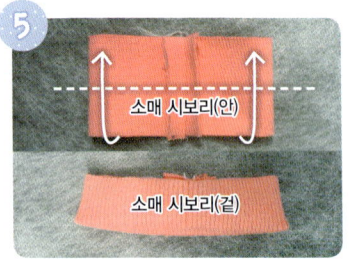
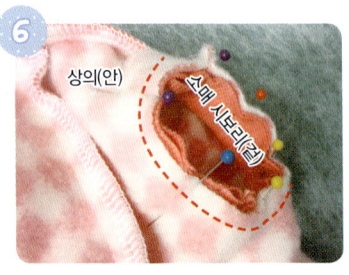

반으로 접어 올려준다.

상의 원단 소매 부분 안에 소매 시보리를 끼워 넣고 빙 둘러가며 박음질해준다. 반대쪽 소매도 동일하게 만들어준다.

소매 시보리 완성된 모습.

Clothes 4

베베로즈 누빔 양면 조끼

난이도 중급 ★★★☆☆　소요 시간 2시간(미싱 작업 기준 재단 시간 포함)

사용 원단 및 부자재

	사용	대체 가능
등판·가슴판·날개 장식	퀼팅 다이마루(핑크/아이보리)	의류 원단 모두 대체 가능 (스웨이드, 덤블 등)
장식용 단추	원목 왕단추(2.5cm)	장식 리본 및 봉제 인형 등
여밈용 단추	13mm 싸개 스냅 단추	일반 스냅 단추 및 T단추(5mm)

디자인 과정 안내

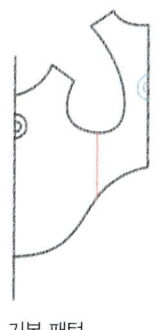
기본 패턴
허리 절개
골선 적용

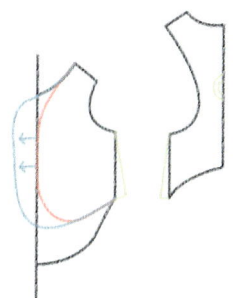
조끼 라인 형성
여밈 여유분 늘림
골선 형성

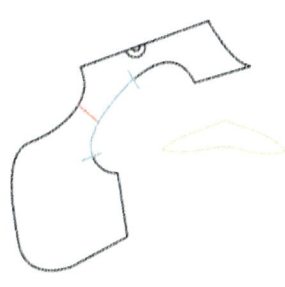
어깨 연결
날개 장식 길이 및 라인
날개 장식 생성

패턴 배치 및 원단 소요량 안내

※ 실제 패턴과 다를 수 있으니, 소요량 및 패턴 배치 방법만 참고하세요(패턴 배치표-정사각형 기준).

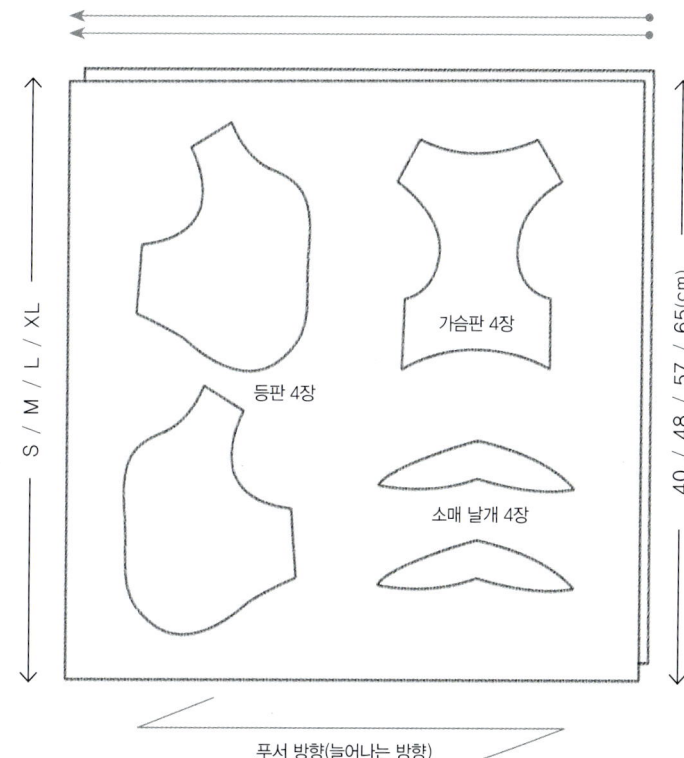

S / M / L / XL
40 / 48 / 57 / 65(cm)
가슴판 4장
등판 4장
소매 날개 4장
푸서 방향(늘어나는 방향)

Check!

- **스타일** ☑ 기본형 □ 후드형 □ 망토형
  □ 올인원형 □ 원피스형
- **소매** ☑ 민소매형 □ 기본 소매형
  □ 래글런 소매형 □ 응용 소매형
- **여밈** ☑ 똑딱이 단추 □ 벨크로 □ 없음
- **FIT** □ 여유 ☑ 정사이즈
- **♂♀ 구분** ☑ 공통 □ 선택 가능

만드는 과정

원단 재단하기 → 어깨 연결하기 →
소매 날개 달기 → 원단 ①·② 연결하기

베베로즈 누빔 양면 조끼는 누빔 원단을 이용한 실내용 볼레로 조끼예요. 간단한 실내복이나 다른 옷과 함께 레이어드해서 입으면 더욱 예쁘답니다. 양면 조끼로 두 가지 색상을 한 벌로 연출할 수 있어서 아주 실용적이에요. 그럼, 한번 시작해볼까요?

원단 재단하기

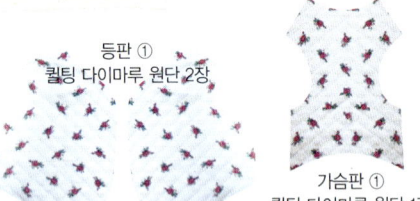

등판 ① 퀼팅 다이마루 원단 2장
가슴판 ① 퀼팅 다이마루 원단 1장
※ 여기 원단 ①, ②는 양면의 다른 원단임을 표시
소매 날개 ① 퀼팅 다이마루 원단 2장

등판 ② 퀼팅 다이마루 원단 2장
가슴판 ② 퀼팅 다이마루 원단 1장
소매 날개 ② 퀼팅 다이마루 원단 2장

패턴지를 원단에 대고 패턴 배치표를 참고하여 그려준 후, 1cm 정도의 시접을 주고 재단한다.

어깨 연결하기

1

가슴판 ①(안)
등판 ①(겉)

가슴판과 등판 원단 ①을 겉면끼리 마주하게 놓고 어깨 부분을 박음질 해준다(원단 ②도 원단 ①과 같은 방법으로 만들어준다).

Check!

가슴판과 등판이 연결된 모습.

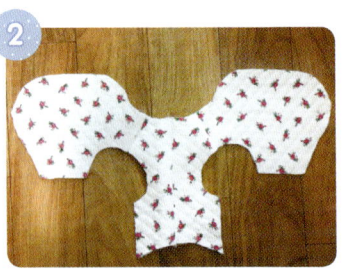

2

양쪽 모두 연결해준다.

소매 날개 달기

1. 소매 날개 원단 ①을 위 사진처럼 접어서 주름을 만들어준다.

2. 주름을 잡아 시침핀으로 고정시킨 후, 사진의 점선대로 홈질이나 박음질해준다.

3. 어깨선과 소매 날개의 중심을 맞춰 놓고 박음질해준다.

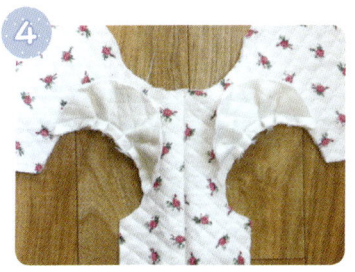

4. 다른 쪽도 같은 방법으로 소매 날개를 달아준다.

Check! 양쪽 모두 소매 날개 달기 완성된 모습.

원단 ②(핑크색 누빔 원단)도 동일한 방법으로 이 과정까지 만들어준다.

원단 ① · ② 연결하기

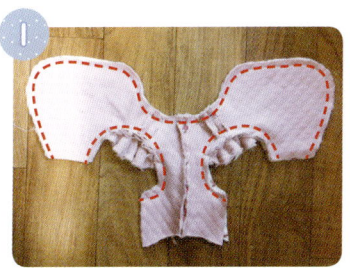

1. 원단 ①과 원단 ②를 겉면끼리 마주 보게 놓고 사진의 점선 표시된 부분을 박음질해준다.

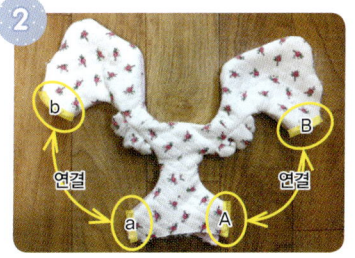

2. 박음질 후 뒤집은 모습.
위 사진에 연결 표시된 겨드랑이 부분(A-B, a-b)끼리 각각 연결해 보자.

3. A와 B 겨드랑이 부분을 펼쳐 겉면끼리 포개어둔 후, 점선을 따라 박음질한다.

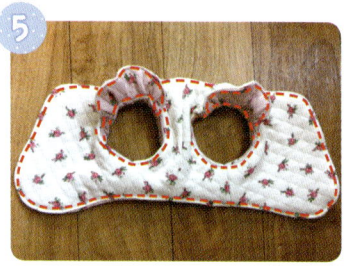

Check!
박음질된 모습.
반대쪽(a-b)도 같은 방식으로 박음질해준다.

④ 아래쪽 창구멍은 안쪽으로 접어 넣어서 시침질 또는 시침핀으로 고정해둔다.

⑤ 점선을 따라 빙 둘러가며 모두 상침해준다.

 어깨 부분 상침 시 시접 부분이 겹쳐 상침이 어려우면, 적절히 가름솔하여 상침하거나 홈질로 마무리해준다.

가슴 쪽 모습

⑥ 단추를 달아주면, 완성!

 왕단추는 장식용으로, 실제 여밈 단추는 스냅 단추를 이용한다.

완성

베베로즈 누빔 양면 조끼가 너무 예쁘게 완성되었네요!
귀여운 아가들에게 잘 어울리는 인기 만점 양면 조끼.
너무나 예쁘고 사랑스럽지요?

Winter

Clothes 5
에꼴드 더블 코트

난이도 고급 ★★★★★ **소요 시간** 2시간 30분(미싱 작업 기준 재단 시간 포함)

사용 원단 및 부자재

	사용	대체 가능
몸통 겉감	모직 선염 체크	폴라폴리스, 모직, 융
몸통 안감	누빔 다후다	퀼팅 다이마루
포인트 퍼(fur)	5mm 단면 파일	극세사 덤블 원단
장식용 단추	떡볶이 장식 단추	가죽 벨트 장식
여밈용 단추	T단추	스프링 도트, 링 도트

디자인 과정 안내

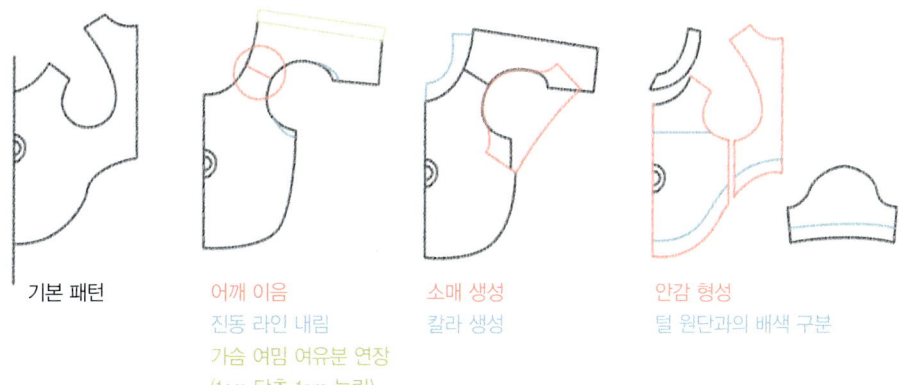

기본 패턴

어깨 이음
진동 라인 내림
가슴 여밈 여유분 연장
(1cm 단추 1cm 늘림)

소매 생성
칼라 생성

안감 형성
털 원단과의 배색 구분

패턴 배치 및 원단 소요량 안내

※ 실제 패턴과 다를 수 있으니, 소요량 및 패턴 배치 방법만 참고하세요(패턴 배치표–정사각형 기준).

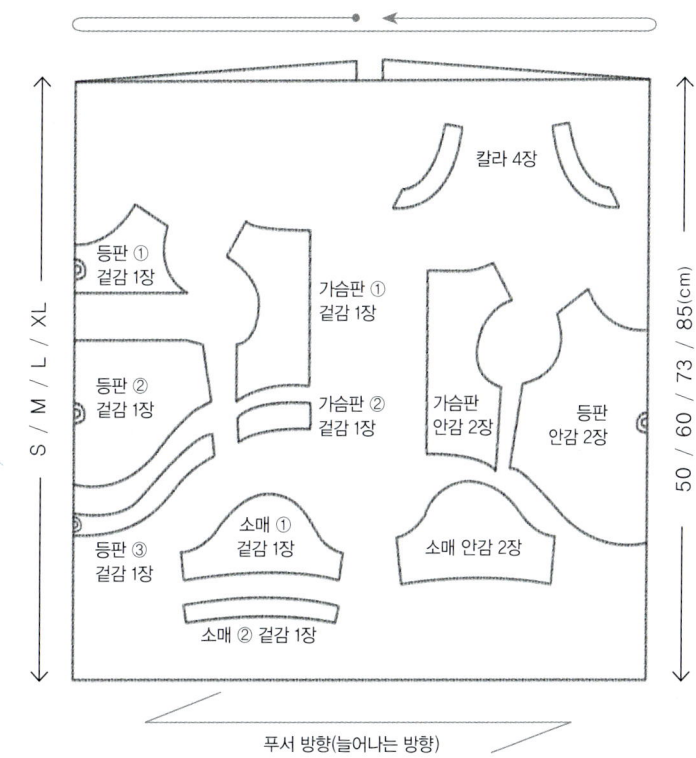

Check!

- 스타일 ☑ 기본형 ☐ 후드형 ☐ 망토형
  ☐ 올인원형 ☐ 원피스형
- 소매 ☐ 민소매형 ☑ 기본 소매형
  ☐ 래글런 소매형 ☐ 응용 소매형
- 여밈 ☑ 똑딱이 단추 ☐ 벨크로 ☐ 없음
- FIT ☑ 여유 ☐ 정사이즈
- ♂♀ 구분 ☑ 공통 ☐ 선택 가능

만드는 과정

원단 재단하기 → 겉감 연결하기 → 칼라 만들기 → 겉감 · 안감 연결하기

에꼴드 더블 코트는 다양한 패턴을 이용해 그 패턴이 가지고 있는 고유의 느낌을 살려 디자인한 컬러풀한 멋쟁이 코트예요. 하운드 체크, 페이즐리, 아가일 체크 등 다양한 패턴을 활용해 따뜻하고 멋스러운 나만의 에꼴드 더블 코트를 한번 만들어 봐요.

원단 재단하기

*노란 선 : 시접 없음

- 칼라 모직 선염 체크 원단 4장
- 등판 겉감 ① 포인트 퍼 원단 1장
- 등판 겉감 ② 모직 선염 체크 원단 1장
- 등판 겉감 ③ 포인트 퍼 원단 1장
- 소매 겉감 ① 모직 선염 체크 원단 2장
- 소매 겉감 ② 포인트 퍼 원단 2장
- 가슴판 겉감 ① 모직 선염 체크 원단 2장
- 가슴판 겉감 ② 포인트 퍼 원단 2장
- 가슴판 안감 누빔 다다 원단 2장
- 등판 안감 누빔 다다 원단 1장
- 소매 안감 누빔 다다 원단 2장

패턴지를 원단에 대고 패턴 배치표를 참고하여 그려준 후, 소매 겉감 ① 원단의 표시된 부분은 시접 없이 재단하고, 그 외는 모두 1cm 정도의 시접을 주고 재단한다.

겉감 연결하기

1

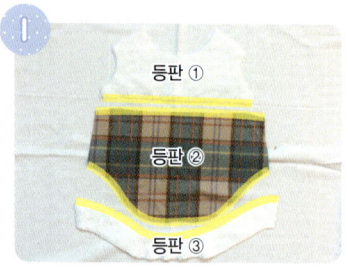

등판 겉감 ① · ② · ③의 겉면끼리 마주 대고 박음질을 한다. 등판 ② · ③을 연결한 후, 뒤집었을 때 예뻐지기 위해 곡선 부분에 가위집을 넣어준다.

2

등판 겉감 ① · ② · ③이 연결된 모습. 여기에 장식 단추를 달아준다.

3

가슴판 겉감 ① · ②의 겉면끼리 마주 대고 박음질한다. 곡선 부분 시접에 가위집을 넣어준다.

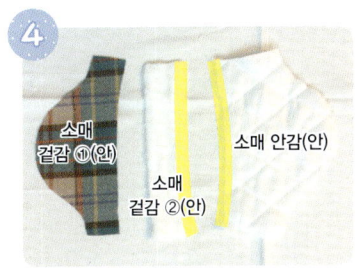

소매 겉감 ②(털 원단)와 소매 안감 (누빔 원단)을 위 사진에 노랗게 표시된 부분을 따라 겉면끼리 마주 대고 박음질해준다.

박음질로 연결된 모습.

앞서 연결해둔 등판과 가슴판 겉감을 준비한다.

등판과 가슴판 겉감의 어깨 부분을 겉면끼리 마주 대고 사진의 점선을 따라 박음질해 연결한다.

어깨 연결된 모습.

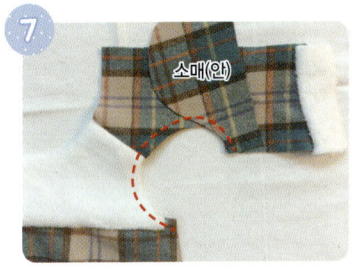

상의 진동 부분과 소매 원단 진동 부분을 마주 대고 빙 둘러 맞춰가며 박음질해준다.

소매 진동 부분이 박음질된 상태로 놓고 표시된 점선을 중심으로 접어준다.

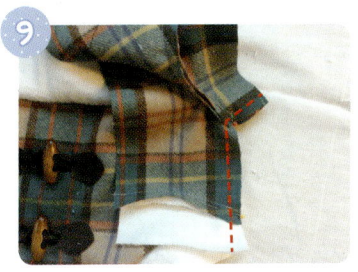

위 사진처럼 등판 원단과 가슴판 원단이 포개진 상태로 옆선 쪽 점선을 따라 박음질해준다.

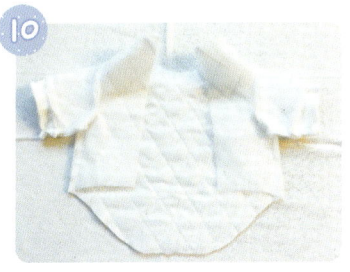

안감(누빔 원단)도 같은 방법으로 각 부분을 연결해 준비한다.

칼라 만들기

1. 패턴대로 자른 칼라 안감(누빔 원단) 겉면과 칼라 겉감의 겉면을 마주 대고 점선을 따라 박음질한다.

2. 박음질 후, 곡선 부분 시접에 가위집을 넣고 뒤집어준다.

겉감·안감 연결하기

1. 겉감과 안감(누빔 원단)을 겉면끼리 마주 놓고 사진의 점선 부분을 따라 박음질해준다.

Check! 박음질 후 뒤집어준 모습.

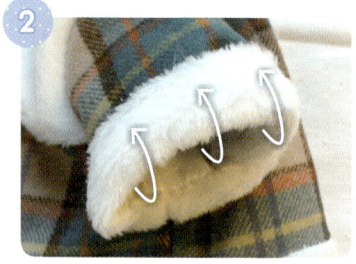
2. 소매 부분은 안감에 붙어 있는 털 원단을 겉으로 꺼내서 접어준다.

3. 앞서 만든 칼라를 사진과 같이 안감의 목둘레에 배치한 후, 점선을 따라 박음질한다. 이때, 등판 겉감을 제외한 안감과 칼라만 박음질한다.

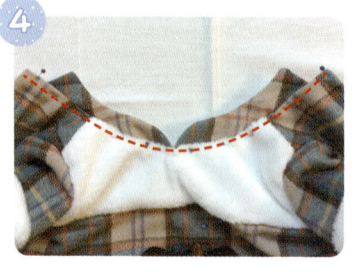
4. 겉감을 접어 넣고 시침핀으로 고정시킨 후, 사진의 점선을 따라 박음질해주거나 공그르기해준다.

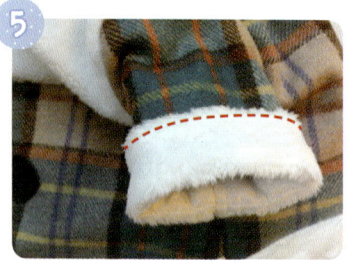
5. 소매의 털 원단과 겉감도 공그르기로 빙 둘러가며 홈질한다. 여밈용 단추를 달아주면, 완성! ▶ 여밈 단추 종류 45p 참고

추운 겨울에 요 코트 하나면
정말 따뜻하겠죠?
멋스러우면서도 따뜻한
예꼴드 더블 코트 만들기에
도전해보세요.

응답하라! 떡볶이 코트!

완성

Accessory

니트 모자 목줄

난이도 초급 ★★☆☆☆ **소요 시간** 1시간 30분(미싱 작업 기준 재단 시간 포함)

사용 원단 및 부자재

	사용	대체 가능
모자 겉감	니트 원단	청 원단, 포인트 나염 원단
모자 안감	20수 싱글 원단	평직(무지) 또는 20~30수 다이마루
목줄 안감	20수 광목	20수 이상 옥스퍼드, 캔버스 등
목줄 끈	가방끈(폭 3cm)	면 테이프 등으로 대체 가능
목줄 여밈	벨크로(찍찍이)	없음
그 외 부속	D링, 개고리	없음

만드는 과정

D링 만들기 → 모자 만들기 → 목줄 만들기

겨울철, 옷을 입히지 않는 강아지를 위해 니트 모자 목줄을 준비했답니다. 이 니트 모자 목줄 하나만으로도 스타일리시한 겨울 멋쟁이가 될 수 있지요. 그 어떤 패션에도 포인트 액세서리로 착용해도 딱 예쁜 니트 모자 목줄을 같이 만들어봐요.

 D링 만들기

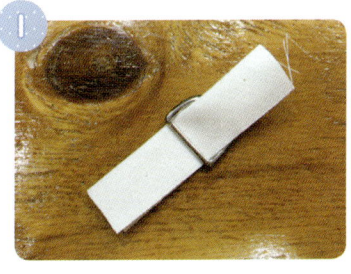

D링 사이즈에 맞는 면 테이프나 원단을 준비한다.

D링에 끼워 모양을 잡아준다.

사진과 같이 면 끈의 중앙에 자리 잡고 사진의 점선대로 박음질한다.

모자 만들기

모자 안감과 겉감을 위 사진처럼 겉면끼리 마주 보게 놓고 점선을 따라 박음질한 후 뒤집어준다.

가름솔을 갈라 상침한다. 시접이 안쪽에서 울지 않아 더욱 깔끔하다.

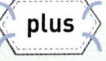 **plus**

다이마루 원단류는 곡선에 가위집을 내는 것보다 상침으로 시접을 정리하는 것이 옷감을 상하지 않게 지켜주고 좀 더 깔끔하게 마감할 수 있다.

WINTER 261

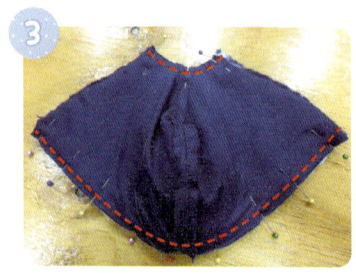

모자의 안감과 겉감을 겉면끼리 마주 보도록 둔 후, 위 사진의 점선을 따라 박음질해 모자를 완성한다.

뒤집어 점선을 홈질하여 상침하면 더욱 예쁘다.

모자와 면 끈, 목줄 원단을 위 사진처럼 차례로 배치한 후, 목줄 원단의 양끝을 박아 뒤집어준다.

뒤집었을 때 모습.

위·아래의 시접을 사진처럼 접어 넣고 시침핀으로 고정시킨 후, 상침해준다.

목줄 만들기

니트 원단과 광목 20수 원단을 함께 겹쳐 아웃 라인을 박거나 오버록 처리한다.

바이어스를 싸듯 시접을 안쪽에 접어 넣으며 바느질해준다.

끝 부분에 개 고리를 걸어 바느질로 고정한다.

완성!

> 겨울바람 속 무지개~

Etc

푹신푹신
마약 방석

난이도 중급 ★★★☆☆ **소요 시간** 2시간 30분(미싱 작업 기준 재단 시간 포함)

사용 원단 및 부자재

	사용	대체 가능
방석 위판·아래판	덤블 원단(아이보리)	극세사, 단면 파일, 스웨이드, 퍼(fur)
방석 도넛·뼈다귀 부분	덤블 원단(핑크)	극세사, 단면 파일, 스웨이드, 퍼(fur)
조임용 끈	파이핑 줄 48합	광목 꼬임끈, 공단 리본 등
방석·뼈다귀 충전재	방울 솜	구름 솜

만드는 과정

패턴 그리기 → 원단 재단하기 → 뼈다귀 장식 만들기 →
도넛 부분 만들기 → 방석 바닥 만들기

※ 실물 패턴 미포함(단, 뼈다귀는 패턴 포함)

한 번 누우면 절대 일어나지 않는다는 그 유명한 '마약 방석'을 집에서 직접 만들어보아요. 펼쳐서 방석 매트로 사용할 수도 있어서 활용도 높은 업그레이드된 마약 방석이랍니다. 아가들이 너무나 사랑하는 아이템, 마약 방석 만들기를 시작해볼까요?

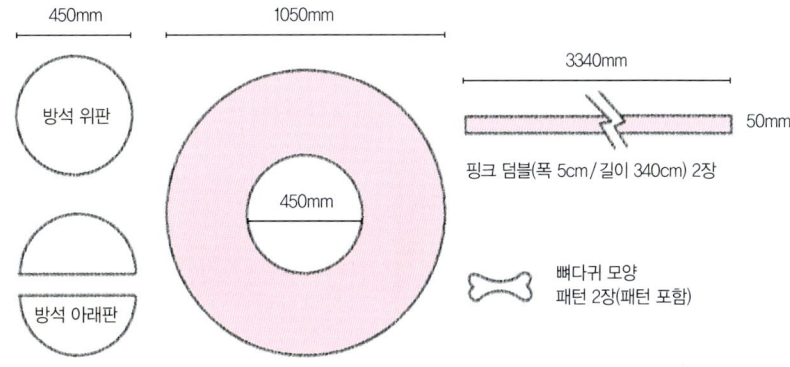

아이보리 덤블
(지름 45cm) 2장

핑크 덤블(안 지름 45cm / 바깥 지름 105cm) 2장

핑크 덤블(폭 5cm / 길이 340cm) 2장

뼈다귀 모양
패턴 2장(패턴 포함)

위 그림을 참고하여 부직포 패턴이나 전지에 실물 패턴을 그려준다.

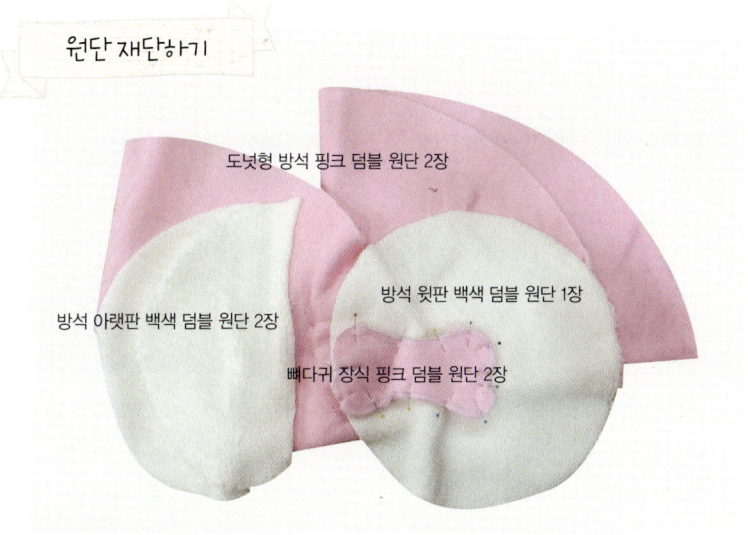

도넛형 방석 핑크 덤블 원단 2장

방석 윗판 백색 덤블 원단 1장

방석 아랫판 백색 덤블 원단 2장

뼈다귀 장식 핑크 덤블 원단 2장

패턴지를 원단에 대고 그려준 후, 1cm 정도의 시접을 주고 재단한다.

뼈다귀 장식 만들기

1. 뼈다귀 모양 원단에 창구멍을 빼고 점선을 따라 박음질한 후 뒤집는다.

뒤집어준 모습.

2. 창구멍 안에 적당량의 솜을 채워 넣고, 공그르기해서 마감한다.

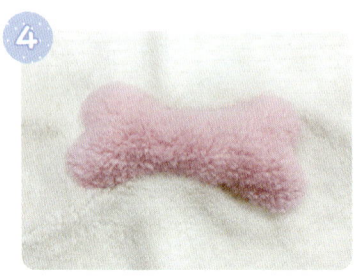

3. 뼈다귀를 방석의 윗부분에 놓고, 공그르기로 중심에 바느질해준다.

4. 모양이 방석에 파묻힌 듯 보이도록 예쁘게 붙여준다.

도넛 부분 만들기

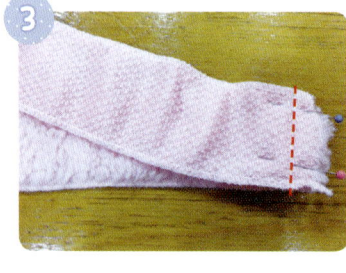

1. 도넛 모양의 원단을 위 사진처럼 겉감끼리 놓고 점선을 따라 박음질한 후 뒤집어준다.

2. 나머지 시접은 위 사진처럼 오버록 처리하거나 지그재그(또는 버튼홀스티치) 등으로 시접을 정리해준다.

작업 내내 털이 날릴 수 있으니 시접 정리를 꼭 한다.

3. 끈을 넣어줄 덧단을 준비하고, 길이가 짧을 경우 위 사진처럼 박음질하여 길게 만들어 사용한다.

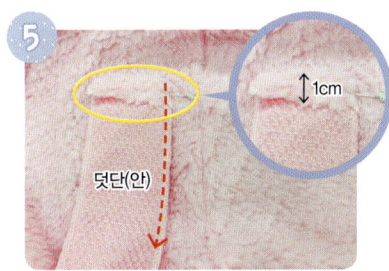

2장의 도넛 원단을 겹쳐 박은 시접 부위에 위의 사진처럼 겉감끼리 마주 대고 사진의 점선대로 박음질한다. 이때 끝 시작 부분은 1cm가량 접어서 시작한다.

연장해서 사용해도 된다.

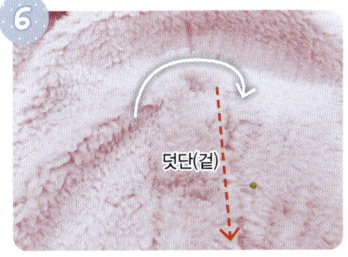

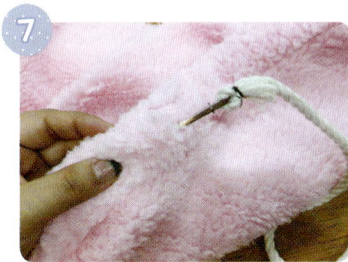

동그랗게 빙 둘러가며 박음질한 후, 다시 한 번 오른쪽으로 꺾어서 시접분을 접어 넣으며 박음질한다.

박음질하면 끈을 넣어줄 수 있는 창구멍이 생긴다.

한 바퀴를 둘러 나온 끈을 위 사진처럼 묶어준다.

방석 바닥 만들기

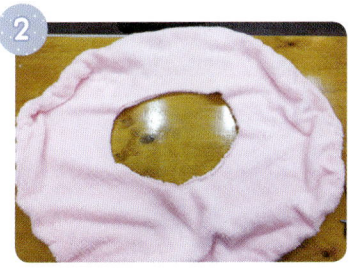

사진의 창구멍을 뺀 나머지 부분을 점선을 따라 박음질한다.

만들어놓은 도넛 원단을 준비한다 (가장자리에 파이핑 줄이 들어 있음).

사진처럼 줄이 들어 있는 가장자리를 안쪽으로 잘 접어 모아준다.

방석 위판을 덮어 올려 점선대로 박음질하되, 이때, 2개의 창구멍을 7~8cm 정도로 남겨둔다.

박음질이 완료된 모습.

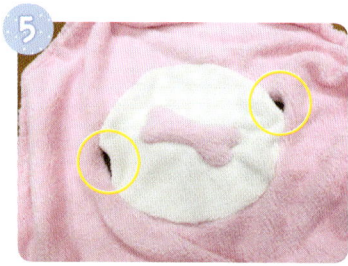

창구멍 2곳이 생긴다.

다시 한 번 줄이 들어 있는 가장자리를 위 사진처럼 중앙으로 모은다.

바닥 면을 위에 올려둔 후, 점선을 모두 박음질한다.

바닥의 창구멍에서 안쪽 원단이 보이면 뒤집어준다.

예쁘게 뒤집어 모양을 정리한다.

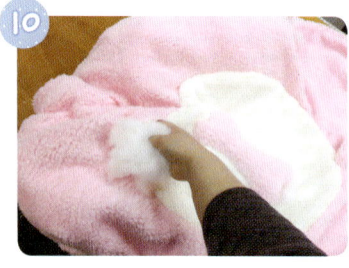

안쪽에 골고루 적당량의 솜을 넣어준다.

모양을 예쁘게 잡아준다.

공그르기로 창구멍을 막아준다.

▶ 손바느질 방법 – 공그르기 340p 참고

방석 바닥면 마무리된 모습.

완성!

포근해서
잠이 솔솔

강아지와 엄마가
함께 입는 패밀리룩,
대형견을 위한 옷까지
특별한 아이템이 한가득!

SPECIAL

뽀뽀하는 횟수보다 울고 싸우는 날이 더 많지만,
아동이가 미용이라도 하러 나가면
"아중아~ 아중아~" 하고 목 놓아 울며 대성통곡을 하며 찾는답니다.
태어날 때부터 절친인 아동이와 딸아이입니다.

북유럽 스타일!

How to make **278p**

How to make **298p**

엄마랑 아둥이랑 함께 야상 점퍼로 연출해봤어요.
모두의 시선을 끌 정도로 간지 나는 스타일의 야상이랍니다.
가을에 아가와 함께 입어주면 제대로 스타일이 사는 야상 점퍼,
꼭 한번 도전해보세요.

엄마랑 나랑
커플룩♡

YO! 내 덩치에 딱 어울려YO!

How to make **316p**

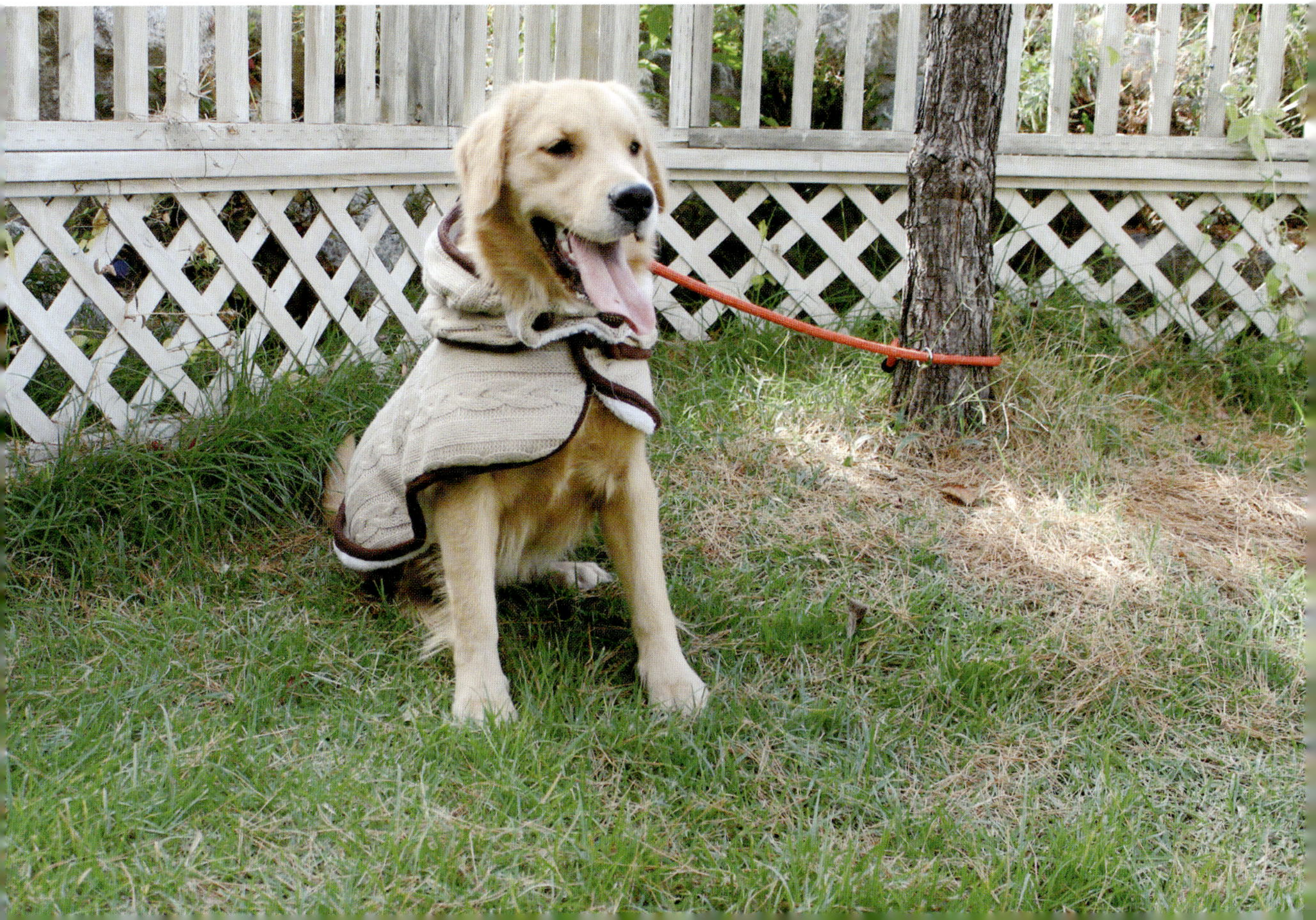

모자 쓰면 더 멋져!

How to make **310p**

Special

Baby & Dog

스칸디 퍼피 패밀리룩

난이도 중급 ★★★☆☆　**소요 시간** 5시간 30분(미싱 작업 기준 재단 시간 포함)

사용 원단 및 부자재

		사용	대체 가능
	상의 몸통·소매	그레이 멜란 미니쭈리	20수 싱글 또는 기모 미니쭈리 등
	하의 치마·바지	30수 나염 원단	포인트 나염 또는 선염 원단
	소매·목·허리 시보리	2x1 립직 시보리	요코 시보리, 접 시보리, 미라노 시보리 등
	포켓 장식	장식용 옷핀	장식용 와펜 등
	바지용 고무줄	4골 고무줄(폭 4mm)	대체 없음
	모자 캡, 아플리케	그레이 멜란 미니쭈리	20수 싱글 또는 기모 미니쭈리 등
	모자 봉	30수 나염 원단	포인트 나염 또는 선염 원단
	심지	모자용 접착 심지, 아사 심지	대체 없음
	기타 부속	싸개단추, 고무줄, 돼지코 스토퍼	대체 없음
	리본	30수 나염 원단	포인트 나염 또는 선염 원단
	와이어	리본용 와이어	대체 없음
	핀 대	집게핀(4.5cm)	대체 없음

♀ 강아지 스칸디 퍼피 치마

디자인 과정 안내

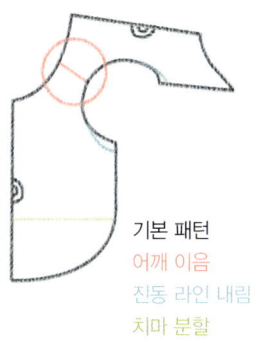

기본 패턴
어깨 이음
진동 라인 내림
치마 분할

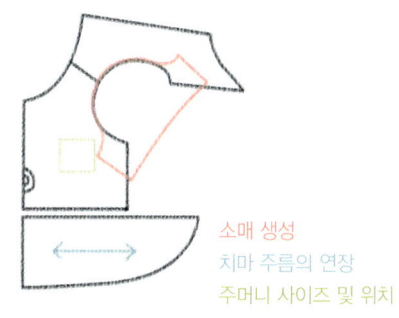

소매 생성
치마 주름의 연장
주머니 사이즈 및 위치

패턴 배치 및 원단 소요량 안내

※ 실제 패턴과 다를 수 있으니, 소요량 및 패턴 배치 방법만 참고하세요(패턴 배치표—정사각형 기준).

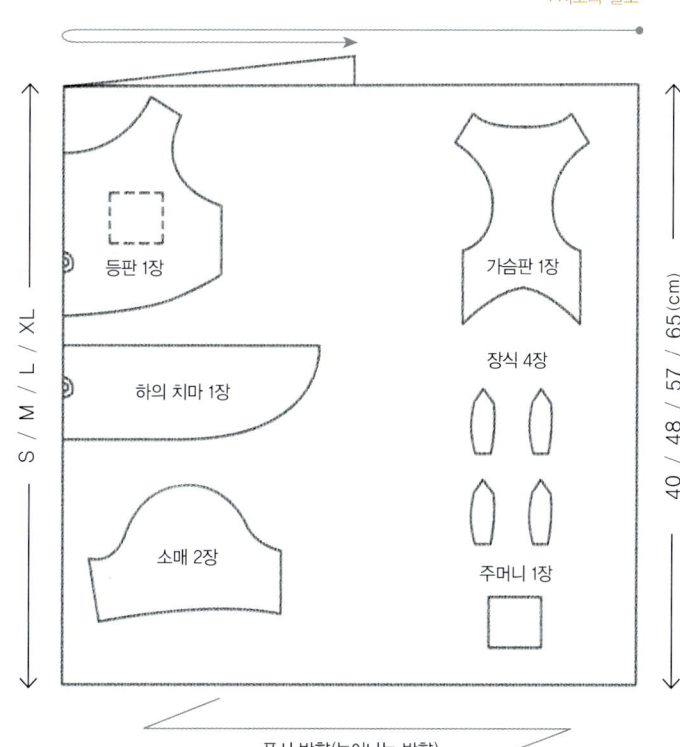

Check!

- **스타일** ☐ 기본형 ☐ 후드형 ☐ 망토형
  ☐ 올인원형 ☑ 원피스형
- **소매** ☐ 민소매형 ☑ 기본 소매형
  ☐ 래글런 소매형 ☐ 응용 소매형
- **여밈** ☐ 똑딱이 단추 ☐ 벨크로 ☑ 없음
- **FIT** ☐ 여유 ☑ 정사이즈
- **♂♀ 구분** ☑ 공통 ☐ 선택 가능

강아지 스칸디 퍼피 바지

디자인 과정 안내

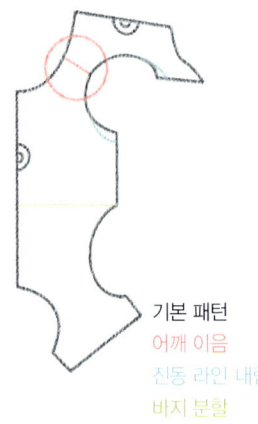

기본 패턴
어깨 이음
진동 라인 내림
바지 분할

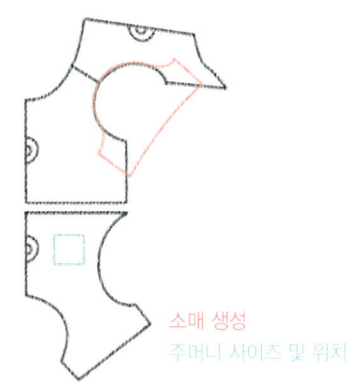

소매 생성
주머니 사이즈 및 위치

패턴 배치 및 원단 소요량 안내

※ 실제 패턴과 다를 수 있으니, 소요량 및 패턴 배치 방법만 참고하세요(패턴 배치표-정사각형 기준).

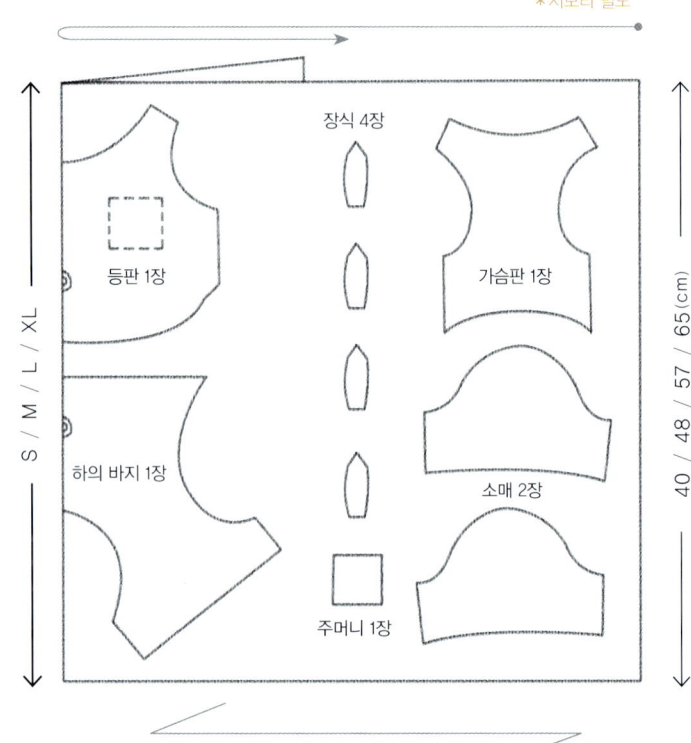

Check!

- **스타일** ☑ 기본형 ☐ 후드형 ☐ 망토형
  ☐ 올인원형 ☐ 원피스형
- **소매** ☐ 민소매형 ☑ 기본 소매형
  ☐ 래글런 소매형 ☐ 응용 소매형
- **여밈** ☐ 똑딱이 단추 ☐ 벨크로 ☑ 없음
- **FIT** ☐ 여유 ☑ 정사이즈
- **구분** ☑ 공통 ☐ 선택 가능

만드는 과정

원단 재단하기 → 주머니 만들기 → 상의 만들기 →
시보리 달기 → 하의 치마 만들기 → 상·하의 연결하기

♀ 강아지 스칸디 퍼피 치마

깔끔한 북유럽 스타일의 스칸디 퍼피 패밀리룩을 만들어 입혀 보세요. 가족들과 함께 세련된 스칸디 퍼피 패밀리룩을 입고 행복한 시간을 보낼 수 있답니다. 나아가 단 하나뿐인 패밀리룩에도 도전해서 가족들과 새로운 추억을 많이 만들어보세요.
먼저 강아지 스칸디 퍼피 치마부터 만들어봅시다.

원단 재단하기

*노란 선 : 시접 없음

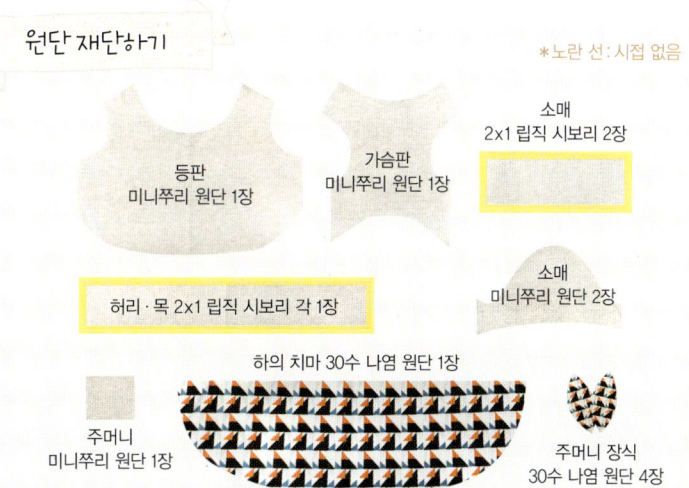

등판 미니쭈리 원단 1장
가슴판 미니쭈리 원단 1장
소매 2x1 립직 시보리 2장
허리·목 2x1 립직 시보리 각 1장
소매 미니쭈리 원단 2장
하의 치마 30수 나염 원단 1장
주머니 미니쭈리 원단 1장
주머니 장식 30수 나염 원단 4장

패턴지를 원단에 대고 패턴 배치표를 참고하여 그려준 후, 시보리는 시접 없이 재단하고, 그 외는 모두 1cm 정도의 시접을 주고 재단한다.

주머니 만들기

1 주머니 원단의 시접 부분을 접어 점선을 따라 박음질해준다.

2 등판의 적당한 위치에 놓고 시접분을 안으로 접어 넣어 시침핀으로 고정시킨 후, 점선을 따라 'ㄷ자'로 박음질한다.

3 주머니 포켓에 들어갈 장식 원단 4장을 준비한다.

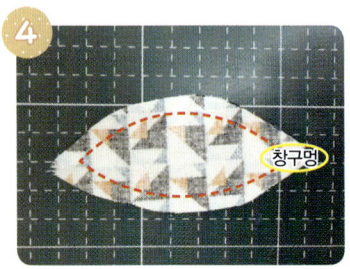

장식 원단 두 개를 겉면끼리 마주 보게 놓고 창구멍을 남기고 점선을 따라 박음질해준다.

창구멍으로 뒤집어 위 사진처럼 포갠 후, 창구멍과 함께 박음질해준다.

주머니 안에 넣고 장식 옷핀으로 고정하거나 손바느질로 고정해준다.

상의 만들기

등판 원단과 가슴판 원단을 겉면끼리 마주 보게 놓고 사진의 점선을 따라 어깨 부분을 연결해준다.

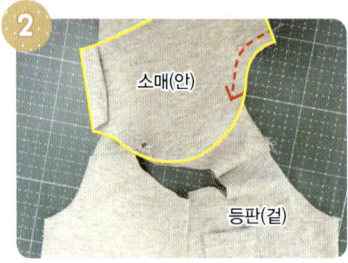

상의 진동 부분과 소매 원단 진동 부분을 마주 대고 빙 둘러 맞춰가며 소매를 연결해준다.

소매 진동을 잘 맞춘 후, 시침핀으로 위치를 잡아 박음질해준다.

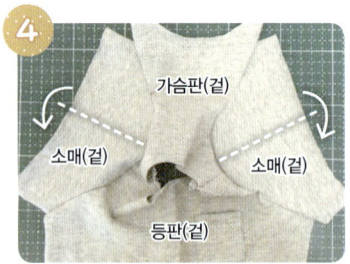

양쪽 소매를 모두 달아준 모습. 소매를 기준으로 반으로 접어준다.

소매와 허리 옆선을 사진의 점선을 따라 박음질해준다.

다이마루 원단은 대부분 올이 풀리지 않는 원단이 많다. 오버록이 없다면 그냥 시접 처리 없이 만들어도 좋다.

시보리 달기

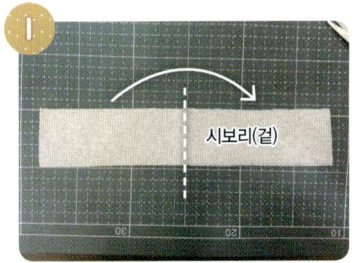

1. 목 시보리 원단을 가운데를 중심으로 겉면이 마주 보게 접어준다.

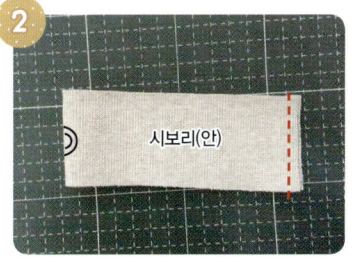

2. 접은 후 사진의 표시된 부분을 박음질해준다.

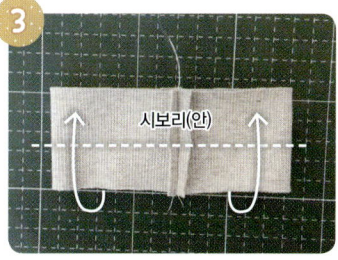

3. 시접 부분을 양쪽으로 가른 상태에서 위아래를 반으로 접어준다.

Check! 접어 올린 모습.

4. 목 시보리를 상의 원단 목둘레에 겉면끼리 마주 보게 놓아주고 빙 둘러가며 박음질해준다.

5. 시접을 상의 원단 쪽으로 향하게 놓고 빙 둘러가며 상침해준다.

6. 목 시보리와 같은 방법으로 허리 시보리를 만든 후, 상의 밑단에 원기둥에 링을 걸어주듯 빙 둘러가며 박음질해준다.

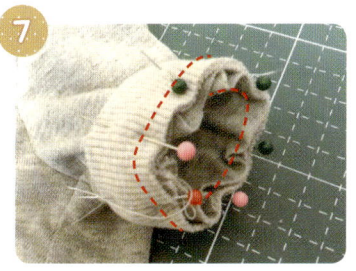

7. 소매 시보리도 같은 방법으로 만든 후, 소매 끝에 시침핀으로 고정시키고 빙 둘러가며 박음질해준다.

8. 시보리를 내려준 후, 소매 시보리 시접은 소매 원단 쪽으로 향하게 놓고 사진의 점선을 따라 상침해준다.

여기까지 강아지 스칸디 퍼피 치마와 강아지 스칸디 퍼피 바지 모두 상의 만드는 방법은 동일하다. 하의를 달아주는 것에 따라 강아지 스칸디 퍼피 치마와 강아지 스칸디 퍼피 바지로 나뉜다.

하의 치마 만들기

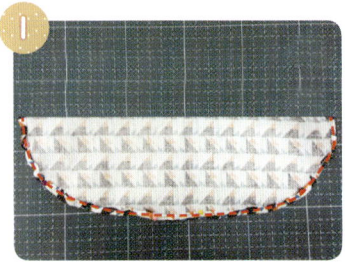
치마 밑단 부분을 말아박기 또는 오버록 처리해서 접고 박음질해준다.

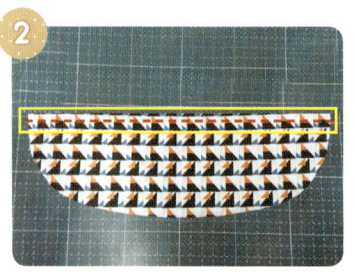
치마 허리둘레 부분을 홈질한 후, 실을 당겨서 주름을 만들어준다.

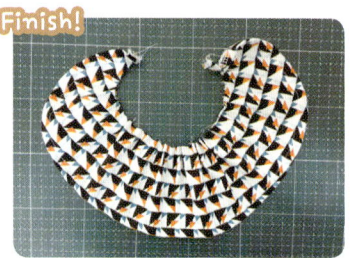
치마 완성!

상·하의 연결하기

상의 위에 등판의 허리 옆선에서 허리 옆선까지 치마를 겉면이 마주 보게 놓는다.

사진의 점선을 따라 빙 둘러가며 박음질해준다.

박음질 후 정리된 모습.

완성 / 가슴 쪽 모습

만드는 과정

원단 재단하기 → 주머니 만들기 → 상의 만들기 → 시보리 달기 → 하의 바지 만들기 → 상·하의 연결하기 → 강아지 스냅백 만들기 → 아플리케 달기

※ '주머니 만들기→상의 만들기→시보리 달기' 과정은 스칸디 퍼피 치마와 동일하다.

강아지 스칸디 퍼피 바지

강아지 스칸디 퍼피 치마에 이어 강아지 스칸디 퍼피 바지 만드는 방법도 소개합니다. 상의 만드는 방법은 강아지 스칸디 퍼피 치마와 같아서 쉽게 만들 수 있어요. 커플룩으로 함께 연출하면 한층 더 멋스러운 스타일이 완성됩니다.

원단 재단하기

*노란 선 : 시접 없음

- 등판 미니쭈리 원단 1장
- 가슴판 미니쭈리 원단 1장
- 소매 미니쭈리 원단 2장
- 허리·목 2x1 립직 시보리 각 1장
- 소매 2x1 립직 시보리 2장
- 주머니 미니쭈리 원단 1장
- 주머니 장식 30수 나염 원단 4장
- 하의 바지 30수 나염 원단 1장

패턴지를 원단에 대고 패턴 배치표를 참고하여 그려준 후, 시보리는 시접 없이 재단하고, 그 외는 모두 1cm 정도의 시접을 주고 재단한다.

Check Point

'주머니 만들기→상의 만들기→ 시보리 달기' 과정은 강아지 스칸디 퍼피 치마와 동일합니다. 281p로 이동해주세요!

강아지 스칸디 퍼피 치마 281p

하의 바지 만들기

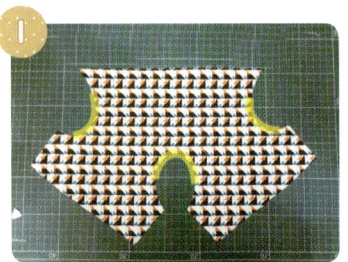

1. 바지 원단 패턴에 표시된 고무줄 위치에 고무줄을 박아준다.

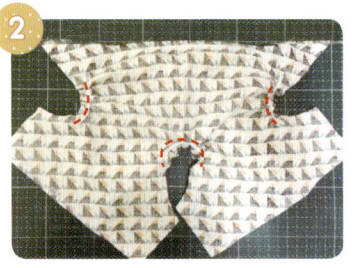

2. 고무줄은 패턴에 표시된 길이의 1/2로 준비하고, 고무줄을 당기면서 박음질해준다. ▶ 고무줄 넣는 방법 347p 참고

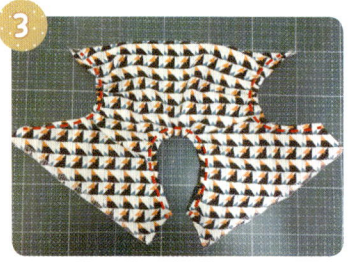

3. 시접을 말아박아주되, 고무줄을 피해서 박음질해준다. 오버록이 있는 경우 고무줄을 늘려박기 전 오버록 처리한 후 접어박아도 좋다.

4. 바지 소매를 반으로 접어서 박음질해준다.

5. 바지 끝단을 오버록 처리한다.

6. 바지 끝단을 접어 박는다(오버록이 없는 경우 말아박아도 무방하다). ▶ 끝단 처리 방법 55p 참고

Check! 뒤집어본 모습.

Finish! 바지 완성!

상·하의 연결하기

1. 스칸디 퍼피 치마 상의 만들기 방법과 동일하게 만든 상의 위에 바지를 겉면끼리 마주 보게 놓고, 점선을 따라 빙 둘러가며 박음질해 준다.

박음질 후 정리된 모습.

완성!

패션왕은 데일리룩도 느낌 있게!

완성

가슴 쪽 모습

만드는 과정

원단 재단하기 → 모자 봉 만들기 → 모자 캡 만들기

강아지 모자는 턱에 고무줄로 조절이 가능하도록 해 외출 시 활동 중에도 잘 벗겨지지 않게 디자인했어요. 모자 캡 안쪽에 아플리케로 포인트를 주어 캡을 뒤집어써도 예쁘답니다.
스칸디 퍼피 패밀리룩과 함께 연출하면 머리부터 발끝까지 완벽한 스타일을 완성할 수 있어요.

원단 재단하기

*노란 선 : 시접 없음

모자 캡
20수 싱글 원단 2장

아플리케용
접착식 심지 1장

아플리케
20수 싱글
원단 1장

모자 캡 원단용
아사 심지 2장

모자 캡용 심지 2장

모자 봉 ①
20수 나염 원단
겉·안감 각 1장

모자 봉 ②
20수 나염 원단
겉·안감 각 2장

패턴지를 원단에 대고 그려준 후, 모자 캡용 심지는 시접 없이 재단하고, 그 외는 모두 1cm 정도의 시접을 주고 재단한다.

모자 봉 만들기

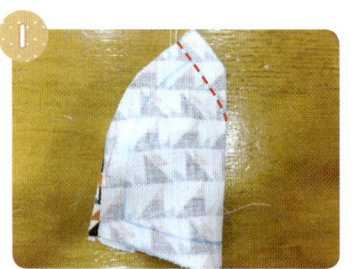

1

모자 봉 원단 ①을 위 사진처럼 모서리를 박음질해준다.

2

위 사진처럼 모자 봉 원단 ②와 함께 연결해준다. 이때, 모자 봉 ①에 생기는 가름솔의 중간까지만 박음질해서 연결한다.

3

나머지 모자 봉 원단 ① 피스까지 모두 연결해준다. 이렇게 2세트를 같은 방법으로 만든다.

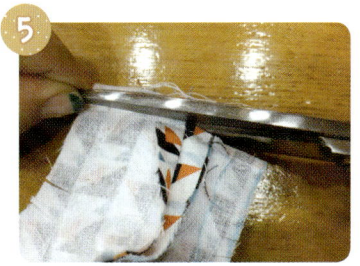

2세트를 위 사진처럼 겹쳐둔 후, 사진에 표시된 점선을 따라 박음질로 연결해준다.

시접을 짧게 잘라 뒤집어준다.

모자 봉이 완성된 모습. 이렇게 2세트(안감, 겉감)를 준비해준다.

모자캡 만들기

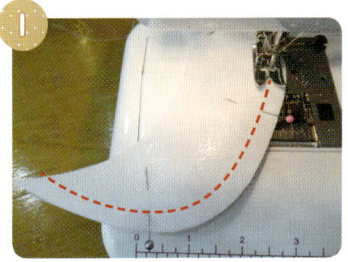
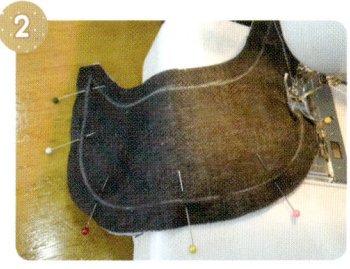

모자 심지를 2장 겹쳐서 사진의 점선을 박음질하여 고정한다. 이때 접착제가 뿌려진 부분이 바깥을 향하게 한다.

캡 부분을 겉감끼리 마주 보게 두고 박음질한다.

시접을 2mm가량으로 짧게 잘라 뒤집는다.

사이에 만들어놓은 모자 심지를 넣는다.

다림질해준다.

잘 펴진 상태에서 사진의 점선을 따라 박음질을 해 모양을 잡아준다.

7. 펠트지와 아플리케 겉면으로 사용할 원단을 2장 준비한다.

8. 펠트지와 원단의 아웃 라인을 홈질로 스티치해준다.

9. 모자 캡의 원하는 위치에 공그르기로 붙여준다.

 plus

원단 한 장만 사용하면 모양을 잡기 어려우므로 심지 역할이 될 펠트지 또는 퀼트용 압착솜 또는 아사 심지 등을 사용하면 좋다. 펠트 전용 실이나, 퀼트용 실, 십자수 실 등을 사용하면 스티치가 조금 더 예쁜 포인트의 역할을 하면서 튼튼하게 만들 수 있다. ▶ 실의 종류 36p 참고

10. 미리 만들어둔 모자 봉에 세 포인트를 지나는 위치에 고무줄을 끼워준다.

고무줄 끝에 셀로판테이프를 감아 운동화 끈처럼 만들어주면 깔끔하게 넣을 수 있다.

11. 고무줄을 끼운 상태로, 사진의 점선 부분의 시접을 안쪽으로 접어 넣고 고무줄이 있는 부분은 제외하고 박음질한다.

12. 모자 봉 원단 중 겉면에 모자 캡을 사진의 점선을 따라 박음질해준다.

13. 모자 안쪽에서 나머지 부분을 공그르기로 마감해준다.

만드는 과정

원단 재단하기 → 상의 만들기 → 하의 치마 만들어 연결하기

※ 남자아이는 상의 기장을 조절해 맨투맨티로 만든다.

아가 스칸디 퍼피 옷

이제 아가 스칸디 퍼피 옷을 만들어봅시다. 하나씩 따라 하면서 만들면 스타일리시한 패밀리룩이 완성되니까, 사진을 보면서 차근차근 잘 만들어봐요.

아가용 스냅백과 와이어 리본 핀까지 함께 연출할 수 있도록 만드는 방법도 소개합니다. 한층 더 스타일리시한 완성도 높은 패밀리룩을 완성해봅시다.

원단 재단하기

*노란 선 : 시접 없음

등판 미니쭈리 원단 1장
가슴판 미니쭈리 원단 1장
소매 미니쭈리 원단 2장
소매·허리·목 2x1 립직 시보리 각 1장
하의 치마 30수 나염 원단 1장
주머니 미니쭈리 원단 1장
주머니 장식 30수 나염 원단 4장

패턴지를 원단에 대고 그려준 후, 시보리는 시접 없이 재단하고, 그 외는 모두 1cm 정도의 시접을 주고 재단한다.

패턴 배치는 강아지 스칸디 퍼피 패턴 배치표를 참고하세요. ▶ 279p 참고

상의 만들기

1. 등판의 적당한 위치에 주머니를 배치해 시접분을 접어 넣고 시침핀으로 고정시킨다.

2. 점선을 따라 'ㄷ자'로 박음질한다.

다이마루 원단의 경우, 뒷면에 아사 심지를 붙인 후 모양을 잡으면 더욱 예쁘게 완성된다.

등판과 가슴판 원단을 겉면끼리 마주 댄 후, 양쪽 어깨를 사진의 점선을 따라 박음질해준다.

소매를 몸통에 연결한 후, 위 사진처럼 반으로 접어 박음질해준다.

소매에서부터 겨드랑이까지 이어서 한번에 박음질해준다.

앞의 강아지 옷과 동일한 방법으로 소매와 목, 허리 밑단에 시보리를 붙여 마무리한다. ▶ 강아지 스칸디 퍼피 치마 시보리 달기 283p 참고

남자아이의 경우 하의 치마는 생략한 후, 상의 기장을 조절해 맨투맨티로 만들어주세요!

하의 치마 만들어 연결하기

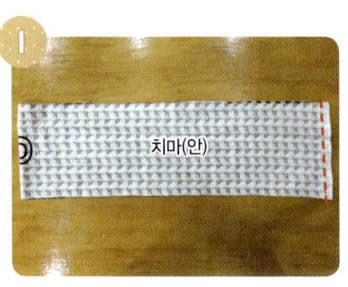

치마 패턴대로 재단해 반으로 접어 위 사진에 표시된 점선을 따라 박음질해준다.

끝단을 커버스티치로 마감해준다 (말아박기 또는 오버룩 처리한 후, 접어 박아준다).

plus

커버스티치는 겉면은 두줄 박기, 뒷면은 오버록 처리가 한번에 가능한 미싱이다.

치마의 윗면을 홈질로 주름을 잡아 주되, 상의의 가슴통 길이만큼으로 사용한다.

강아지 옷과 마찬가지로 치마를 상의 밑단에 놓고 빙 둘러가며 박음질한다.

만드는 과정

① 원단 재단하기 → 모자 봉 만들기 → 모자 캡 만들기
② 와이어 리본 핀 만들기

강아지와 함께 커플로 아이의 스냅백도 만들어주세요. 모자가 싫다면 와이어 리본 핀 만드는 과정도 소개했으니, 한번 만들어보세요. 포인트 원단을 이용하여 다른 액세서리를 만들어 함께 연출해도 좋아요.

원단 재단하기

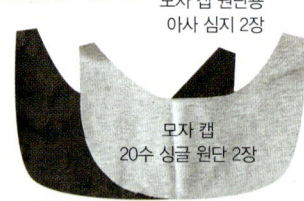

모자 캡 원단용 아사 심지 2장
모자 캡 20수 싱글 원단 2장
아플리케용 접착식 심지 1장
아플리케 20수 싱글 원단 1장
*노란 선 : 시접 없음
모자 캡용 심지 2장

모자 봉 20수 나염 원단 겉·안감 각 3장
와이어 리본 핀 20수 나염 원단 4장

패턴지를 원단에 대고 그려준 후, 모자 캡 심지는 시접 없이 재단하고, 그 외에는 모두 1cm 정도의 시접을 주고 재단한다.

모자 봉 만들기

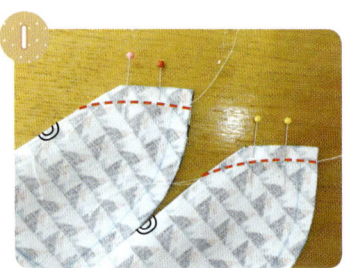

1
모자 봉을 위 사진처럼 접어 사진의 점선을 따라 박음질한다.

Check!
박음질한 후, 펼친 모습. 같은 방법으로 총 6개를 만들어 준비한다.

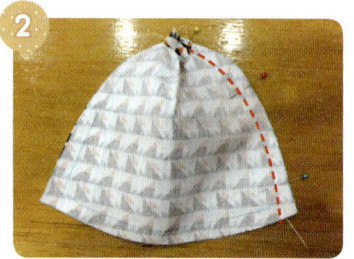

2
만들어진 피스를 위 사진처럼 겉면끼리 마주 보게 두고 점선을 따라 박음질한다. 이때, 위에서 만나는 가름솔의 중간까지만 박아준다.

한 장 더 겹쳐서 점선을 따라 박음질해준다.

완성된 모습. 같은 방법으로 2개를 준비한다.

사진의 점선을 따라 상침해주면 더 깔끔하고 예쁘게 정리된다.

모자 캡 만들기

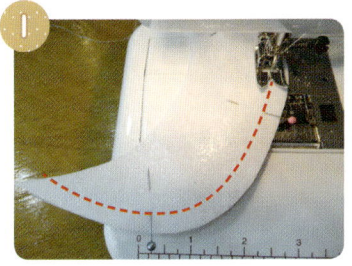

모자 심지를 2장 겹쳐서 사진의 점선을 박음질하여 고정한다. 이때 접착제가 뿌려진 부분이 바깥을 향하게 한다.

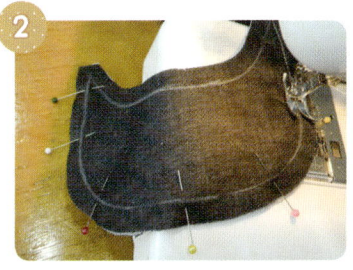

캡 부분을 겉감끼리 마주 보게 두고 박음질한다.

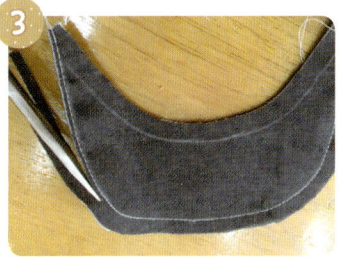

시접을 2mm가량으로 짧게 잘라 뒤집는다.

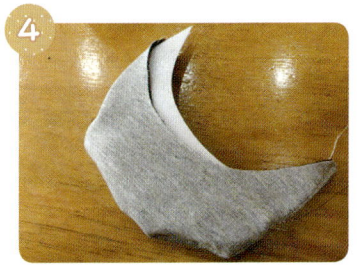

사이에 만들어놓은 모자 심지를 넣는다.

다림질해준다.

잘 펴진 상태에서 사진의 점선을 따라 박음질을 해 모양을 잡아준다.

7. 모자 캡과 모자 봉을 위 사진의 노란색 표시된 부분을 따라 입체적으로 이어 박음질한다.

이어진 겉면 모습.

8. 위 사진의 앞서 만든 모자 봉 1개를 겉면끼리 겹치게 두고, 점선 부분을 박음질한다. 이때, 모자 캡 부분은 창구멍이 되며, 뒤집었을 때 캡이 손상되지 않는다.

창구멍으로 뒤집은 모습.

9. 창구멍은 공그르기로 마감해준다.

10. 모자 꼭대기에 장식으로 싸개 단추를 달아준다. ▶ 싸개 단추 349p 참고

안쪽 모습

완성!

와이어 리본 핀 만들기

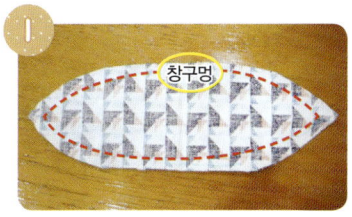

원단 2장을 준비해 창구멍을 제외한 사진의 타원형을 점선을 따라 박음질해준다. 시접을 짧게 자른 후 뒤집어준다.

뒤집은 창구멍에 와이어(철사)를 원형으로 만들어 넣어준다.

창구멍을 공그르기로 바느질해서 마감한다.

두세 번 꼬아서 위 사진처럼 만들어준다.

양면 테이프를 이용하여 핀 대에 기본 리본을 말아 붙여준다.

핀 대에 만든 리본을 글루건으로 붙여주면, 완성!

Special

Mom & Dog

견장 야상 패밀리룩

난이도 중급 ★★★☆☆ **소요 시간** 2시간 30분(미싱 작업 기준 재단 시간 포함)

사용 원단 및 부자재

	사용	대체 가능
겉감	20수 트윌 면혼방(카키)	광택이 있는 20수 이상 직기류
안감	아크릴 뽀글이/다후다	덤블/면 TC 모두 가능
등판 장식	별, 스퀘어, 가시발 스터드&와펜	각종 비즈, 아플리케 등 가능
허리끈 장식	면, 둥근 후드끈+엔틱벨	면 끈, 돼지코 스토퍼 등으로 대체 가능
여밈용 단추	T단추	가시도트, 스프링도트, 링도트

강아지 야상 점퍼

디자인 과정 안내

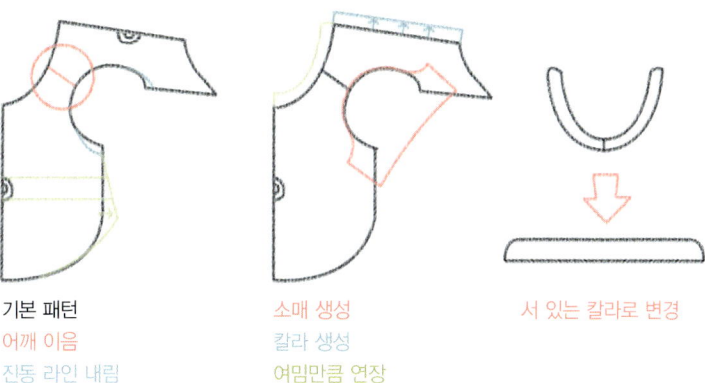

기본 패턴
어깨 이음
진동 라인 내림
허리끈 주름 여유분 연장

소매 생성
칼라 생성
여밈만큼 연장
(1cm 기준 1cm 연장)

서 있는 칼라로 변경

패턴 배치 및 원단 소요량 안내

※ 실제 패턴과 다를 수 있으니, 소요량 및 패턴 배치 방법만 참고하세요(패턴 배치표-정사각형 기준).

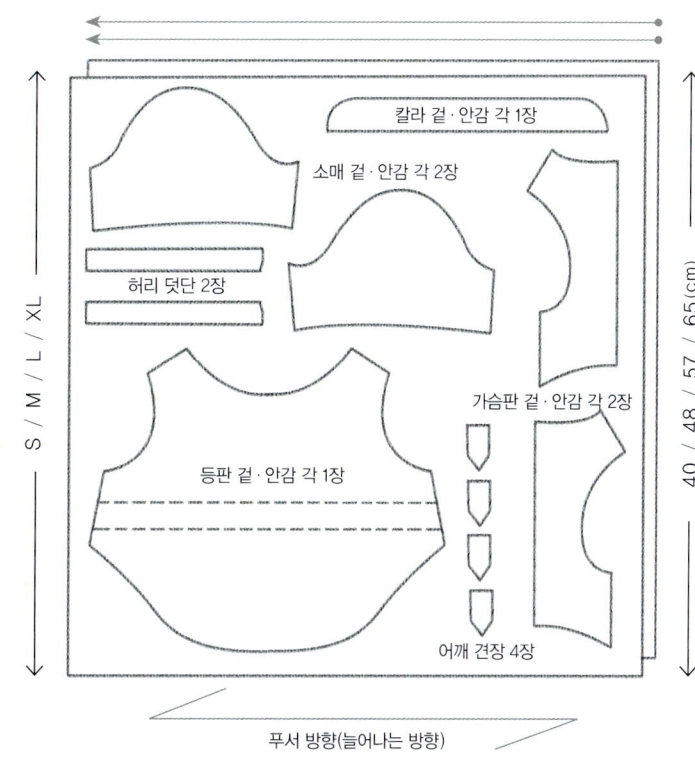

칼라 겉·안감 각 1장
소매 겉·안감 각 2장
허리 덧단 2장
가슴판 겉·안감 각 2장
등판 겉·안감 각 1장
어깨 견장 4장

S / M / L / XL
40 / 48 / 57 / 65 (cm)
푸서 방향(늘어나는 방향)

Check!

- **스타일** ☑ 기본형 ☐ 후드형 ☐ 망토형
  ☐ 올인원형 ☐ 원피스형
- **소매** ☐ 민소매형 ☑ 기본 소매형
  ☐ 래글런 소매형 ☐ 응용 소매형
- **여밈** ☑ 똑딱이 단추 ☐ 벨크로 ☐ 없음
- **FIT** ☑ 여유 ☐ 정사이즈
- **♂♀ 구분** ☐ 공통 ☑ 선택 가능

만드는 과정

원단 재단하기 → 상의 장식 달기 → 허리띠 만들기 →
상의 만들기 → 칼라 만들기 → 견장 장식 만들기 →
겉·안감 연결하기

강아지 야상 점퍼

멋스러운 야상 점퍼, 반응도 폭발적으로 여러 엄마들의 사랑을 받는 아이템입니다. 엄마와 함께 커플룩으로 입을 수 있어 더욱 특별한 야상 점퍼는 안감을 다르게 하면 사계절 내내 입을 수 있어요. 그럼 만들어볼까요?

원단 재단하기

- 등판 겉감 20수 트월 면혼방 원단 1장
- 가슴판 겉감 20수 트월 면혼방 원단 2장
- 칼라 겉감 20수 트월 면혼방 원단 1장
- 칼라 안감 아크릴 뽀글이 원단 1장
- 허리 덧단 20수 트월 면혼방 원단 2장
- 어깨 견장 4장
- 소매 겉감 20수 트월 면혼방 원단 2장
- 등판 안감 아크릴 뽀글이 원단 1장
- 가슴판 안감 아크릴 뽀글이 원단 2장
- 소매 안감 아크릴 뽀글이 원단 2장

패턴지를 원단에 대고 패턴 배치표를 참고하여 그려준 후, 1cm 정도의 시접을 주고 재단한다.

상의 장식 달기

1. 등판 원단에 위 사진과 같이 라벨을 적당한 위치에 박음질해준다.

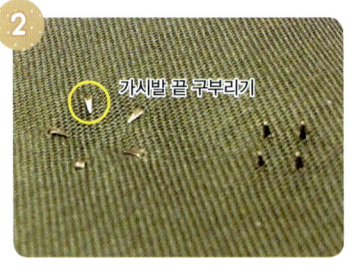

2. 가시발 징을 라벨 주변에 박은 후, 원단에 박힌 가시발을 모두 안쪽으로 꺾어 접어준다. 단, 허리띠 위치 가까이에는 징을 박지 않도록 주의한다.

가시발 끝 구부리기

Check!

허리띠 위치

장식 달은 모습.

허리띠 만들기

1. 허리띠 원단을 사선 부분 반대쪽을 접어서 박음질해준다. 2개를 준비한다.

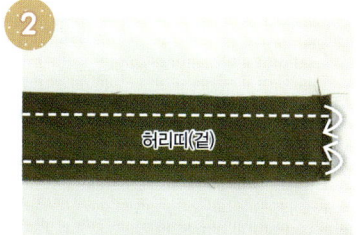

2. 허리띠 원단의 위, 아래 시접 부분을 안쪽으로 접어 넣은 후, 다림질로 모양을 잡아준다.

3. 등판 패턴에 그려진 허리띠 위치에 허리띠 원단을 놓고 상침해준다.

4. 허리끈에 벨을 넣고 매듭을 지어준다(2줄).

5. 허리띠에 양쪽 허리끈을 넣어준다.

허리끈 완성!

상의 만들기

1. 등판 원단과 가슴판 원단을 겉면끼리 마주 놓고 양어깨 부분을 점선을 따라 박음질해준다.

2. 겉면끼리 마주하게 놓고 상의 진동 부분과 소매 진동을 빙 둘러 맞춰가며 박음질해준다.

3. 겉면이 보이게 놓고 표시된 점선을 중심으로 소매를 반으로 접어준다.

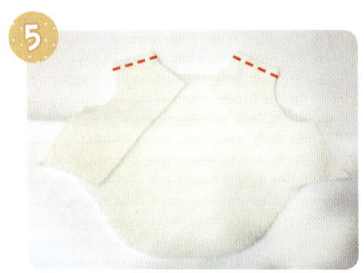

사진과 같이 점선 표시된 옆선을 박음질해준다. 나머지 한쪽도 같은 방법으로 연결해준다.

겉감과 같은 방법으로 안감도 등판·가슴판·소매를 연결해서 준비한다.

칼라 만들기

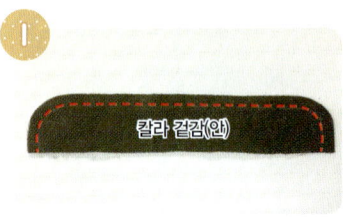

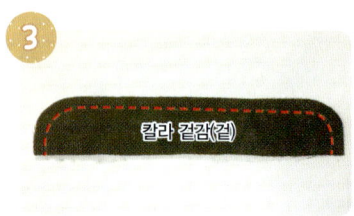

칼라 원단과 칼라 안감 원단을 겉면끼리 마주 보게 놓고 점선을 따라 박음질해준다.

둥근 부분의 시접에 가위집을 넣은 후 뒤집어준다.

뒤집어서 점선을 따라 상침해준다.

견장 장식 만들기

견장 원단 2장을 겉면끼리 마주 대고 박음질한 후, 시접을 2mm 정도로 짧게 잘라낸다. 견장 장식은 크기가 작으니, 땀 길이를 작게 해서 박아주는 게 좋다.

뒤집어준 후, 상침해준다.

점선을 박음질하여 상침하여 총 2개를 준비한다.

겉·안감 연결하기

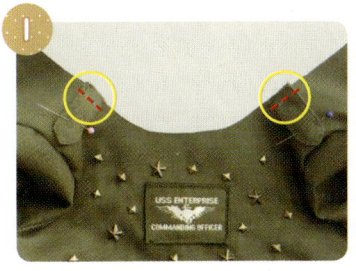

1. 앞서 만든 견장을 양어깨에 홈질이나 시침핀으로 고정시킨다.

2. 등판 겉면에 칼라 원단을 마주 놓고 점선대로 홈질이나 박음질한다.

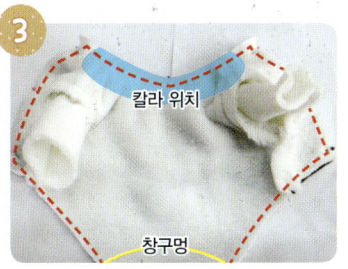

3. 겉감 원단과 안감 원단을 겉면끼리 놓고 빙 둘러가며 박음질해준다.

4. 창구멍으로 뒤집어서 안쪽이 보이는 상태에서 연결 표시된 부분끼리 각각 끌어다가 안쪽 면을 마주 보게 만들고, 만두 빚듯 빙 둘러가며 시침핀으로 고정한다.

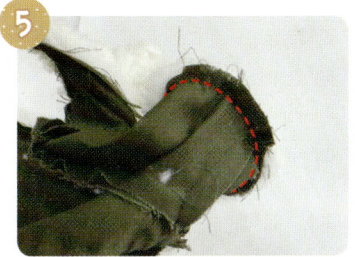

5. 빙 둘러 고정한 부분을 사진의 점선을 따라 박음질해준다.

6. 소매 연결하고 시접 부분을 정리한 후, 뒤집어서 사진의 점선 표시된 부분을 빙 둘러가며 상침해준다.

7. 어깨 견장에 단추를 양쪽으로 달아준다.

8. 가슴 쪽에 여밈 단추를 달아준다.

Finish! 허리끈으로 예쁘게 리본을 묶어주면, 완성!

안감을 얇은 다후다 또는 털(fur)로 변화를 주어
사계절 내내 입힐 수 있는 매력적인 아이템입니다.

완성

가슴 쪽 모습

만드는 과정

원단 재단하기 → 칼라, 견장, 주머니 만들기 → 안감 만들기 → 겉·안감 연결하기 → 덧단, 단추, 장식 달기

엄마 야상 조끼

강아지 야상 점퍼와 패밀리룩으로 입을 수 있는 엄마 야상 조끼도 만들어봅시다. 평상시 집 안에서, 산책을 나가거나 가벼운 외출 시에 걸치기 좋은 조끼입니다. 성인 옷이라 원단이 조금 더 들어가지만 가볍게 걸치기 좋은 실용적인 아이템이라. 야상 조끼 하나만 만들어두면 언제나 우리 집 아가와 커플이 되지요.

원단 재단하기
겉감 : 20수 트윌 면혼방 원단
안감 : 다후다 원단

- 가슴판 겉감 2장
- 등판 겉감 1장
- 가슴판 안감 위 안단 2장
- 가슴판 안감 2장
- 가슴판 안감 아래 안단 2장
- 등판 안감 위 안단 1장
- 칼라 2장
- 칼라 덧단 2장
- 주머니 2장
- 등판 안감 1장
- 주머니 덮개 2장씩 2세트
- 어깨 견장 2장씩 2세트
- 허리 덧단 1장
- 등판 안감 아래 안단 1장

패턴지를 원단에 대고 그려준 후, 1cm 정도의 시접을 주고 재단한다.

 패턴 배치는 강아지 야상 점퍼의 패턴 배치표를 참고하세요. ▶299p 참고

칼라, 견장, 주머니 만들기

1. 야상의 주머니 덮개, 견장, 칼라를 위 사진의 점선을 따라 박음질한 후, 가위집을 내준다.

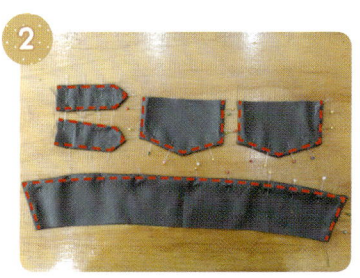

2. 뒤집어서 깔끔하게 상침해서 준비해둔다.

3. 칼라 밑단 부분을 위 사진처럼 박음질해 준비한다.

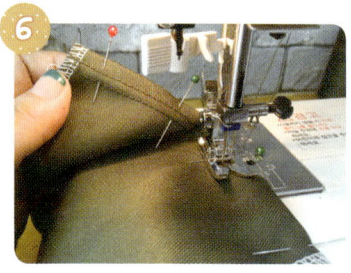

주머니와 주머니 덮개의 시접 부분을 오버록 처리해서 정리해준다.

주머니 윗단을 사진과 같이 접는다.

쌍침으로 두 줄로 박아 예쁘게 정리해준다. ▶ 쌍침 사용하기 345p 참고

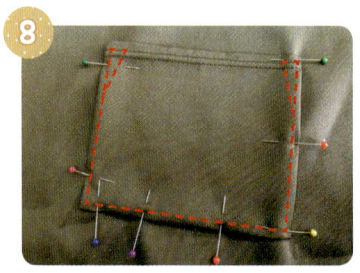

주머니 모두 적당한 위치에 자리 잡아 시침핀으로 고정한다.

주머니 위치에 시접분을 접어 넣고, 점선을 따라 박음질해준다.

안감 만들기

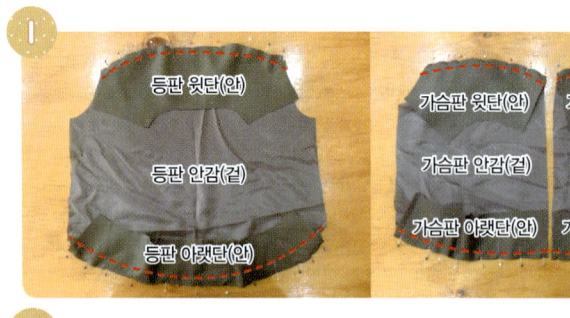

등판과 가슴판 안감을 윗단·아랫단과 겉면끼리 마주 보게 놓고, 사진의 점선을 따라 박음질한다.

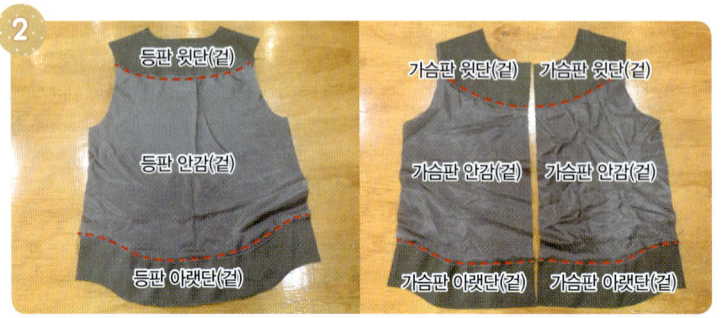

겉면 위로 사진의 점선을 따라 상침해준다.

겉·안감 연결하기

1. 등판과 가슴판 안감을 겉면끼리 마주 보게 놓고, 양어깨 부분을 점선대로 박음질한다.

안감 양어깨가 연결된 모습.

2. 등판과 가슴판 겉감도 같은 방법으로 어깨를 이어준다.

겉감 양어깨가 연결된 모습.

3. 겉감에 준비해둔 칼라를 사진의 점선을 따라 박음질하되, 칼라 사이에 견장도 잊지 말고 끼워놓고 박는다.

견장을 양어깨에 넣고 칼라를 박음질한 모습.

4. 겉감과 안감을 겉면끼리 마주 보게 겹쳐둔 후, 위 사진의 표시된 부분을 박음질해 뒤집어준다.
▼ 아래 그림 참고

5. 뒤집어준 모습.
사진의 표시된 겨드랑이 밑선 부분을 박음질해 연결해준다.
▼ 아래 그림 참고

박음질이 완성되어 연결된 모습.

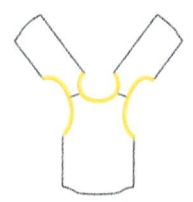
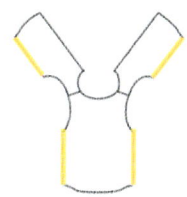

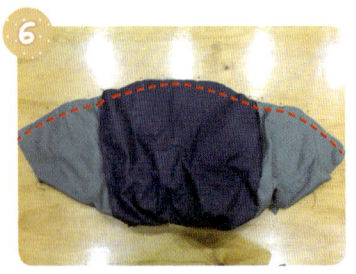

옷의 밑단 끝을 뒤집어서 사진의 점선대로 박음질 후 뒤집어준다.

다시 펼쳐서 상침해준다.

덧단, 단추, 장식 달기

허리끈이 들어갈 덧단을 위 사진처럼 접어 넣고 박음질해준다.
▶ 우측 그림 참고

양쪽으로 허리끈을 넣어준다.

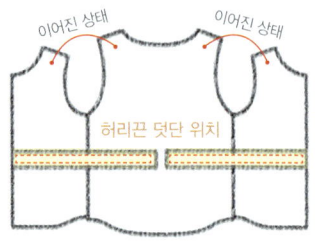

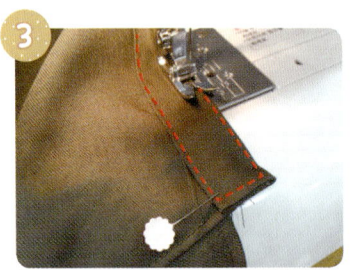

가슴 앞단을 패턴대로 바이어스 처리하되, 겉면에서 'ㅁ자' 모양으로 마감 처리한다. ▶ 우측 그림 참고

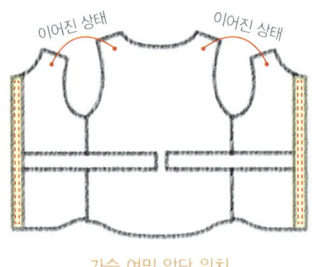

양어깨 견장에 장식 단추를 손바느질로 달아준다.

압축기로 여밈 단추를 달아준다.

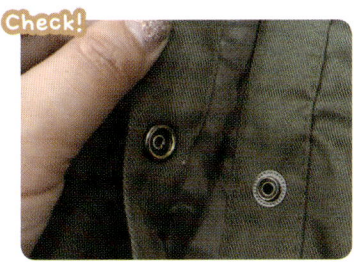
여밈 단추 달아준 모습.

장식용 와펜과 스터드를 적당한 곳에 달아준다.

완성!

사랑해 사랑해 ♥

완성

Special

Big Dog 1
대형견 니트 망토 코트

난이도 초급 ★★☆☆☆ 소요 시간 2시간(미싱 작업 기준 재단 시간 포함)

사용 원단 및 부자재

	사용	대체 가능
망토 및 케이프 겉감	꽈배기 니트 원단	패딩 원단, 모직 원단, 극세사, 벨보아 원단 등
망토 및 케이프 안감	아크릴 뽀글이 원단(단면)	단면으로 사용 안 해도 됨
바이어스	니트 접밴드	접밴드나 바이어스 등
허리 벨트	벨크로(폭 2.5cm)	없음

디자인 과정 안내

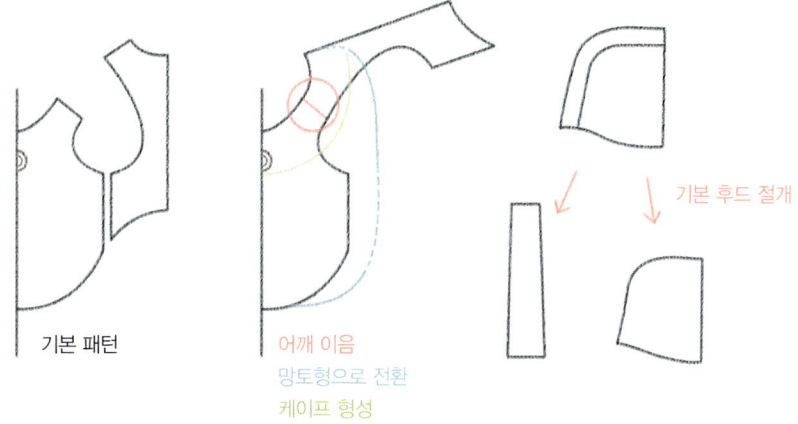

기본 패턴

어깨 이음
망토형으로 전환
케이프 형성

기본 후드 절개

패턴 배치 및 원단 소요량 안내

※ 실제 패턴과 다를 수 있으니, 소요량 및 패턴 배치 방법만 참고하세요(패턴 배치표-정사각형 기준).

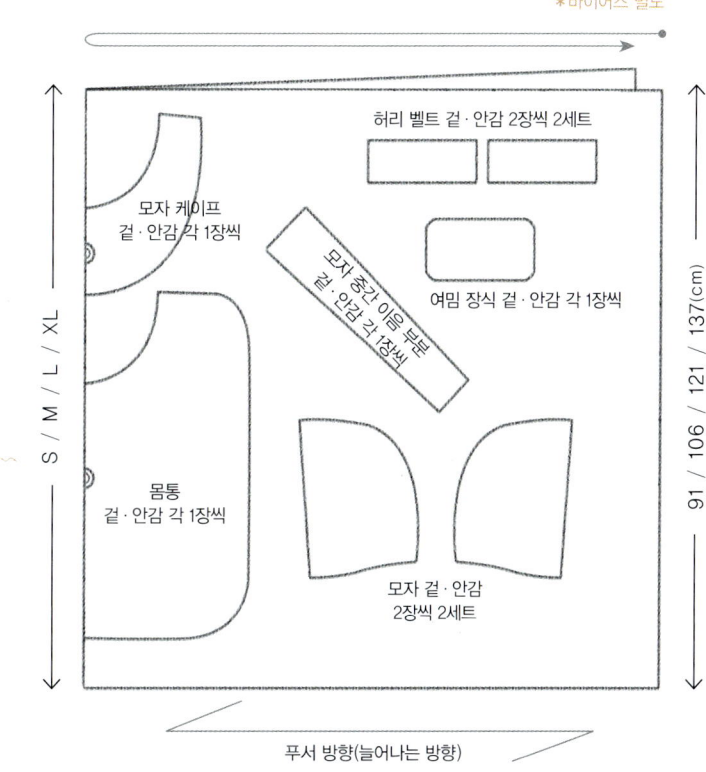

*바이어스 별도

허리 벨트 겉·안감 2장씩 2세트
모자 케이프 겉·안감 각 1장씩
모자 중간 이음 부분 겉·안감 각 1장씩
여밈 장식 겉·안감 각 1장씩
몸통 겉·안감 각 1장씩
모자 겉·안감 2장씩 2세트

S / M / L / XL
91 / 106 / 121 / 137(cm)

푸서 방향(늘어나는 방향)

Check!

스타일 ☐ 기본형 ☑ 후드형 ☑ 망토형
☐ 올인원형 ☐ 원피스형
소매 ☐ 민소매형 ☐ 기본 소매형
☐ 래글런 소매형 ☐ 응용 소매형
여밈 ☑ 똑딱이 단추 ☑ 벨크로 ☐ 없음
FIT ☑ 여유 ☐ 정사이즈
♂♀ **구분** ☑ 공통 ☐ 선택 가능

만드는 과정

원단 재단하기 → 몸통 만들기 → 모자 만들기 →
접밴드 달기 → 허리 벨트 만들기 → 여밈 장식 달기

> 처음 만들 대형견 옷은 니트 소재를 이용한 방한용 망토 코트예요. '레드팡 레이니 코트'를 만들어봤다면 기본적인 방법이 같아 이 옷이 아주 쉽게 느껴질 거예요. 여름에는 방수용 레드팡 레이니 코트를, 겨울에는 방한용 망토 코트를 필요한 용도에 따라 각 사이즈별로 응용해서 만들어보는 것도 아주 좋아요. 그럼 함께 만들어볼까요?

원단 재단하기

*노란 선 : 시접 없음

겉감 : 꽈배기 니트 원단
안감 : 아크릴 뽀글이 원단

몸통
겉·안감 각 1장씩

모자
겉·안감 2장씩 2세트

모자 중간 이음 부분
겉·안감 각 1장씩

여밈 장식
겉·안감 각 1장씩

허리 벨트
겉·안감 2장씩 2세트

모자 케이프
겉·안감 각 1장씩

패턴지를 원단에 대고 패턴 배치표를 참고하여 그려준 후, 접밴드(또는 바이어스) 등을 넣을 부분은 시접 없이 재단하고, 그 외는 모두 1cm 정도의 시접을 주고 재단한다.

몸통 만들기

1

재단된 몸통 원단 겉감과 안감을 사진처럼 안쪽 면끼리 포개어두고 점선대로 박음질해 두 원단을 고정해준다.

2

사용된 니트 원단의 경우, 노루발에 실이 끼거나, 원단이 밀릴 수 있으니 리퍼 등의 기구를 이용해 눌러 밀어 넣어준다.

 plus

니트 원단의 경우 원단 특성상 실 사이로 바닥이 비치므로 원단을 한 겹 더 사용하여 한 장처럼 겹쳐 사용한다. 안쪽 면끼리 포개어 본딩 원단처럼 사용하면 다양한 연출이 가능하다.

312

모자 만들기

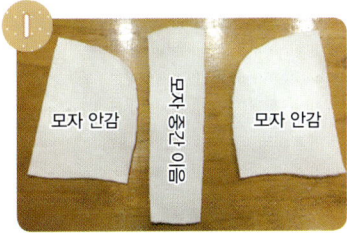

1. 모자 중간 이음 부분과 2장의 모자 안감 조각을 준비한다.

2. 모자 중간 이음 부분을 중심으로 안감을 겉면끼리 마주 보게 포갠 후, 점선대로 박음질한다.

3. 나머지 안감도 모자 중간 이음 부분에 대고 사진의 점선을 따라 박음질해준다.

Check! 모자 연결된 모습.

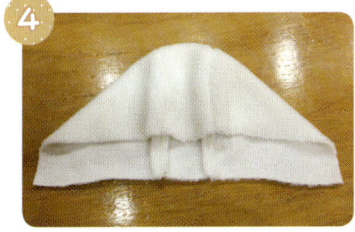

4. 뒤집어준다.

5. 모자 안감과 모자 케이프 안감의 표시된 부분을 겉감끼리 포갠 후, 박음질해 연결한다.

▶ 몸통 원단과 마찬가지로 모자도 겉감과 안감을 겹쳐놓고, 1장처럼 점선을 따라 박음질한다.

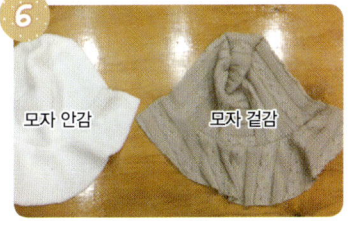

6. 같은 방법으로 모자 겉감도 모두 연결해 준비한다.

7.

접밴드 달기

1. 접밴드를 준비해 사진과 같이 끝부분을 접어준다.

2. 망토 몸통의 목 부분에 먼저 둘러준다.

3. 접밴드 사이에 원단을 끼워 둘러가며 시침핀으로 고정시킨다.

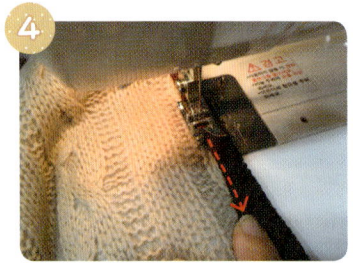

가장자리로 붙여 박음질해준다.

같은 방법으로 몸통의 나머지 아웃라인도 접밴드에 원단을 끼워 박음질해준다.

케이프 모자도 같은 방법으로 접밴드를 둘러준다.

허리 벨트 만들기

허리 벨트 원단을 사진처럼 'ㄷ자'로 박음질하여 뒤집어준다.

뒤집은 모습.

창구멍의 원단을 안쪽으로 접어 넣은 후, 공그르기로 마감한다.

▶ 손바느질 방법 – 공그르기 340p 참고

미리 만들어놓은 허리 벨트를 패턴상에 표시된 위치에 두고 박음질한다.

허리 벨트에 벨크로를 붙여준다.

여밈 장식 달기

1. 모자의 여밈 장식인 덧단의 겉감과 안감을 겉면을 마주 보게 놓고 창구멍을 빼고 점선을 따라 박음질한 후, 뒤집어준다.

2. 창구멍을 통해 뒤집어준 모습. 창구멍은 시접을 안쪽으로 접어넣은 후, 공그르기로 마감한다.

3. 장식 단추 하나와 함께 모자 케이프에 손바느질로 고정시켜준다.

4. 나머지 한쪽에는 벨크로를 점선을 따라 박음질하여 붙여준다.

5. 겉면에 단추 하나를 마저 붙여주면, 완성!

니트 망토 하나씩은 다들 있잖아요?

완성

Special

Big Dog 2
대형견 후드티

난이도 중급 ★★★☆☆ **소요 시간** 2시간 (미싱 작업 기준 재단 시간 포함)

사용 원단 및 부자재

	사용	대체 가능
몸통·소매·모자 겉감	나염 미니쭈리(블랙&화이트)	20수 싱글 원단 또는 3단쭈리 등
모자 안감·구름 장식	무지 20수 싱글(멜란그레이)	아크릴 뽀글이, 벨보아, 터 파일극세사 등 가능
시보리	2x1 립직 시보리(멜란그레이)	2x1 립직 시보리, 요코 시보리, 미라노 시보리 등
여밈 단추	T단추	가시도트, 스냅 단추 등

디자인 과정 안내

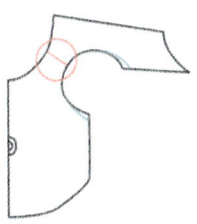
기본 패턴
어깨 이음
진동 라인 내림

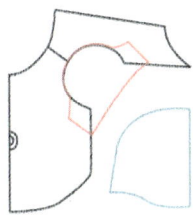
소매 생성
모자 생성

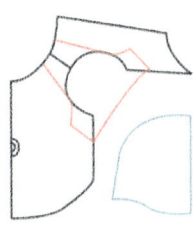
래글런 소매로 변형

패턴 배치 및 원단 소요량 안내

※ 실제 패턴과 다를 수 있으니, 소요량 및 패턴 배치 방법만 참고하세요(패턴 배치표–정사각형 기준).

Check!

- **스타일** ☐ 기본형 ☑ 후드형 ☐ 망토형
  ☐ 올인원형 ☐ 원피스형
- **소매** ☐ 민소매형 ☐ 기본 소매형
  ☑ 래글런 소매형 ☐ 응용 소매형
- **여밈** ☐ 똑딱이 단추 ☐ 벨크로 ☑ 없음
- **FIT** ☑ 여유 ☐ 정사이즈
- **구분** ☐ 공통 ☑ 선택 가능

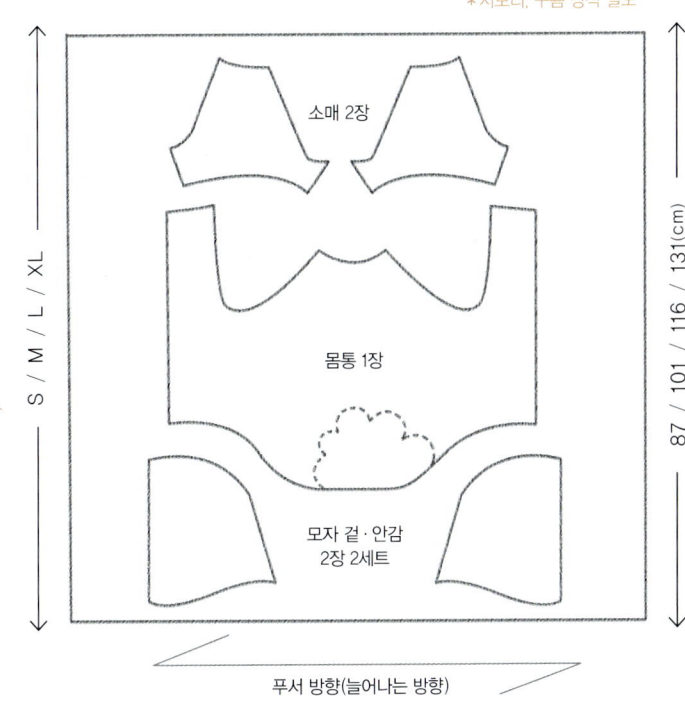

*시보리, 구름 장식 별도

소매 2장
몸통 1장
모자 겉·안감 2장 2세트

S / M / L / XL
87 / 101 / 116 / 131(cm)

푸서 방향(늘어나는 방향)

만드는 과정

원단 재단하기 → 구름 장식 만들기 → 모자 만들기 →
소매 만들기 → 시보리 달기 → 몸통 만들기

> 이번에 만들 대형견 옷은 귀여운 구름이 장식된 후드티입니다. '베어브릭 양면 후드 점퍼'를 만들어보았다면 기본적인 방법이 같아 쉽게 따라 할 수 있을 거예요.
> 대형견들에게 보편적으로 잘 어울리는 후드티 디자인이기 때문에 한 번 만들어놓으면 아주 실용적입니다. 같이 만들어봐요.

원단 재단하기

※시보리 별도

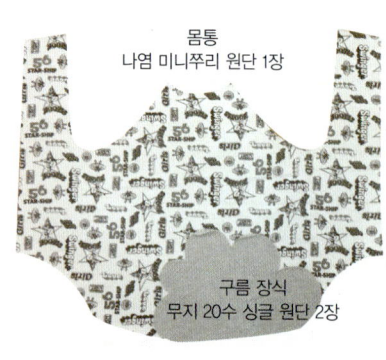

몸통
나염 미니쭈리 원단 1장

구름 장식
무지 20수 싱글 원단 2장

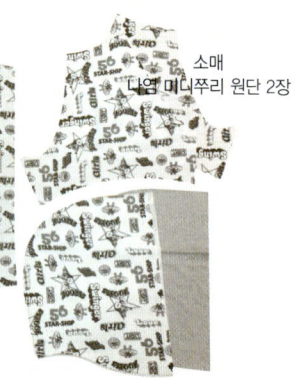

소매
나염 미니쭈리 원단 2장

모자 겉감 나염 미니쭈리 원단 2장
모자 안감 무지 20수 싱글 원단 2장

패턴지를 원단에 대고 패턴 배치표를 참고하여 그려준 후, 시보리는 시접 없이 재단하고, 그 외는 모두 1cm 정도의 시접을 주고 재단한다.

구름 장식 만들기

구름 장식 원단을 2장 준비한 후, 겉면끼리 포개어 사진의 점선을 따라 박음질한다.

가위집을 내준 후 뒤집어주면, 위의 사진과 같이 깔끔한 모양의 구름 장식이 된다. ▶ 가위집 넣는 방법 57p 참고

안에 적당량의 솜을 채워준다.

위와 같이 창구멍의 시접은 바깥으로 펼쳐 정리해둔다.

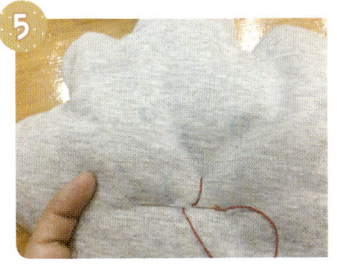
입술 모양의 스티치를 박음질로 넣어준다.

T단추나 일반 단추를 붙여 눈 모양의 장식을 완성해준다.

등판 원단 위에 펼쳐놓은 창구멍의 시접을 위 사진처럼 시접분에 붙여준다.

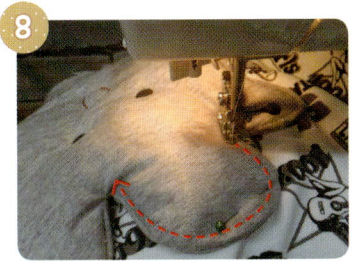
구름의 가장자리를 시접 3~5mm 정도 두고 박음질해 등판에 고정시켜 달아준다.

등판에 구름 장식이 예쁘게 자리잡은 모습.

모자 만들기

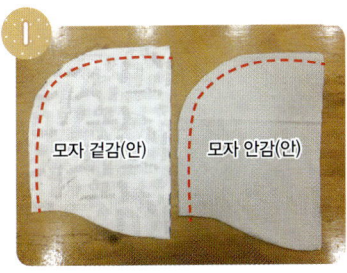
모자(후드)의 겉감용 원단과 안감용 원단을 각각 겉면끼리 마주 보도록 포갠 후, 점선을 따라 박음질하고 뒤집어준다.

이때 시접분을 양쪽으로 가름솔을 갈라준다.

바느질이 훨씬 완성도 높고 깔끔해지도록 겉면에서 상침해준다.

후드 시보리를 폭 방향으로 위 사진처럼 접은 후, 곡선 모양으로 재단한다.

모자 안감 밑단에 재단한 시보리를 시침핀으로 고정시킨다.

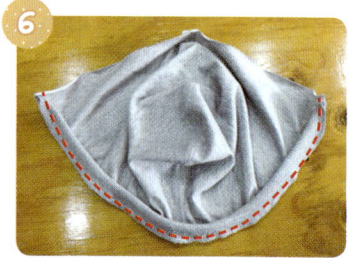

위 사진의 점선을 따라 박음질해준다.

이때 모자 끝부분을 사진과 같이 1cm 정도 남겨두고 박음질해준다.

박음질 후 젖혔을 때 모습. 남겨둔 부분이 몸통과 연결될 시접 1cm가 된다.

옆모습.

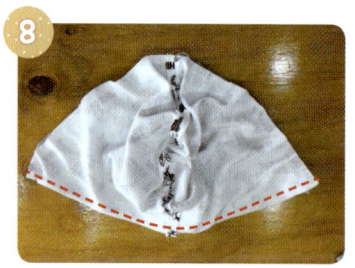

붙인 모자 위에 그대로 모자 겉감을 얹어 위 사진처럼 점선(시접)을 따라 박음질 후 뒤집어준다.

안감이 있는 모자 완성 모습.

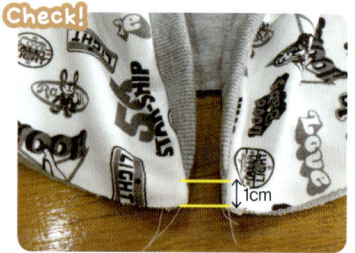

남겨둔 시접 1cm가 위 사진처럼 완성되어 있으면 예쁘게 잘 만들어진 것!

소매 만들기

1. 소매 원단을 위와 같이 접어 점선을 따라 박음질한 후 뒤집어준다.

2. 쌈솔 또는 오버록 처리로 정리한 후 상침해준다.

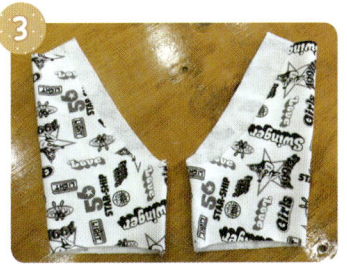

3. 뒤집어준다.

4. 소매를 위 사진처럼 접어 안쪽으로 더 깊이 패인 쪽이 몸통 원단의 가슴 쪽에 맞게 붙여준다.

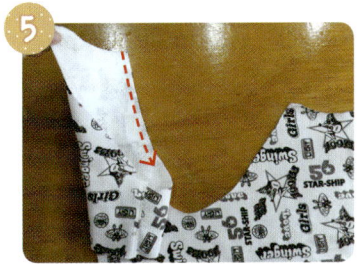

5. 겉감끼리 포개어진 모습으로 위 사진처럼 점선을 따라 소매 원단을 돌려가며 시접을 맞춰 박음질해준다.

소매 연결 완성!

시보리 달기

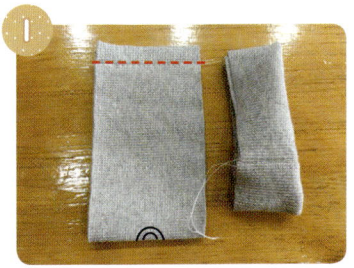

1. 소매 시보리를 위 사진처럼 접어 점선을 박음질한 후, 가름솔을 갈라 접어준다.

2. 시보리를 소매의 겉감에 사진처럼 시침핀으로 고정한 후 점선대로 박음질한다. 이때, 소매 통보다 시보리 통이 훨씬 크기 때문에 시보리 원단을 당겨 길이를 맞추면서 박음질해준다.

소매 시보리 완성된 모습.

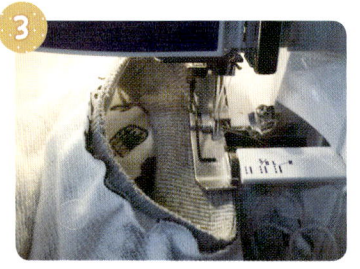

소매 시보리 시접은 쌈솔 또는 오버록 처리로 정리해준다.

> **plus**
>
> 다이마루(싱글, 미니쭈리 등)의 원단은 별도 처리 없이도 원단의 올이 풀리지 않아, 가정에서는 그냥 사용해도 무방하다.

몸통 만들기

몸통 원단을 반으로 접어 사진의 점선을 따라 박음질한 후, 시접을 정리하면 몸통이 완성된다.

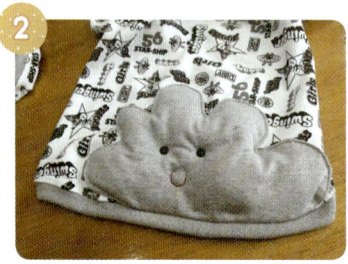

소매 시보리와 동일한 방법으로 위 사진처럼 허릿단 시보리도 붙여준다.

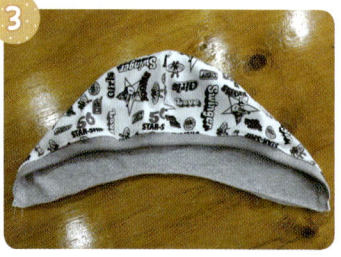

미리 만든 모자를 준비한다.

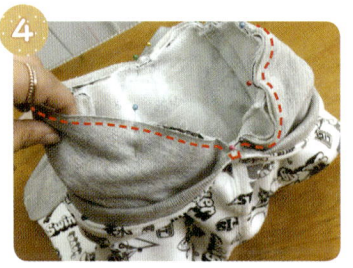

위 사진처럼 몸통의 목둘레에 맞춰 모자를 두르며 시침핀으로 고정시킨 후, 사진의 점선을 따라 빙 둘러가며 박음질해준다.

후드와 후드가 만나는 부분이 벌어지지 않도록 유의한다.

모자(후드)의 앞 목 부분이 깔끔하게 완성된 모습.

plus

모자(후드)를 붙이지 않고, 짱짱한 시보리로 마감해주면 후드 없는 래글런 기본티가 된다. 불필요한 장식이나 양면은 빼고, 단면으로 쉽게 만들어 간단한 실내복으로 변형해도 좋다. 오버록 시접 정리는 세탁소 등에 부탁하면 저렴한 가격으로 이용할 수도 있다.

신나는 외출! 짱 좋아~

완성

Special

Big Dog 3

대형견 트레이닝복

난이도 중급 ★★★☆☆ **소요 시간** 5시간 30분(미싱 작업 기준 재단 시간 포함)

사용 원단 및 부자재

	사용	대체 가능
상의 · 하의 · 소매	3단쭈리(카키&크림색)	미니쭈리, 3단쭈리, 기모쭈리 등
소매 · 목 · 허리 시보리	니트 접 시보리(왕골)	미라노 시보리, 립직 시보리 등
상의 장식 와펜	쉘터 자수 와펜	봉제 인형, 아플리케 등

디자인 과정 안내

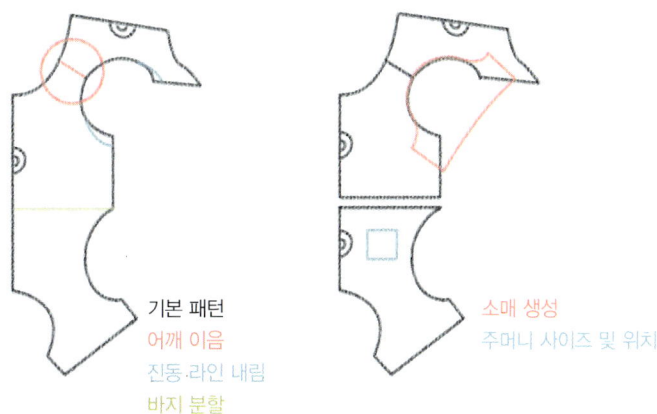

기본 패턴
어깨 이음
진동·라인 내림
바지 분할

소매 생성
주머니 사이즈 및 위치

패턴 배치 및 원단 소요량 안내

※ 실제 패턴과 다를 수 있으니, 소요량 및 패턴 배치 방법만 참고하세요(패턴 배치표-정사각형 기준).

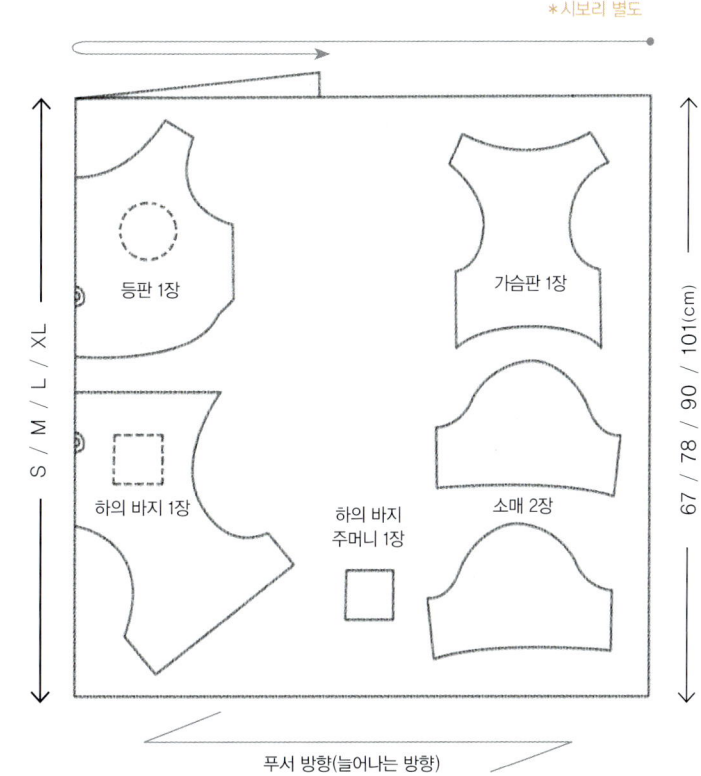

Check!

- **스타일** ☐ 기본형 ☐ 후드형 ☐ 망토형
  ☑ 올인원형 ☐ 원피스형
- **소매** ☐ 민소매형 ☑ 기본 소매형
  ☐ 래글런 소매형 ☐ 응용 소매형
- **여밈** ☐ 똑딱이 단추 ☐ 벨크로 ☑ 없음
- **FIT** ☐ 여유 ☑ 정사이즈
- **구분** ☑ 공통 ☐ 선택 가능

만드는 과정

원단 재단하기 → 주머니 달기 → 하의 바지 만들기 →
상의 만들기 → 상·하의 연결하기 → 시보리 달기

대형견 트레이닝복은 산책을 나갈 때나 가까운 바깥 외출 시에 한 벌쯤 갖고 있으면 좋은 아주 실용성 높은 아이템입니다. 스칸디 퍼피 바지를 만들어봤다면 이 트레이닝복은 손쉽게 만들 수 있을 거예요. 소재랑 사이즈만 변경해서 북유럽 느낌의 트레이닝복도 만들 수 있으니, 다양하게 변형을 시도하면서 함께 만들어봐요.

원단 재단하기

*노란 선: 시접 없음

- 니트 접 시보리 (왕골)
- 가슴판 3단쭈리 원단 1장
- 등판 3단쭈리 원단 1장
- 하의 바지 주머니 3단쭈리 원단 1장
- 소매 3단쭈리 원단 2장
- 하의 바지 3단쭈리 원단 1장

패턴지를 원단에 대고 패턴 배치표를 참고하여 그려준 후, 시보리는 시접 없이 재단하고, 그 외는 모두 1cm 정도의 시접을 주고 재단한다(본 책에서는 접 시보리를 사용하였으나, 옷을 만들 때는 포함된 실물 패턴의 시보리를 사용하면 된다).

주머니 달기

1 주머니 원단의 윗부분을 위 사진과 같이 접어 말아박아 준비한다.

2 주머니를 바지의 적당한 위치에 놓고, 시접을 접어 넣은 후 시침핀으로 고정한다.

3 라벨 장식을 끼워넣고 'ㄷ자'로 사진의 점선을 따라 박음질해준다.

하의 바지 만들기

1. 바지통의 소매를 사진과 같이 접어 점선을 따라 박음질해준다.

박음질한 안쪽 모습.

2. 시접분(가름솔)을 갈라 위를 깔끔하게 상침해준다.

3. 시접을 쌈솔 또는 오버록 처리해서 정리한 후, 사진의 표시된 부분에 고무줄을 넣어준다(단, 오버록이 없는 경우에는 생략 가능). ▶ 고무줄 넣는 방법 347p 참고

4. 강아지 엉덩이에 살이 많은 경우, 위 사진의 세 부분에만 고무줄을 넣어준다.

5. 고무줄을 시접 위치에 넣어준다.

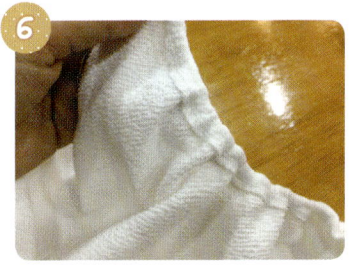

6. 오버록 처리한 시접을 접어 박아준다. 오버록이 없는 경우에는 말아박아준다. ▶ 말아박기 345p 참고

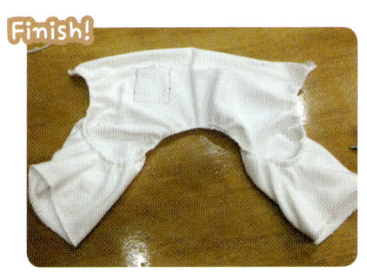

바지 완성!

상의 만들기

1. 상의에 와펜의 적당한 위치를 잡아준다.

2. 와펜의 가장자리를 바느질하여 고정시켜준다.

3. 상의 등판과 가슴판을 겉면끼리 마주 놓고 양어깨를 위 사진의 점선대로 박음질해 이어준다.

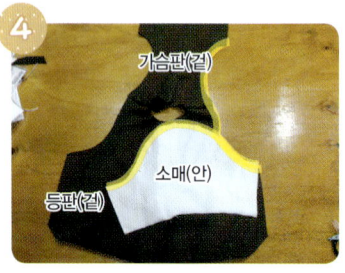

4. 가슴 쪽, 등판 쪽을 잘 구별하여 양쪽 소매를 달아준다. 겉감끼리 마주 보도록 포갠다.

5. 진동 부분을 마주 대고 빙 둘러 맞춰 돌려가며 박음질해준다.

6. 소매를 점선을 기준으로 반으로 접어 내린다.

7. 소매에서부터 옆선까지 점선을 따라 박음질해 이어 붙여준다.

Check! 뒤집어준 모습.

상·하의 연결하기

1. 완성된 상의와 하의 바지를 준비한다.

2. 사진과 같이 겉감끼리 포개 사진의 점선을 따라 박음질한 후, 바지를 내려준다.

Check! 상·하의가 연결된 모습.

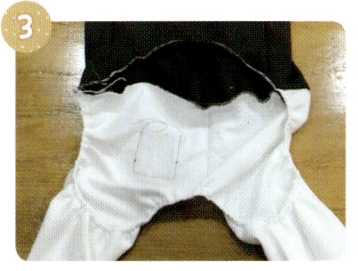

3. 안쪽 모습. 시접을 오버록 처리해 둔다(단, 오버록이 없는 경우에는 생략 가능).

4. 시접을 접어 안쪽으로 넣은 후, 겉면에서 보고 허리를 빙 둘러가며 상침해 완성한다.

Check! 상침한 모습.

시보리 달기

1. 소매 시보리를 길이에 맞추어 재단한 후, 접어 점선을 따라 박음질하고 뒤집어준다.

2. 가름솔을 갈라 반으로 접어준다.

Check! 시보리 완성!

완성된 시보리를 바지 겉감에 붙인다.

밑으로 내리면 시보리 달기 완성!

같은 방법으로, 소매와 목에 시보리를 달아주면, 멋진 트레이닝복 완성!

너 사고 치는 거 딱 걸렸어!

앗, 걸렸다……!

트레이닝복을 만들어 입혔는데 아주 잘 어울리네요.
실내에서도, 산책을 할 때도, 이 옷 한 벌이면 문제없어요.
만드는 방법도 어렵지 않으니, 한번 도전해보세요.

그래도 간식 더 주실 꺼죵?

● 아둥바둥 공방 소개

국내 최초 유일의 강아지 옷 전문 공방

아둥바둥 바느질 이야기

인천 1호점(본점)

위치 인천 남구 주안동
연락처 0505-302-8899
블로그 blog.naver.com/oaret

따뜻한 사람들과 함께 도담도담 이야기를 나누며 내 강아지를 위한 단 하나뿐인 옷을 만들 수 있는 곳.
'아둥바둥 바느질 이야기'는 강아지 옷 전문 공방으로, 강아지 각각의 체형에 맞춘 패턴과 가봉, 원단에 대하여 체계적인 커리큘럼으로 개인 레슨을 받을 수 있는 국내 유일의 공방입니다. 취미반은 물론이고, 전문인 양성을 위한 전문가반(사업가, 교육자반) 수강생을 교육하고 있으며 전국 공방 분점을 모집 중입니다.
시간제한 없이 언제든 들를 수 있는 편안한 사랑방 같은 공방에 강아지와 함께 놀러 오세요.

공방으로 놀러 오세요!

공방 수강생 작품

이은정 님
감자

하영미 님
베베

김수정 님
별이

임혜지 님
아린이

강아지 옷 DIY 패키지 전문 쇼핑몰

아둥바둥 바느질 이야기

http://www.adong-badong.com

인스타그램 ID : @ADONGBADONG

강아지 옷을 처음 만들어보는 초보자를 위한 맞춤 DIY 제안 옷본과 설명서, 원단이 모두 들어 있는 DIY 패키지부터 필요한 각종 부속품과 장식품까지 다양한 아이템들을 만나볼 수 있답니다. 책에 수록되어 있는 대부분의 옷들도 저렴한 금액의 DIY 패키지로 만나볼 수 있어요.

초·중·고급의 단계별로 나뉘어져 있어, 내 수준에 맞는 옷을 선택해 실패 없이 한 벌의 옷으로 완성할 수 있답니다.

● 원단 및 부자재 구매 팁

내 마음을 알아주는 원단 쇼핑몰

아이러브아이옷

http://www.iloveiot.com

- **위치** 대구 북구 동암로 7길 39
- **연락처** 053-323-5614 / 010-2505-5257
- **카카오톡 ID** iloveiot
- **카카오 스토리 검색** 아이러브아이옷

2000년 창업하여 십여 년간 바느질 고수들에게 꾸준히 사랑받고 있는 원단 쇼핑몰, 아이러브아이옷. 다양한 원단 종류와 트렌드에 꼭 맞는 원단까지 선택의 폭이 넓어 많은 사람들이 이용하고 있다. 등급제를 통해 사면 살수록 할인율이 높아지기 때문에 구매를 자주 할수록 저렴하게 구입할 수 있는 이점이 있다. 원단 소요량이 적은 강아지 옷의 경우엔 묶음 원단을 이용하면 더 저렴하고 다양한 원단을 손쉽게 찾을 수 있어 좋다. 최근에는 카카오 스토리 소식받기를 통해 이벤트 선물과 적립금도 챙길 수 있어 원단 쇼핑하기엔 편하고 좋다.

국내 최대 의류 재료 전문 시장

동대문 종합시장

http://www.ddm-mall.com

- **위치** 지하철 4호선 동대문역 9번 출구
- **영업 시간** 평일 오전 7시~저녁 6시까지
  토요일 오전 7시~오후 1시까지
  (영업 시간은 층마다 다르니, 이 점 참고하세요.)

tip. 평일 오전 9시~12시까지는 주로 업체 디자이너들이 많고, 오후 4시~6시 사이에는 그날 물량을 정리하거나 택배사들의 방문으로 혼잡한 시간이다. 이 시간을 피해 방문하면 좀 더 여유롭게 쇼핑을 즐길 수 있다.

동대문 종합시장은 A동, B동, C동, D동으로 이루어진 서울에서 가장 큰 원단 시장이다. 원단뿐 아니라, 다양한 부자재와 장식용품들이 한데 모여 있어 직접 보고 구입할 수 있어 좋지만, 너무 크다 보니 내가 원하는 상품이 어디에서 파는지 정확히 알지 못하면 힘들게 발품을 팔아야 하는 단점이 있다. 또한 동대문 원단 시장은 주로 업체를 상대로 대량으로 판매를 하기 때문에 거의 모든 상가들이 창고를 별도로 준비해놓고 그쪽에서 직접 발송해주거나 하루에 창고를 두 번 정도 내려가 물량을 준비해오기 때문에 당일에 못 받는 경우도 종종 있다. 다양한 원단을 직접 만져보고 경험하길 원해서 방문해보는 것은 좋지만, 소량의 재료를 구매하는 소매자인 경우 가격 면에서는 이익이 크지 않으므로, 인터넷 원단 쇼핑몰 이용을 추천한다.

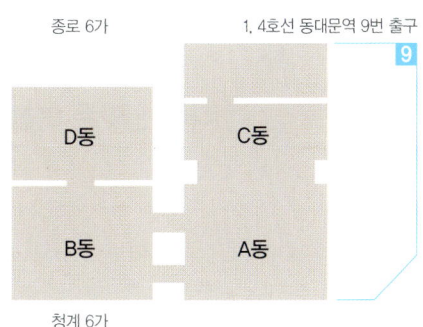

종로 6가   1, 4호선 동대문역 9번 출구

D동   C동

B동   A동

청계 6가

▶ 동대문 종합시장 안내

동대문 상가는 각 동이 순서대로 배열되어 있지 않고, 또 창문이 보이지 않아 길을 잃기 쉽다. 엘리베이터나 계단 등의 주요 위치를 기준으로 움직이는 등 요령껏 주위를 살피며 이동하길 권한다.

tip 1. 각 동을 연결해주는 브리지 공간에 주로 가위를 갈아주는 할아버지가 있다.
예) D동, B동 사이 3층 연결 브리지

tip 2. 각 계단 밑 자투리 공간의 상가들은 말 그대로 자투리 원단을 아주 저렴하게 판매하는 경우가 많다. 원단 소요량이 적은 강아지 옷 구입에는 좋다.
예) D2777 우정단추 앞 자투리 원단상

▶ 각 층별 주요 원단과 추천 상가

각 층마다 주요 품목은 있지만, 다른 품목들도 여럿 섞여 있으니 이 점 유의하자.

	A동	B동	C동	D동
지하 1층		각종 실, 의류 부자재 등		커튼 수예 침구 D1624 천일사 (각종 포장 비닐류)
1층	각종 의류, 미싱 부자재 B1564 청송상회	각종 의류 부속 스트링 파이핑 등 B1323 환희토탈 (와펜 장식 전문) B1533 경동상사 (가죽)	의류 부속 커튼, 수예 침구 D1674 늘조은레이스 D1640 아산금속 (금속 장식 등)	
2층	각종 나염 직기류 (홈패션) A2264 예농 (나염 선염 직기류)	레이스 망사 등 B2490 우영 (망사) B2481 무지개 레이스 (토손, 면 자수 레이스) B2515 천호아트 (라셀, 오간디 레이스 등)	각종 다이마루 및 단추 장식품들	각종 다이마루 니트류 D2596 서울섬유 (무지 다이마루) D2777 우정단추 (아기자기한 단추 많음) D2633 솔니트 (니트 원단) D2552 하리상사 (특수 니트 전문)
3층	원단 및 레이스 A3012 데님코리아 (청지 전문 원단) A3120 스티브 (선염 체크 전문)	원단 및 레이스 B3176 후암직물 (카모 전문 원단) B3163 청호텍스 (청지 나염 전문)	원단 및 레이스	극세사 FUR 원단 등 D3028 대동텍스타일 폴라폴리스 D3177 청광섬유 (극세사 전문)
4층	원단 및 레이스			
5층	각종 와펜 비즈, 봉 등의 의류 장식 B5171 현경(와펜, 장식 전문) B5109 이써(금속 스터드) B5213 리본월드(리본 전문)			식당가

● 미싱 구매 팁

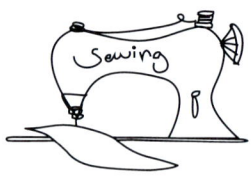

나에게 맞는 미싱 알아보기

미싱은 옷 만들기에 필수적인 장비는 아니다. 다만 옷을 한두 벌 만들다 보면 바느질 속도나 완성도 면에서 하나쯤 있으면 좋은 아이템 중 하나이다. 최근 저렴하고 튼튼한 보급형 미싱을 쉽게 구할 수 있으니, 미싱에도 자신감을 가지고 도전해보자.

미싱은 회사마다 금액대나 기능이 조금씩 다르다. 아둥엄마의 check tip으로 각 미싱의 기능을 구별해놓았으니, 참고해서 자신에게 꼭 맞는 미싱을 찾아보자.

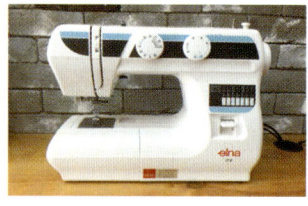

의심 가득 초보 체험용!
초급자용 기계 미싱   15만 원대부터~

얼마나 사용할지도 모르겠고, '내가 정말 소질이 있을까?' 이런 고민을 하는 사람들에겐 저렴하고 기능이 단순한 초급자용 기계 미싱을 추천한다. 단, 너무 저가의 질 낮은 미싱은 기능이 잘되지 않아, 흥미를 떨어뜨릴 수 있으니 유의한다.

아둥엄마의 check tip

- ☑ 속 본체가 메탈 바디이며, 모터는 튼튼한가?
- ☑ AS는 몇 년 동안이며, 어떤 방식인가?
- ☑ 소음과 진동은 어느 정도인가?
- ☑ 자동 실 끼우기 장치가 있는가?

미싱 좀 해봤어!
중급자용 퀼트 미싱   35만 원대부터~

원단에 구애받지 않고 원단 밀림 없는 예쁜 바느질로 옷 만들기에 완성도를 높이고 싶은 사람들에게 추천한다. 여유가 있다면 처음부터 중급자용을 사용해 다양한 기능으로 좀 더 빠르고 정확한 작업을 하는 것도 좋다.

아둥엄마의 check tip

- ☑ 노루발 압력 수동 조절은 되는가?
- ☑ 톱니의 높이 조절은 되는가?
- ☑ 원단 밀림은 없는가?
- ☑ 자동 단추 구멍이 되는가?
- ☑ 땀폭 조절 장치가 있는가?

나도 이제 미싱 전문가!
고급자용 자수 머신   70만 원대부터~

자수나 퀼트 같은 고급 기능을 통해 더욱더 다양한 디자인을 연출해보고 싶은 사람들에게 추천한다. 다양한 기능들이 작업의 속도를 높이는 데 큰 도움이 된다.

아둥엄마의 check tip

- ☑ 자동 사절(실 끊기) 기능이 되는가?
- ☑ 자수는 어디까지 가능한가?
- ☑ 미싱 폭 조절이 가능한가?
- ☑ 자동 매듭 장치가 있는가?
- ☑ 속도 조절 장치가 있는가?

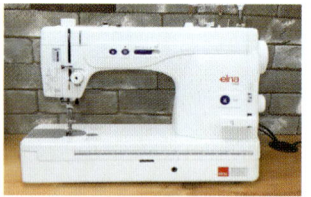

가정에서 쓸 만한 개인용!
공업용 미싱   100만 원대부터~

1일 작업하는 양이 많은 분들에게 추천한다. 가정용과 공업용의 가장 큰 차이점은 힘과 속도다. 요즘엔 가정용에서 쓰기 좋은 조용하고 힘 좋은 공업용 미싱이 많이 나와 있다. 단, 공업용 미싱은 대개 일자 박기만 가능하니, 이 점은 유의하자.

아둥엄마의 check tip

- ☑ 집에서 쓰기에 소음은 적당한가?
- ☑ 속도 자유 조절이 가능한가?
- ☑ 전기요금이 높지 않은가?
- ☑ 일반 테이블에서 작업이 가능한가?
- ☑ 바늘만 교체가 가능한 모델인가?
- ☑ 땀폭 조절 장치가 있는가?

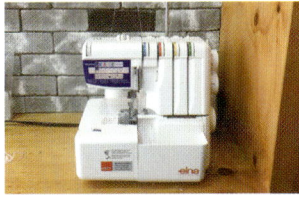

집에서도 못 만드는 옷이 없어!
가정용 오버록 50만 원대부터~

옷을 단면으로 만들었을 때 직기류 원단이나 퍼 원단은 올이 풀리거나 털이 날리기 때문에 만들기 힘든 옷들이 많다. 가정용 오버록은 부피도 작고 무겁지 않으며, 소음이 작아 집에서 사용하기 좋다. 옷을 만들 수 있는 영역이 무한으로 늘어나기에 꼭 추천해주고 싶다.

아둥엄마의 check tip

- ☑ 실 끼우기가 어렵지 않은가?
- ☑ 인터록&오버록 전환이 어렵지 않은가?
- ☑ 2, 3, 4색 오버록&인터록이 몇 종류인가?
- ☑ 주름 노루발 등과 호환이 가능한가?

공장에서 만든 퀄리티를 원해!
가정용 커버스티치 60만 원대부터~

커버스티치는 일명 '삼봉'이라고 불리는 장비다. 겉면은 2, 3줄 스티치, 뒷면에는 오버록이 한 번에 되는 획기적인 장비이다. 가정용 커버스티치가 시중에 많이 나와 있으므로 공장에서 만든 듯한 완성도 높은 옷을 원한다면 추천한다.

아둥엄마의 check tip

- ☑ 사용하기 간편한가?
- ☑ 원단 두께별 조절이 가능한가?
- ☑ 2줄, 3줄 스티치 전환이 간편한가?

재봉기 제조 100년,
엘나 브랜드 70년 전통에 빛나는
세계적인 재봉 기업

엘나미싱

전 세계 130개국 수출 및 16개국 지사 운용
2008년 5천만 대 생산 세계 1위
(일본 도쿄 증권거래소 상장된 자본금 1조원 기업)

미싱의 고수들이 엘나 미싱을 추천하는 이유?

1 재봉기 제조 100년 역사 및 세계 최대 재봉기 기업.
2 일제 부품, 자사에서 직접 제작된 완벽한 부품을 사용한 튼튼한 재봉기.
　(엄격한 일본 품질관리(JQC)팀을 가동하여 불량률 0%에 도전)
3 초정밀 기계공학의 메카, 스위스 제네바 국제디자인 연구소 설계.
4 포름알데히드가 검출되지 않는 친환경 최고급 수지를 사용.
5 무상 A/S 시스템 3년, 모터 무상 보증 8년의 든든한 A/S로 고장 없이 사용.
6 한국전기안전검사 KE마크를 획득한 안전한 재봉기.
7 삼성화재 생산물책임보험 2억 가입필(가입번호 : P1509000935).

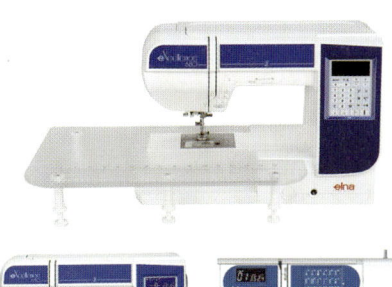

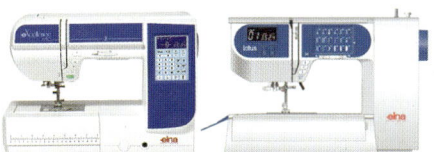

엘나미싱 구매 사이트

미싱마트(엘나 KOREA) http://www.misingmart.co.kr
위치 서울 영등포구 당산로 34 서울 본사 02-3667-0551 대구 지사 053-555-0181

옷 만들 때 찾아보기

손바느질 방법
시접 정리 방법
바이어스 만드는 방법
바이어스 싸는 방법
시보리 처리 방법
말아박기
쌍침 사용하기
주름 잡는 방법
고무줄 넣는 방법
지퍼 다는 방법
싸개단추
단추 다는 방법
심지 사용하기

손바느질 방법

▶ 공그르기

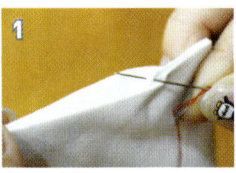 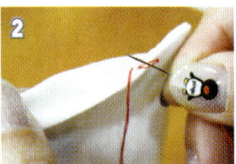  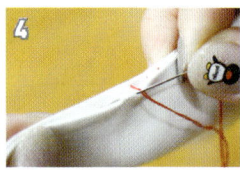

1. 실을 안쪽으로 숨기기 위해 안쪽 시접에서 바느질을 시작한다.
2. 시접 안쪽에 한 땀을 떠준다.
3. 안쪽에 실을 걸어 고정해준다.
4. 톱니 모양으로 윗 시접과 아랫 시접을 번갈아 지그재그로 바느질해준다.

5. 창구멍보다 더 넓은 부위까지 바느질한 후, 쭉 잡아당겨 사진처럼 조인다.
6. 실매듭을 지어준다.
7. 실매듭의 끝을 짧게 자른다.
8. 주름진 원단을 좌우로 팽팽하게 당겨, 매듭이 안쪽으로 들어가도록 정리하여 깔끔하게 마무리해준다.

▶ 버튼홀스티치

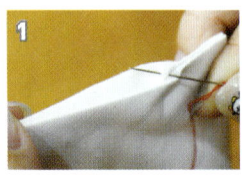   

1. 원단 안쪽에서 한 땀을 떠서 시작해준다.
2. 실을 당겨, 매듭에 걸어준다.
3. 튼튼하게 걸어졌으면 뒷면으로 바늘을 통과해준다.
4. 바느질은 뒷면에서 시작해 뒤에서 앞으로 꽂아 뺀다.

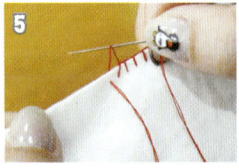 

5. 실을 바늘에 걸어 지나가게 한다.
6. 쭉 잡아당겨 모양이 예쁘게 나오도록 조절해준다.

시접 정리 방법

▶ 홀솔

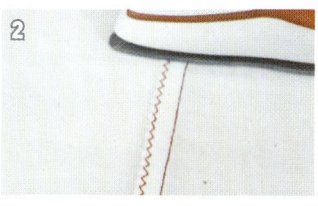

시접 끝을 오버록 또는 미싱의 지그재그 스티치로 박아준다.

시접을 한쪽으로 젖힌 후, 다림질해 준다.

젖힌 방향의 겉감 쪽에서 박음질하여 상침해준다.

▶ 가름솔

시접 끝을 미리 오버록 또는 미싱의 지그재그 스티치로 박아준다.

두 겹을 점선대로 박음질해준다.

솔기(시접)를 양쪽으로 갈라서 다림질한다.

▶ 쌈솔

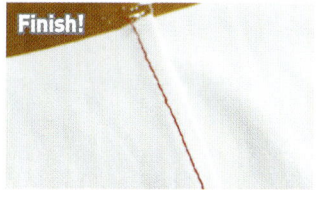

시접 중 한쪽을 2~3mm로 짧게 잘라준다.

나머지 한쪽 솔기로 자른 솔기를 감싸듯 말아 위로 상침해준다.

완성된 모습. 뒷면도 동일한 모습이다.

바이어스 만드는 방법

바이어스는 끝단을 마무리하기 가장 간단하고 좋은 방법 중 하나이다. 의류뿐 아니라 발 매트, 방석 등에도 폭을 달리하여 연출해보면 좋다. 다이마루 원단류의 경우 소매나 치마 끝단 부분이 늘어지는 것을 방지해주는 장점이 있지만 스판성이 크진 않다.

1
바이어스감을 만들어준다.

2
직기 원단의 경우 곡선 부분은 반드시 사선 방향을 바이어스로 사용한다. 정확하게 사선으로 자르기 위해 위 사진과 같이 접어준다.

3
필요한 바이어스의 폭×4배의 폭으로 그려준다.

4
재단한다.

5
짜투리는 버리고 나머지를 사용해 길게 이어준다.

6
위 사진과 같이 직각이 되도록 원단을 배치한 후, 시접 1cm의 위치를 박음질해준다.

7
시접을 갈라 다림질해준다.

8
삐져나온 시접을 잘라 정리해준다.

Check!
깔끔하게 연결된 모습.

▶ 종이 이용 시

9
위 사진처럼 1cm 간격으로 선을 그은 후, 1cm씩 접어가며 다려준다.

10
1cm를 다린 후, 다시 1cm를 접어 다려준다.

11
뒤집어 뒷면도 같은 방식으로 1cm씩 접어가며 다림질해서 모양을 잡아준다.

▶ 바이어스 메이커 이용 시

9
바이어스 메이커를 이용하면 좀 더 쉽게 만들 수 있다.

10
위 사진처럼 메이커에 원단을 끼우고 짧게 당기며 다림질해준다.

11
반으로 한 번 더 접어 다려준다.

바이어스 싸는 방법

▶ 직선, 곡선에 바이어스 박기

원단의 뒷면에 먼저 위 사진처럼 박음질해준다.

겉면으로 돌아와 나머지 원단을 다림질해놓은 모양대로 접어 넣고 박음질한다.

완성된 모습.
(앞과 뒷면이 동일하다.)

▶ 원통형(소매, 목둘레 등)에 바이어스 박기

바이어스 원단은 원통형 원단 길이의 70~90% 정도 원단에 시접 2cm를 더해 준비한다.

원단 안쪽과 바이어스 겉면을 마주 보고 포개어두고 점선을 박음질해준다.

뒤집어 겉감에서 보는 방향에서 접어 박음질해준다.

바이어스 완성!

ex) 소매 둘레가 10cm인 경우 바이어스 원단 : 바이어스 원단 = 7cm(소매 둘레의 70%) + 2cm(시접) = 9cm
※ 원단 소재에 따라 70~90%로 달라지므로, 원단으로 테스트해본 후 결정한다.

▶ 인바이어스 박기

인바이어스는 1cm짜리 바이어스가 마감되기 위해, 3cm짜리 폭 바이어스를 준비해 사진처럼 겉면에서 1cm 시접으로 박음질한다.

뒷면에서 봤을 때 모습. 시접분까지 말아 접어준다.

시침핀으로 고정 후, 박음질해서 깔끔하게 완성한다.

완성된 모습. 안쪽 면에서만 바이어스가 보이는 모습이 인바이어스이다.

시보리 처리 방법

시보리는 옷감의 마지막 단 처리 방법 중 가장 일반적인 방법이다. 시보리 전용 원단을 사용할 수도 있고, 동일 소재 원단을 사용해 처리 방식만 똑같이 해도 된다. 시보리 역시 직기류는 신축성 높은 바이어스 방향의 원단을 사용해서, 시보리감은 본래 사이즈의 70~90% 정도 짧게 사용한다.

▶ 직선형 시보리 처리

1. 시보리감을 반으로 접어, 시접분을 박음질해준다. 시보리의 폭은 '(보여지는 폭+시접)x2배'이다.
2. 나머지 시접은 오버록 또는 지그재그로 마감한다.
3. 겉감에서 위와 같이 시접을 젖힌 후 상침한다.

완성된 앞면 모습.

완성된 뒷면 모습.

▶ 원통형 시보리 처리

 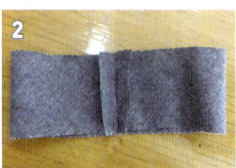  

1. 시보리감을 반으로 접어 점선을 박음질한다.
2. 가름솔을 갈라 펼친다.
3. 반으로 접어준다.
4. 원통형 원단에 시보리를 끼워 위 사진과 같이 고정한다.

5. 위 사진의 점선을 박음질해 준다.
6. 시접을 오버록이나 지그재그로 마감한다.
7. 아래로 젖혀서 상침해 마감한다.

완성된 모습.

말아박기

오버록이나 지그재그 마감이 어려울 경우, 말아박기로 간단하게 끝단을 마무리할 수 있다.

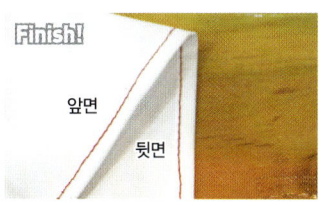

끝단을 두 번 접어 박아준다. 1cm의 시접의 경우, 5mm씩 두 번 접어 박으면 5mm 말아박기가 된다.

말아박기 완성!

쌍침 사용하기

쌍침을 사용하면 가정용 미싱으로도 기성품에서 느낄 수 있는 깔끔하고 높은 완성도의 옷을 만들 수 있다. 가지고 있는 미싱과 쌍침이 호환이 되는지 확인한 후, 쌍침의 간격과 사용 용도(바늘의 두께)에 따라서 선택한다. 보통 강아지 L사이즈 이하는 2.5mm 간격을, 그 이상은 4mm 간격의 쌍침을 추천한다.

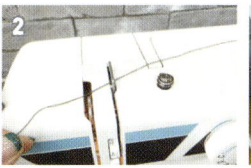

쌍침 바늘을 준비한다.

두 개의 윗실이 잘 풀리도록 세팅한 후, 윗실 두 개를 한꺼번에 잡아 윗실 세팅을 한다.

마지막에 쌍침의 각각의 바늘구멍에 실을 끼워준다. 밑실은 원래 세팅 그대로 둔다.

두 줄로 한 번에 일정한 간격으로 박히는 것을 볼 수 있다. 끝단 마감할 때 아주 유용하다.

주름 잡는 방법

▶ 홈질로 당겨 주름 잡기

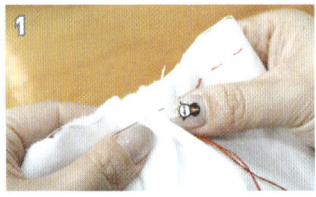  

홈질을 한다.
(짧은 땀 : 잔주름 / 넓은 땀 : 큰 주름)

실을 당겨 주름을 정리한다.

필요한 폭만큼 당겨 실을 매듭지어 마감한다.

▶ 미싱의 윗실 장력 조절하여 주름 잡기

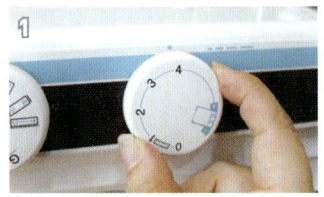  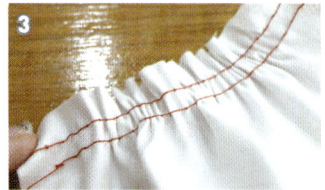

윗실 장력과 땀 길이를 최대로 설정해준다.

두 줄을 박는다(주름 노루발이 있다면 교체해 사용하면 더욱 좋다).

두 줄의 윗실(겉면 쪽 실)을 당겨 주름을 조절한다.

▶ 리퍼로 밀어 넣으며 주름 잡기

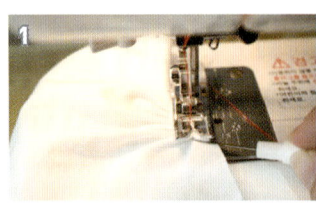 

기본 노루발을 사용하되, 리퍼를 이용해 밀어 넣어주며 박는다.

완성된 모습.

고무줄 넣는 방법

▶ 늘려서 박기 + 말아박기

 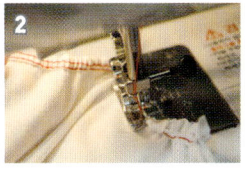  

5mm 이상의 시접 안쪽으로 고무줄을 당겨 박아준다.

시접으로 고무줄을 감싸듯 말아박는다. 이때, 고무줄은 박지 않는다.

겉쪽 완성된 모습.

안쪽 완성된 모습.

▶ 늘려서 박기 + 접어박기

오버록 또는 지그재그로 시접을 정리한 원단 끝에 5mm 이상 시접 안쪽으로 고무줄을 당겨 박아준다.

시접분을 접어박는다. 이때, 고무줄은 박지 않는다.

겉쪽 완성된 모습.

안쪽 완성된 모습.

▶ 통 만들어 넣기

 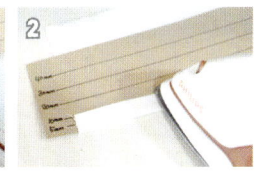  

5mm 정도로 접어 다림질 해준다.

접은 상태로 다시 1cm를 접는다.

사진과 같이 박음질해 통로를 만든다.

고무줄 끼우개 또는 옷핀 등에 고무줄을 걸어 통과시켜 준다.

터져 있는 양쪽을 박음질하여 고정한다.

겉쪽 완성된 모습.

안쪽 완성된 모습.

지퍼 다는 방법

간단한 방법으로 매립형 지퍼(지퍼가 안 보이는 방식)를 달아줄 수 있다. 일반적으로 강아지 옷에는 강아지 털 때문에 가급적 지퍼를 쓰지 않지만, 장식용이나 소품류에 사용하기도 한다. 간단한 방법으로 지퍼를 달아주는 방법을 살펴보도록 하자.

먼저 준비된 지퍼의 폭을 측정한 후, 폭의 1/2만큼씩 지퍼를 달 위치에 시접을 준다.

지퍼의 길이만큼을 제외하고 위 사진과 같이 원단을 겹쳐두고 점선을 박음질해준다.

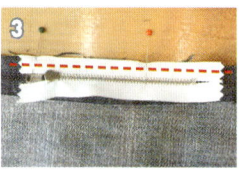

시접을 갈라, 위 사진처럼 한 쪽으로 원단을 정리한 후, 지퍼의 뒷면이 보이도록 점선을 박음질한다.

지퍼를 달 때는 지퍼 노루발을 사용하면 좋다.

시작 부위는 지퍼를 열고 박아준다.

중간쯤 박았을 때 멈추고 지퍼를 닫아서 지퍼 손잡이가 노루발에 걸리지 않도록 해준다.

똑같은 방식으로 지퍼 반대편도 박음질해준다.

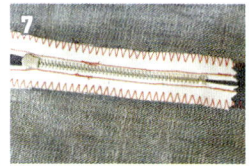

나머지 시접은 지그재그 또는 버튼홀스티치로 올 풀림을 방지해준다.

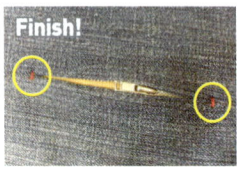

뒤집었을 때 겉면의 모습. 양쪽에 미싱의 지그재그 스티치 또는 감침질을 반복해서 벌어짐을 잡아주면, 지퍼 달기 완성!

싸개단추

▶ 조립형 싸개단추

▶ 몰드형 싸개단추

원단 및 DIY 쇼핑몰 등에서 쉽게 구할 수 있다. 원단을 사이즈에 맞게 재단하여 두 개의 단추 사이에 끼운 후, 꾹 눌러줘서 단추를 만든다. 금액이 비싸다는 단점이 있지만, 한두 개 소량으로 싸개단추가 필요해 이용할 시에는 좋다.

기계 또는 손 망치로 몰드에 압력을 가해 단추를 만들어준다. 기계나 몰드를 구비하는 데 기본 비용이 발생하는 단점이 있지만, 대량으로 많은 양의 싸개단추가 필요해 이용할 시에는 경제적이다.

▶ 손싸개단추 만드는 방법

1. 단추 사이즈보다 큰 원단으로 재단해 홈질한다.
2. 단추를 넣고 바느질을 잡아당겨 주름을 만들어준다.
3. 주름을 모아준 후, 뒤쪽에서 돌돌 말아 고정한다.
4. 짜투리 주름분을 가위로 잘라 정리해준다.

손싸개단추 완성!

단추 다는 방법

▶ 스냅 단추 달기

 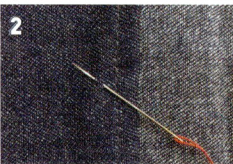  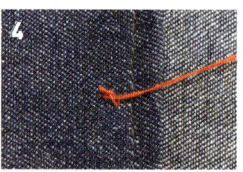

1. 스냅 단추 달 자리를 확인한다. 겉면에는 수놈을 안쪽에는 암놈을 배치해야 뾰족한 수놈이 몸을 누르지 않는다.
2. 원단을 한 땀 뜬다.
3. 매듭 고리에 걸어
4. 원단에 실을 고정해준다.

5. 수놈 단추를 위 사진과 같이 구멍 하나에 바늘을 통과하되,
6. 통과하며 남은 실이 동그랗게 말리면 그 안으로 바늘을 다시 통과시킨다.
Check! 바늘을 당겨 매듭이 완성된 모습.
7. 이 과정을 3~4번 반복해준다(스냅 단추의 구멍 사이즈를 보고 조절해준다).

 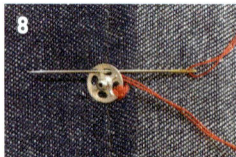  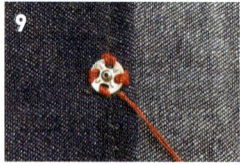

Check! 한쪽 부분 완성된 모습.
8. 단추의 뒷면을 통해 다음 구멍으로 바늘을 이동하여, 앞의 과정을 반복해준다.
Check! 구멍 4곳을 모두 완성한 모습.
9. 단추 옆에서 매듭을 짓는다.

10. 단추와 원단 사이로 단추를 중심으로 매듭 반대편으로 바늘을 통과시킨 후, 실을 짧게 잘라내 마감한다.
11. 암놈 단추도 동일한 방법으로 마감한다.
Check! 겉면에서 보이는 모습.
Finish! 스냅 단추 달기 완성!

▶ 장식 단추 달기

단추 위치에 한 땀을 떠준다.	실을 통과시킨 후 마지막 매듭 고리에 실을 걸어준다.	실을 걸어 고정시켜둔 모습.	실을 단추 구멍에 통과시킨 후, 다른 한쪽 구멍에 바늘을 통과시켜준다.

  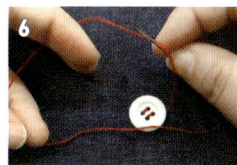 

단추 구멍에 통과한 바늘을 다시 한 번 원단에 한 땀을 떠준다. 이 과정을 2~3차례 반복해준다.	구멍이 4개인 경우 다음 단추 구멍으로 넘어가 동일하게 단추 구멍과 원단을 교차하며 바느질해준다.	실을 위 사진과 같이 동그랗게 만든 후, 실을 통과한다.	매듭을 짓듯이 바늘을 당겨 원단과 단추 사이의 기둥(실)에 여러 번 감아 기둥을 보강해준다.

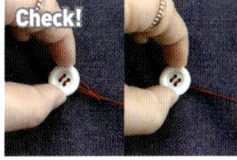   

당겨서 마감하는 모습.	단추 뒤에서 한 땀을 뜬 후, 실을 바늘에 감아준다.	실을 누르며 바늘을 당긴다.	단추와 원단 사이의 실을 짧게 잘라 매듭을 마감한다.

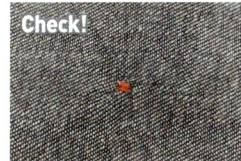 

안쪽에서 보이는 모습.	장식 단추 달기 완성!

심지 사용하기

심지는 꼭 사용해야 하는 아이템은 아니다. 하지만 적당한 위치에 사용하면 옷을 더욱 깔끔하고 예쁘게 만들 수 있고, 바느질을 좀 더 쉽고 편리하게 도와준다. 칼라, 주머니, 단추 다는 위치, 안단 등 안쪽 면에 붙여서 사용한다.

▶ 심지의 종류

식서테이프(다데테이프)

실크 심지

아사 심지

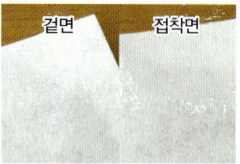
모자 심지

▶ 심지 붙이는 방법

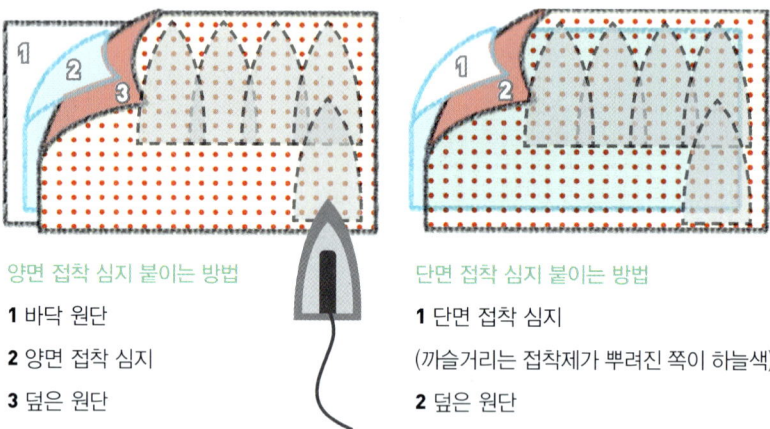

양면 접착 심지 붙이는 방법
1 바닥 원단
2 양면 접착 심지
3 덮은 원단

단면 접착 심지 붙이는 방법
1 단면 접착 심지
(까슬거리는 접착제가 뿌려진 쪽이 하늘색)
2 덮은 원단

다리미로 10초씩 눌러주며 이동한다. 빈 공간이 생겨서 떨어지지 않도록 하고, 뜨거울 때는 떨어지기 쉬우므로 다 식을 때까지 기다렸다 사용한다.

▶ 부위별 용도에 맞는 심지

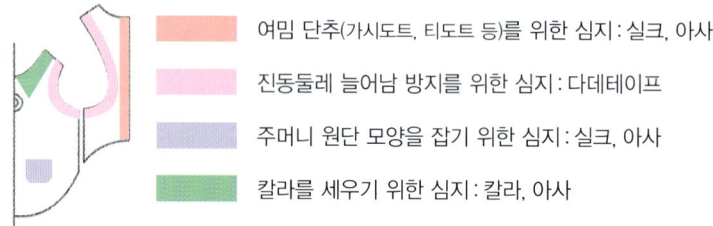

여밈 단추(가시도트, 티도트 등)를 위한 심지 : 실크, 아사

진동둘레 늘어남 방지를 위한 심지 : 다데테이프

주머니 원단 모양을 잡기 위한 심지 : 실크, 아사

칼라를 세우기 위한 심지 : 칼라, 아사